探索

——北京化工大学附属中学教育创新实践

全疆发　主编

中国林业出版社

图书在版编目（CIP）数据

探索：北京化工大学附属中学教育创新实践/ 全疆发主编；汪烨，刘伟副主编 . —北京：中国林业出版社，2022. 4

ISBN 978-7-5219-1632-4

Ⅰ. ①探… Ⅱ. ①全… ②汪… ③刘… Ⅲ. ①中学教育 – 教育研究 – 文集 Ⅳ. ①G632. 0 – 53

中国版本图书馆 CIP 数据核字（2022）第 055858 号

出版：中国林业出版社（100009 北京市西城区德胜门内大街刘海胡同 7 号）

E-mail：377406220@ qq. com **电话**：010-83143520

发行：中国林业出版社总发行

印刷：河北京平诚乾印刷有限公司

版次：2022 年 4 月第 1 版

印次：2022 年 4 月第 1 次

开本：787mm × 1092mm 1/16

印张：18. 25

字数：360 千字

定价：58. 00 元

本书编委会

主　任
甘志华　全疆发

副主任
高红峡　陈　磊

委　员
汪　烨　季　梅　安文革　潘杨捷　周振霞

主　编
全疆发

副主编
汪　烨　刘　伟

执行编辑
牛月梅　裴　煜　金敬红

书名题字
顾明远

北京化工大学　北京化工大学附属中学
联合出品

前　言

关注成长，探索前行

作为一名校长，我既关注学生的成长，也关注教师的专业化发展。在学生成长方面我提出"美的教育与美好人生"，让学生在审美教育中健康学习、成长；在教师专业化发展方面，我提出"以研促教，科研兴校"的办学理念。这两个理念也都融入"习与智长，化与心成"的校训中。北京化工大学附属中学（以下简称北化附中）已经成为师生的学习中心，短短几年取得了显著的成果。我校出版了以由学生创作为主的《尚美学生公约》绘本（分为小学版、中学版）；教师方面，相继出版了《对话》《行思》，这本《探索》是北化附中的教师最新的教育教研成果集。

《国家中长期教育改革和发展规划纲要（2010—2020年）》指出："教育大计，教师为本。有好的教师，才有好的教育。"没有一支富有责任感和使命感、专业知识和教学技能过硬的教师队伍，再先进的教育理念、再完备的课程计划也可能落空。教师的专业化发展在教学过程中成长，也在教学过程中延伸。为了迎接新时代的到来，北化附中《"十四五"发展规划》在拟定学校文化、课程建设、教师与学生发展的子目标的同时，也明确了"立志、立德、立业、立人"的育人目标，提出了营造"心美、言美、行美、境美"的校园风气，构建"美的教育，美好人生"的课程体系，打造"有理想信念、有道德情操、有扎实学识、有仁爱之心"的教师队伍，培养"有理想、有道德、有文化、有纪律"的化附学子等一系列子目标。学校通过将审美融入国家课程、校本课程、社团活动、系列文化节日的活动过程体验，强化理想信念、爱国情怀等，实现以美育人、以文化人、立德树人的目标，信心百倍地迎接新时代。

在北化附中履职的几年中，学校的变化有目共睹，毕业的学生不忘母校教育之恩，在给学校的信中写到：忘不了与北化附中的同学参加北京科学嘉年华全国科普日，俄罗斯宇航员给我赠送了纪念品并与全体同学合影留念；忘不了与北京化工大学教授一起做"水火箭"实验；忘不了北京化工大学张丽丹教授带领我们做净水实验；忘不了我们在清华大学与清华大学教授一起制造防爆排雷机器人。张世博同学说："当我获得全国科学与艺术大赛一等奖时，我首先想到的是北化附中对我的培养。"获得全国物理竞赛二等奖的刘澎同学说："北化附中激发了我学习的潜能。"获得朝阳区读书演讲比赛二等奖的王乐妍同学说："忘不了我在学校海棠诗会的首秀，每当下晚自习走过校园的海棠树，我就会联想到我们在清华大学做实验直到华灯初上的情景。往事历历在目，直到毕业那一刻，我才深刻领会了来北化附中的意义。"学生的反馈，鼓舞我和我们的老师。

这几年，我们的课堂和科研悄然发生改变。在 45 分钟的课堂中，我们的学生"真思考""真讨论"，充分体现合作对话思想，师生上课就像是一场交响乐的合奏过程。每一节课围绕一个主旋律（主题、重点），师生不断地变换着学习、练习方法与节奏，就像交响乐中的变奏一样，有铺垫、有高潮、有变奏、有尾声！节奏有快有慢有强有弱，但始终都是强化这个主旋律，让孩子们强化理解、记忆深刻。这样，就实现了课堂学习兴趣与效果的双提升。

我们的老师都有"金针度人"的心胸，这本《探索》既是见证，也是教师注重自身专业化发展的总结。我特别希望我们的教师有责任意识、研究意识及未来意识，而且能够理性看待新技术在教育当中的价值和意义，在探索中不断取得新成果。学校将以教师建研为平台，以固化成果为路径，以课堂实践为过程，依托各种资源，为教师创造交流学习、业务展示的机会。同时，学校还会努力，让老师们感受到教师职业的光荣与自豪。面对中考、高考改革以及"双减"的机遇与挑战，我们还要努力针对不同发展需求的学生群体，搭建更多有利于学生和老师发展的平台，助力学生知识水平的提升、教师专业化发展，助力学生身心发展，助力老师收获成就感，我们还会借助学校内部力量与社会力量，内外结合，帮助老师们实现专业的成长，教育理论水平与实践能力的再提升。

《探索》出版之际，我最后想说：我们希望通过若干年的努力，能够使北化附中在强手如林的环境中，走理工特长的发展方向，为未来的中国培养创新人才，实现学生、教师和学校三者共同成长。

金硕发

北京化工大学附属中学校长

目　　录

审美篇

教育篇

主体篇

基于"双主体学习"课堂教学结构的实践研究

季 梅

摘要：学校教育应该给学生提供持续发展的平台，我们认为关键的问题是能够让学生学会自主学习。对我校学生的实际学情进行研究，发现学生的发展有较大提升空间，学生的自主学习习惯有待养成，在长期的学习过程中未曾培养出学生主动研究学习的意愿。如果课堂上学生只是一味听老师讲授，难以在课堂中保持长时间的自主学习，学习效果难以保证。因此，学校探寻一条能够激发学生学习兴趣的有效途径，力争改变学生的学习态度，让学生从被动学习改变为主动学习。学校要为学生营造一种良好舒适的环境，为学生调试恰当的学习节奏，让学生拥有学习的兴趣、较强的学习能力、适宜的学习方法，最终获得学习的成果。

关键词："双主体"；主体学习；教学结构；实践

一、前 言

（一）问题的提出

师者，所以传道授业解惑也。自古以来，教师就在课堂的三尺讲台上占据着主导的地位，教什么、教到哪、怎么教？往往只需要教师自己掌握，更多的也是关注教师自己的教学任务。但是教师在开展教学工作的同时，要明确学习的主体是学生，教学应当关注学生的学习成效。

自从《国家中长期教育改革和发展规划纲要（2010—2020年）》颁布以来，我校一直积极学习、探索新的教育模式，把握机遇，提高教学质量。学校的教学改革应该由教师教为中心向学生学为中心过渡，在教学活动中强调学生的主体学习，同时深入研究教师的教学活动。在教学活动中，学生是学的主体，教师是教的主体，切不可忽视任何一方。主体学习，是指学生在选择学习材料、学习分量、学习进度、学习方法、学习手段、学习条件等方面充分发挥主观能动性。在主体学习中，学生是学习活动的能动者、发起者和实践者；教师是活动的设计者、观察者和推动者。

教师在这样的教学环境中，要以主体学习的教学理念为指导思想，尝试让学生真正成为学习的主体、学习的主人，创造出一套适合学生主体学习的学习模式。在学习心理上，营造和谐的教学氛围，使学生心态适合学习；在学习资源上，拟定优质学案导学，使学生学有"支架"和引领；在学习方式上，突出自主合作探究，使学生摆脱被动倾听，拥有交流互动的平台；在学习时间上，总体框定学习环节，使学生合理把控学习时间，自主有序地进行充分学习；在学习评价上，重视检测反馈，及时评价，使学生分层达标，基础掌握扎实；在学习习惯上，培养学生良好的学习品质，让管理和设计成为学生高效学习的内驱力。通过研究与实践，充分展现"双主体"的不同任务和重点，共同完成教学，将体现于教学环节的教学模式升华为体现学生学习的课堂文化。

（二）研究的意义

本课题研究关注的是课堂中学生学习文化的实践。在我校教育实践研究的过程中，课前、课中、课后强调教师教的要求；而在课堂上强调学生的主体学习，让学生在学习的过程中充分发挥其主观能动性。在主体学习中，学生是学习活动的能动者、发起者和实践者。通过鼓励学生主动学习，激发学生的学习热情，促进学校学习文化建构。教师作为教的主体，要充分研究这些环节。而在现有的研究中，学校要从关注教师的教学活动，转向侧重于对学生学习活动的研究。

在本研究中，核心的概念是"学习动机"和"课堂文化"。通过对学习动机的研究，首先通过文献了解有关学习动机的理论概念，认识学习动机的分类构成，最后明确现有研究中学习动机究竟如何促进学生学习发展，如何测量并评价。另一方面，课堂文化也是本研究的关注点。学校的课程改革实践发生在课堂之中，是学生与老师的互动过程，所以课堂文化也需要被考量关注，所以本文的另一方面是关注学生的课堂文化，对概念进行文献综述与分析，希望能够在之后的研究过程中，考察通过课程改革促进学生学习动机对学校课堂文化的影响。

在研究方法方面，学习动机的概念在心理学和教育学的领域使用广泛，研究方法主要以定量研究为主，通过问卷的方式收集数据进行调研。同时，在课堂文化的研究中，也同样会用到观察法。而对于学校中的授课教师，研究会采取访谈法获取更加详细的信息与资料。

1. 理论价值

通过研究期望能够总结出适合学生主体学习的学习模式，让老师能够理解主体学习的内涵思想，将这样的教学理念融入到校园文化，形成学校的办学特色。通过假设——验证——总结，将主体学习的理论深化加深，将这样的教学理论内化到学校的日常教学活动中。

2. 实践价值

通过主体学习的实践活动，学校期望能够在以下三方面获得实践发展：

第一，一套良好教学模式的开展，最大的受益者必定是学生。在主体学习的实践中，学生能够真正参与到课堂学习活动中，成为学习的主人，在学习中能动地探索知识、建构知识。这样的实践活动，不仅立足于学生现在，更是面向学生未来，在学生走入大学，走向社会之后，能够以积极的态度面对学习、面对工作、面对生活，这才是主体学习带给学生的最大收获。

第二，在主体学习模式的实践活动中，教师既是研究活动的参与者，同时也是学习者。在研究的过程中，教师也在不断地改进自己的教学风格，尝试多元化的教学方法，更加关注学生的所学、所思、所想。在这样的活动中，教师也在不断地参与、不断地学习，这样的经验会一直保留，对其教学生涯都是有益的。

第三，这样的教学研究，受益的更是整个学校。通过这次研究，主体学习将会真正成为学校所独有的核心内涵，成为我校校本课程开展的实践基础，成为我校课堂文化的一大特色。

二、主体学习的理论基础

（一）主体学习的特点

教学中的"主体"问题一直是理论界关注的内容，学者们先后提出"教学三体论""双主体论""主导主体论"等不同的观点。进入新世纪，在教育价值观上，从事主体教育研究的学者们已经形成共识："以学生发展为本"。这里的"发展"，是指学生主体性的发展，是指学生在接受教育中所获得的发展。

"双主体"思想的实质就是要充分发挥师生双方的主体性，特别是要充分发挥学生的主体性。教师的主体性主要表现在教学过程的有意识的设计把握上，教师应该给学生提供一种有充分准备的教育环境。学生的主体性表现为在教师的指导下，有意识、有目的地获取各种知识，提高各种能力，形成各种品质，这是一种自我学习、自我教育、自我发展、自我完善的过程，也是一个不断积极改变、提升自身身心状态的过程。

综合以上基本内涵，研究总结了"双主体"的以下几个突出特点。

1. 主体性

即在教育教学的全过程中，始终以学生为核心，使学生居于主体地位。相对来讲，教师处于教育教学中的客体地位，为学生设计课堂环境等。

2. 发展性

作为教学活动的主体，学生是不断进步发展的，而非一成不变的，因此教育教学活动也应随学生变化而不断调整。根据维果茨基的"最近发展区"理论：人的发展有两种水平，一种是现有的水平，另一种是在有指导的情况下可以达到的水平，或者说是潜在的水平，这两种水平之间的差距是"最近发展区"。因此，最具有智慧的教学应该是定准学生的"最近发展区"，对学生进行有针对性的教学和引导。

3. 能动性

主体教育在强调学生为主体的同时，也强调主客体之间，即教师与学生之间的互动沟通。一个好的老师不仅能在知识上对学生加以引导，同样应当能用热情对学生的求知欲加以带动。因此，充分调动学生的主观能动性同样是"主体教育"所强调的重点。

4. 科学性

我国的主体教育在不断扬弃中进步。首先，它汲取了我国古代教育思想中的精华，如《论语》中"不愤不启，不悱不发"的启发性等。第二，它蕴含西方文艺复兴中以人为本的思想。第三，主体教育还践行着马克思主义中的"关于人的全面发展理论"，认为教育倡导主体性是人全面发展的核心。

（二）研究现状

《探究主体教育下的课堂教学改革》（孙丽敏，2011）提出，改变以教师为中心的传统教学模式，使教师成为课堂的组织者和主导者，以激发学生的主观创造性为主；加强学生的素质教育，做全人教育；另外，加强实践教学，引领学生掌握技能、挖掘兴趣。

《学校教育培养目标的当代取向》（和学新，2011）提出了主体教育培养学生主体性的几大意义：响应"尊重人才"的时代呼吁，培养学生独立的人格，并激发学生的创造性和创新性；实现学生的全面发展，并将各方面素质全面整合，实现全人的培养。

《欧美主体教育学术评析》（杨晓静，2016）认为主体教育具有理论基础多样、思想家教学实践丰富、以人的主体性为目标等特点。并认为，主体教育有助于建立以学生为主体的师生关系，并重视学生对社会活动的直接参与。

《我国主体教育理论发展的历史进路》（宋剑，2011）梳理了1978年以来，我国主体教育理论经历的不同阶段。从"三体论"到"二体论"的进程中，于光远的"三体论"认为，教学活动是要处理好"教育者、受教育者和环境"这"三体"，学生从客体地位转变至主体地位；顾明远的"二体论"则认为教学活动中只存在主客体，而"认识对象"只能称之为是"教育过程的一个要素"。但笔者认为，无论是"三体论"，还是"二体论"，都忽视了教育的实践本质、忽视了实践中师生的主体地位。在从"师生主体论"到"教育主体论"的讨论中，学者们着重讨论师生间的关系，并把"人"的问题摆在了教育学中的核心位置。

《我国教师专业发展的实践探索》（郭华，2010）回顾了"主体教育实验"自1992年开始18年的研究历程。文章认为，主体教育实验中，一大批教师在成长在提高，这标志着主体教育的成功，证明其挖掘了教师的主动性和创造性，在系统的理论学习研究中逐步成长。

《我国主体教育实验的回顾、反思与展望》（李英，2001）梳理了主体教育实验的三个阶段：前主体教育实验阶段（1979—1991年）；主体教育实验的起步阶段（1992—1996年）；主体教育实验的发展壮大阶段（1997—2000年），并系统总结了每个阶段存在的特点。

《主体教育：我国走向新世纪的一种教育理论》（高向斌，2005）认为，"以学生发展为本"的4个方面内容主要包括：①把学生当作主体；②注重每个学生的需要、潜能、能力、关系、个性和精神世界的发展；③扩大学生交往，鼓励学生创新；④现在学生的发展将预示着将来社会的发展。

《主体教育的理论基础问题》（王本陆，2001）认为，马克思关于人的全面发展论、现代教育论、关于主体和主体性问题的哲学研究、教学认识论与教学实践论等五大领域都为"主体教育思想"提供了深厚的理论基础。

三、研究设计

（一）研究目标

希望通过主体学习教学模式的开展实施，探索出一种适合我校的教学模式，发展学生主动学习的态度，让学生能够参与到学习中，并对教学模式进行总结概括，期望能够推广应用。

（二）研究主要问题

本研究主要关注的是主体学习在学生学习过程中的效用，同时如何可以更好地将主体学习应用到今后的教学实践之中。

学生在接受主体学习的课程前后，学习动机有怎样的改变？

主体学习的课程模式如何影响学生学习文化的生成与建构？

如何将主体学习的课程模式应用到今后的教育教学工作之中？

（三）研究问题大纲

在实际的教学实践过程中，通过进行学生主体学习的教学实践，让我从感观上感受到参与主体学习的学生要比以往未参与主体学习的学生，在学习动机、自信心、创造力、表现力等多方面表现得更为优秀，在新的教学实践过程中，学生逐渐地出现一种自发吸引而形成的学习文化。而这也成为我研究的灵感来源，我希望能够通过研究，用多种调查方式，来验证主体学习的教学实践对学校学生学习文化的影响和积极的改变。

（四）研究对象

本研究计划调研的群体应当是从2012年以来，我校经过主体学习课程改革之后的师生。主体学习课程改革是我校的特色，也是近年来大力推行的教育改革实践，本研究将对参与主体学习课程改革活动的师生进行调查研究，用以指导主体学习的实践改革。

（五）研究思路

本研究采用访谈、观察等多种方法收集资料，进行研究。

采用访谈的研究方法是因为访谈可以更深入有效地收集有效资料信息，并可以依此对问卷设计进行修正，所以在研究实践过程中先进行访谈研究。访谈研究的主要对象是授课教师和已毕业的学生。授课教师由于有多年的教学经验，可以通过比较的方式对接受主体学习课程模式的学生和以往的学生进行描述分析。而毕业学生可以描述回顾高中学习的感受以及大学的学习生活，也可以证明这样的课程模式是否能够让他们在长期的学习生活中获得能力的提升与进步，并具有可持续发展性。

本研究还会采用观察法进行研究，观察师生在课堂中的互动情况，通过行为检核表进行记录，比较"主体学习"的课堂与通常一般的课堂之间有什么样的差异，通过量化数据来考核学生在课堂中的参与度，借以佐证学生的学习文化氛围。

本研究采取多种方法进行综合研究，这样得出的数据资料会具有更高的可信度，研究的分析推论才会更有价值。

四、研究实施

（一）课题在教学实践环节中的体现

以"课堂教学改革"为突破口，促进学生全面发展、实现教学水平的提高、家长满意、学校提升。在实际教学中，课题组研究学生、研究教材、研究教法和学法，其中最为核心的内容体现在备课与教学环节当中。

1. 组织力量，集中备课

备课从两个层次三个角度开展：课时备课，备学生和课题课时备课。课时备课即基本的业务备课，主要从教师角度对教学环节进行系统梳理；备学生，即从学生现有的基础和心理、参与心理出发，明其所需、所困、所惑，"测量"其对所学知识的"承重"能力，真实客观了解现状，为课题课时备课做准备；课题课时备课确立课堂教学有效的方法和手段。教师、学生均从中受益。

2. 课堂教学中实施的教学方式

教师多利用多媒体技术，创设情境，再现生活，引发学生观察生活、体验生活、表现生活的兴趣。同时集中采取"学案导学"和"小组合作"的方式，从"教什么，怎么教"入手进行思考，力求形成各学科有效的教学模式，并结合学科特点实施教学。通过构建课堂文化形成固化成果。学生在课题实施过程中，增加了学习兴趣，提升了学习成绩。

（1）重视教学活动的准备

教学活动准备包括活动设计、活动素材搜集以及活动条件创造三个方面。在教学活动设计中，教师尊重学生的意见，甚至要与学生一起共同设计教学活动。教师鼓励学生参与教学设计，效果很好。教学活动素材搜集靠教师和学生两个方面的努力。教学条件创造也是一个学习的过程，教师调动学生在这方面的主体性。

（2）学生个体的活动和小组活动、班集体活动相结合

这几种教学组织形式在学生发展方面都存在优势与不足，教师取长补短，在教学中结合使用。

（3）处理好内部活动和外部活动的关系

这两种活动在一种教学活动中其实是不可分的，它们都是从一个侧面强调活动内隐的或外显的行为。如阅读更多的是一种内部活动，但手和眼的运动却是不可少的。它们在教学中都发挥着重要的作用，没有内部思维活动，外部活动将是盲目的，没有外部活动，内部活动的效果将会受到一定的影响。

（4）努力使教学活动对学生产生一定的吸引力，从而增强学生参与活动的兴趣

在动态化的教学中，理解、沟通、参与、互动4个活性因子要较好地协同互助，教师设计好教学过程中的"吸引子"，对学生的主体参与进行催化。

（二）课堂学习中发挥学生主体作用

在课堂教学中如何发挥学生的主体作用，提高他们的自主意识，发挥他们的主观能动作用，培养他们的自我发展能力，已成为课堂教学改革研究的重点，也是课堂改革的核心理念，学生主体作用的发挥程度决定着课堂教学效率的高低。

心理学研究与教学实践都表明，中学生在课堂学习中的思维活动大致可分为3个阶段：①启动阶段；②最佳阶段；③疲劳阶段。学生在启动阶段往往注意力较差，思维活动比较离散、迟缓。这一阶段的教学应创造生动、活泼的物理情境，启发调动学生思维的主动性和积极性。思维活动的最佳阶段是学生课堂学习的黄金时期。这一阶段中学生注意力集中，思维活跃、敏捷，脉络清晰，有强烈的求知、求成欲望，这一阶段教学方法特点应突出其启发性。要充分调动学生的思维活动，以便有效地突破教学难点，掌握知识重点和关键所在。"黄金"时期之后，学生的思维活动开始出现"疲劳"。具体表现为注意力分散，反应速度降低。这一阶段的教学方法要注意调整学生思维与活动的方式，让学生更多地动脑、动口、动手，让学生更多地参与教学活动，使学习过程成为学生能力发展与提高的过程。

让学生真正成为学习的主体，就应该改革以知识为中心单向式传授的教学模式，创造以学生发展为中心的探索性学习方式。即把教学活动由教师向全班学生讲授的方式，改变为既是学习者又是讲授者，互助合作共同研究的学习活动过程；把教学活动由重视传授知识，改变为更重视激发学生的学习欲望、好奇心、创造精神和开发学生的学习潜能。

1. 让学生承担一定的学习责任

将学生由被动接受知识的位置，推动学习主动探究获取知识的前台，引导学生主动参与学习的过程，参与教学目标、重点、难点的确定。例如，在学习"摩擦力"时，上课开始，教师向学生布置：根据教材自行确定需要达到的目标（需要具

体问题具体分析，是围绕整个一节内容进行还是以某一部分为中心展开）；以小组为单位；自行确定需要解决什么问题和采用什么方法；自行确定学习的重点；列出学习难点和提出解决的办法和建议。对小组只有一个要求，最后展示整理好的笔记。在教师布置任务后，学生迅速分组，准备好记录本，然后认真阅读教材，列出问题。

2. 重视习题教学 强化学生主体意识

习题训练是最能发挥学生主体作用的教学环节，学生通过一定数量一定质量的习题练习，积极主动地运用习得的知识技能付诸实践。在失败中不断发现自己知识能力方面的不足，自觉地加以弥补，在挫折中磨炼自己的意志；在成功中坚定自己的信念，在解题的过程中，自觉地调整自己的思维方式、解题策略，优化完善自己的思维结构。因此在教学活动中必须重视习题教学，通过习题教学强化学生主体意识，教师从以下几个方面进行了探索：

（1）重视学生错题的自我纠错和分析

习题教学中注重利用学生答题错误强化学生主体意识，矫正学生思维偏差，通过学生自己的纠错及究错提高学生的知识能力水平，培养学生思维的批判性和深刻性，教育学生正视自己的成功和不足。在具体操作过程中，我在批改学生作业后，要求同学分析错误原因（3 类），将改错贴在错题旁边，一个章节结束后需要统计各类错误的数量。

（2）组织学生说题

学生是学习活动的主体，说题就是学生叙述自己解题时的思维过程，有根据地说出自己的认识、想法。说题能把学生从"被动听"推到"主动说"的位置，学生说题可以在课上也可以在课余，在学生说题的过程中，同学、教师可以适当地发问，有利于学生思维的深入和开阔培养学生的创新思维。通过学生说题，教师也能了解学生解题的一般思维方法，了解学生的知识掌握情况、了解学生产生疑难的原因，使教师的讲解更有针对性。

（3）鼓励学生编题

通过学生说题、教师析题，在学生对解答题目所要求的知识、能力融会贯通，了然于胸的基础上，鼓励学生以原有题目为原型改编成新题，比如提一些具体的要求，比如指定某个量必须为未知量，或者提出能用到的公式。

五、主体学习的访谈分析

（一）教师认知情况

学校教育在青少年培养学习兴趣、增长文化知识的过程中占据重要位置，对学生在今后的人生道路上运用已掌握的学习能力，提升自身技能起到不可忽视的主导作用。学校教育的总体执行者是教师，教师在学生中实行教学方案，学生通过教学方案主动或被动接收来自教师的知识信息，并产生多种学习效果。

教育的主体是广大的学生群体，学习教育的对象是人本身，一切教育方式和教育理念的产生源头都是以人为本，让教育成为学生培养个人学习能力的指导工具，通过科学的方式引导学生成为一个合格的求知者和求学者，激发学生的学习自主性、能动性，使学习成为学生的内在愿望而非受制于外界力量的压力，便是主体学习教育模式立志要达到的教育目标，注重学生的主体学习能力并非是淡化教师的教育效用，而是让教师在教育过程中创造主体学习的环境、条件、氛围，指引学生充分发挥出自身的学习主动性。

针对主体学习教育理念的认知与执行现状，对我校高中的三位具有多年授课经验的教师进行了访谈，访谈内容包括对主体学习的认知情况。在关于主体学习概念的理解方面，三位教师都能够准确表达出主体学习教学的基本定义，并且赞同主体学习对于完善现有的教育模式、创新教学理念的积极意义，表示主体学习对于学生将学习发展为一种主观动力，可以调动学生的学习热情，并且会选择尝试在授课中使用主体学习方式。三位教师根据自身所理解的主体学习概念提出了几点建议，包括主体学习的几点常用办法，如组织学习讨论小组、发散思维寻找问题其他解决途径、主动举例同类型问题等。

然而，受访教师中的两位教师承认对处于严酷高考压力下的高三班级实行主体学习教学的机会有限，鉴于对传统教学模式在实际应用方面的实用角度，以及对少部分学生能否达到主体学习的理想状态并不十分肯定，传统方式教学的使用频率更多。

（二）学生认知情况

教师是主体学习教育模式的策划者与执行者，而学生则是主体学习的执行对象及核心。与苏联教育学家凯洛夫的《教学论》观点不同，现代教育强调学生在学校教育中的主体性，能够自发、主动参与到知识传播过程，教师的责任是启发学生的主体能动性，创造一切可以创造的教育环境和条件，使教学的目标可以在学生中得到最大程度发挥。

在了解授课教师的主体学习认知情况之后，与其相对应的是课堂中的主体——学生的认知状态。访谈对象为10名本校毕业学生，以主体学习为主要访谈内容进行深入交流。

首先，在回答有关主体学习概念的问题时，约有2/3的毕业生对此概念表示不太了解，另1/3的毕业生能够说出接近概念的自我理解内容，认为主体学习是学生发挥主观学习意愿的一种学习形式，与自主学习的内涵接近。在大学生活开始后，所有受访毕业生均表示，大学学习方式需依靠自身的学习能力，在中学时期培养而成的学习习惯会对大学学习生活起到不可忽视的重要影响，甚至会对在大学毕业后的工作技能学习继续起到潜移默化的提升作用。

其次，关于主体学习的实际应用，超过半数的已毕业学生肯定了主体学习能够帮助学生找到学习的兴趣点，颠覆传统教育模式，学生通过主体学习方式解决困扰自己的问题，使用自我探索的实践方法，更容易牢记知识，并且在解决问题后会产生较为强烈的成就感。

虽然毕业生普遍承认主体学习的优点，同时部分毕业生也提出不同看法，并非完全否定主体学习的效用，但表示在自身的高中学习时期，主体学习教学模式的采用频率较低，被动式的教育方式在各学科，特别在理科中应用机会少。部分情况下运用主体学习的教学方式时，学生的积极性并未完全表现，学习方式最后所呈现的效果并不令人满意。

六、主体学习教学模式对学习文化的影响

（一）促进师生双向交流的学习方式

传统教育模式下的课堂学习文化是倾向于教师单方面传输知识给学生，学生则机械化地被动接受知识，教师是知识传播的主要环节，而学生在课堂处于非主导位置，学生对于学习的动力并非全部来源于自身，而多来自教师的外力推动。教师单方面地传授学习经验及知识理解方法，其展现的模式具有单一性和经验性，而学习方式并非只有一种。角色互换，让学生从被动的接受状态转变成主动的参与状态，这样会极大地调动学生学习的主观能动性，这个过程中，教师全程扮演着辅助的角色，设立课堂讨论、小组协作等学习方式，让学生自由挖掘重组所需要的材料，形成良性循环的学习文化，在这种文化中，教师与学生开展各种各样的互动，一方面改进教师自身的教学方法，另一方面，学生在主体学习中存在的纰漏和不足也得以修补。学生通过自身思考判断是否适用于自己的学习过程，多种思维在问题的解决过程中碰撞出火花，并且在课堂学习中形成多元化的学习方式。

（二）营造和谐活泼的课堂学习氛围

日常可以看到，有的教师虽然具备较高的授课水平，但是学生对教师的授课内容接受程度却存在一定的背离情况。这是因为授课水平并不直接等同于授课效果，人格魅力以及课堂氛围同样占据着极为重要的作用。活泼的授课风格，良好的互动氛围，才能调动起学生的求知欲，只有让学生竞相参与到教学工作中，才能取得理想的教学效果，主体学习教学的课堂能够给予学生较大自由思考的权利，同学间平等交流时不会产生过大的学习压力，反之，在学生间的学习对比还会带来积极学习的动力，例如在数学科目的自主学习讨论与竞赛中，一组同学能够由一道题衍生出两种可行算法，其他小组同样不甘示弱，全部人投入精力思考第三种解题方法，小组间的竞争带动了整个班级的学习热情，建立了自信、进取的良好学习氛围。

（三）有效提升学生的自主学习能力

学习能力一般通过自主学习和被动接受两种方式来体现，传统的填鸭式教育，在一定程度上提供给大多数学生获取知识的路径和方式。但是在教育改革的新时代要求下，尊重每个学生个体，挖掘学生潜能，使得填鸭式教育的优势逐渐降低，主体教学充分地解决了一旦填鸭式教育这种外力消失，如何解决学习动机、学习方法等问题，主体教学是一种倡导天然的、自发的学习方式，目的在于让学生明确自己的目标，挖掘自身能力，采取匹配自身行为爱好的习惯，建立一套符合学生自身客观实际的知识获取体系，具有多点开花、知识集中、思维发散的特点。例如，在语文科目自主学习教学课程中，教师要求学生模仿文章作者的风格创作一段文章，学生需自己思考作者的写作风格特征、用词特点、内在情感等因素，主动同教师讨论作者的写作意图，自主使用工具书籍寻找同作者用词相似的词汇，以便撰写出风格相似的文章。在此过程中，学生的自主学习能力被充分激发，同时提升了学生对课程的积极性。

七、结论与展望

（一）研究结论

经过主体学习教学实验，学生的被动学习状态发生较为显著的变化。主动梳理思考课堂知识的学生有了明显上升，课堂氛围的调动有积极的变化，不少学生开始主动参与到与教师的互动当中，学生对学习的兴趣有一定提高，同时会主动向教师索取学习资源，对主体学习的进一步发展打下了基础。此外，主体学习教育能够重新定位教师的职责，是学生主体教育地位回归的表现，对于最大程度发挥学生自主学习力，营造好学、进步、活跃的课堂氛围有积极正面的作用，学生能够参与到主体学习教育，提高各学科的学习成绩，从而培养自主学习的能力，可以为创建优秀的校园学习文化奠定扎实的实践基础。

（二）研究展望

主体学习教育模式可应用于学生学习文化环境的创造工作中，并提倡在我校各学科内进行短期的实验性推广。教师可根据学科的不同特点设计多种主题学习教学方案，以增强学生学习动力、提高学生学习积极性为依托，并立足于发展学生个人主动学习的能力，学生在教学过程中遇到疑问与困难要适时引导其梳理思维条理，帮助其攻克学习难题。同时，在肯定学生主动学习模式对学习文化的正面作用之后，还应研究其不足之处，同已经具有成熟模式的传统教育方式相比，主体学习教学模式还处于发展阶段，教学方式还需根据学生的实际情况作出进一步的调整与优化。

浅谈美术教学中如何发挥学生的主体性

陈雅楠

摘要： 在小学美术教学中，课堂应从以教师为中心转为以学生为中心。教师要充分发挥学生的主体性，在以学生为中心的课堂，让学生自己动手、动脑、学习知识、捍卫自己的观点。同时在授课时，应让学生感受到自己才是课堂的主人，而不是只听从老师的讲解，更多的是让学生参与进来，感知美术的艺术和美感，从而提高参与美术课堂的积极性。在教学时，教师要充分掌握学生的心理，了解什么能够吸引学生，做到"投其所好"；要培养学生的多向思维，不要把学生的思维禁锢在一个笼子里，不能压制学生的个性，要让学生在学习中充分表现自己。在授课时，教师应培养学生的主体意识，首先要培养学生对美术课程的兴趣，进而使其意识到自己才是学习的主体，改变传统教育方式，多关注课堂活动，给学生提供一个展现自我的平台。

关键词： 美术教学；主体性；学习兴趣

在教学过程中，各项教学活动都应围绕学生展开，培养其自主学习的能力。要关注和培养学生的主体意识，使其效用发挥到最大，给予他们更多自主选择的权利，使其感受美术课的快乐、有趣，意识到自己才是课堂的主人。那么，教师在美术教学中应该如何调动学生学习的积极性、充分发挥学生的主体作用呢？

一、激发学生美术创作的兴趣

小学生年龄尚小，心智不够成熟，正所谓兴趣是最好的老师，学生们只有在兴趣的引导下才能培养学习的主动性。因此老师要注重学生对美术兴趣的培养，使其爱上美术这门课程，一旦产生兴趣，学生便会自觉主动地参与到其中。所以，教师应注重对学生兴趣的培养，利用具有趣味性的课堂形式、转变原始的教学模式，将学生的主体作用发挥到最大。由于小学生的抽象思维发育不够成熟，因此老师应尽可能选用直观的教学工具，选用多种形式的小创作来培养学生对美术的兴趣。利用多种教育方式，比如趣味故事讲解、对作品的解读等形式，尽可能地让学生对这一学科产生兴趣。要鼓励学生们走出教室、走进生活、亲近大自然，体验在课堂中所感受不到的美，激发他们创作的兴趣。

二、改变教学方法

培养学生的自主学习能力，转变教育方式是最有效的一种手段，让学生自主地参与到学习中来。美术这门学科仅靠老师的讲解是远远不够的，还需要学生自己动手实践来增强对这一学科的理解，所以教师应鼓励和指导学生多参与实践活动。教师要注重课堂艺术性的提高，并对课堂形式进行积极创新，不断学习和引进先进的教学方式。让学生在美术教学中掌握一项技能，发展其创造力及想象能力。转变以往的教育方式，通过情景创设增强课堂趣味性，培养学生的主体意识，使其对美术产生兴趣。①鼓励学生"自己动手实践"，创设自由表现的教学环境。小学生年龄小活泼又好动，让学生积极主动参与教学的全过程，并喜于、敢于表现自己，使课堂形成无拘无束、欢乐轻松的学习氛围。比如在教学中，老师应将主动权放在学生手中，充分发挥他们的想象力，使其主体作用发挥到最大化，老师只需给予适当指导即可。让学生参与到活动中来，创造力和动手能力都得到了提高，也满足了学生好动好奇的需求。②通过情景创设来培养学生自主探索的能力。比如老师可以通过多媒体播放、观看视频等手段让学生进行赏析，并提出自己的看法，对其进行自主思考和探索；这样学生通过收集信息、思考、应用、反思和交流成果来获得知识，即培养了学生自己学习思考的能力，有利于拓展思路，不断探索，勇于创新。

三、注重课堂活动

对于教学这一活动来说，想要使学生的主体作用得到发挥，就需要多种形式的活动作为支撑，这样才能使其树立主体意识，培养学生的个性化发展，提高其专业水平，提供更多的实践机会，不断提升自己。在培养学生创造力以及主观能动性上，开展多种形式的活动具有积极的促进作用，但是教学活动不应是单方面的，需要师生的共同参与，比如在活动中，老师对学生的不解之处给予适当指导，并有序的组织活动，其次就是老师在教学活动中所发挥的主导作用，学生占主体地位，换言之，教学活动无法依靠单方面完成，需要双方的共同参与。

例如，《漂亮的童话城堡》一课，让学生观看迪士尼动画，看各式各样童话故事中的城堡，强化他们对城堡的认知，经过大家共同协作，创造出自己心中的城堡。学生们经过自己的搜索、查找资料等活动，动手能力以及主动思考能力有了明显的提升。并且更加专注地参与到该活动中来，体验由创作所带来的趣味和快乐。在本节课堂中，老师所发挥的仅仅是指导作用，活动主体是学生自己。在这种具有趣味性且动手能力强的课堂中，学生们对学习的主动性和积极性得到了提高。

四、描绘"心中所想"

教师要尊重学生的每一幅作品。通过对作品的仔细观察，可以发现学生的内心世界，它体现了学生的性格特征。在创作过程中常常会出现这种现象：老师刚讲完要求准备创作，没多久就有学生举起自己的作业"老师您看这样行吗？"老师乍一看只觉得画了一些不知名的点和线，看不出来什么。作为老师不要为学生的举动生气，学生的这种举动并不是因为他在扰乱课堂秩序或是怎样，而是他开始慢慢喜欢美术了，想要得到老师的肯定。老师应该做到换位思考，站在另一角度看待学生的作品，如果以成年人的标准去看待评价该作品，就会导致理解偏差，无法正确解读学生的创作思路。在现代心理学中，小学生由于各项发育不成熟，因此无法保持长时间的注意力集中，且无法正确地将感情表现出来，这就需要借助于老师的指导。因此针对这种情况，老师不可鲁莽，取而代之的应是鼓励和指导。比如在教学《好看的线条》一课时，大部分学生按教师的要求完成了一幅线条既有变化又有秩序的作品，唯有一名学生的构图却有所不同，长长短短、粗细不一，点和面随意分布，看上去构图很凌乱。假如老师这时很气愤地说"这是在乱画吗？这根本不是一幅画"，那将会对这个孩子的心灵造成很大的伤害。针对这种情况，老师不应对其进行批评和责怪，而是给予赞扬。做到换位思考，更能理解学生的作品，小孩的世界是无拘无束、没有规律可言的，因此可能在他们看来，线条就是这样凌乱，长短、粗细不一的。所以老师要学会做到从学生的立场出发看问题，这样才能更加理解学生的内心世界，从而培养学生对美术的兴趣，让他们在美术作品的创作中抒发自己的情感，无拘无束地将自己所想要表达的东西尽情展现出来。

五、采用多元评价

在培养学生全面发展，改进教育方法，提升美术教学质量上，可以通过对美术课程评价来实现这一目的。在传统的美术课堂上教师占主体地位，是教师在发表最后的"演说"，造成了教师不能真正了解学生学习后的真实状况。在我看来，美术课堂评价的目的在于激励学生，让同学们尽情展示自己的才华，培养其全面发展，对于学生的自评给予关注，关注他们的内心世界，从而促进其健康成长。例如，教学《我的好伙伴》一课，我把学生完成的作品整理好，贴在黑板上让学生来评论，说说你喜欢哪一幅，为什么？哪儿画得好？不足又在哪儿？利用开放式的评价活动给学生创造出积极的学习环境，这对学生创造力有着促进作用，同时对学生的审美能力也有所提高。在最后，我挑选出一些较典型的作品让学生们进行讨论：看看这几幅作品画的谁？你是怎么发现的？哪儿又值得你学习呢？通过小组讨论的方式来培养学生分析问题、解决问题的能力，同学们互相评价作品感受同龄人的作品，激发学生的创新欲望。课程结束时同学们把自己的画送给伙伴，大家都很开心。有的同学说："这还是头一次有人画我，我一定要精心保存。"同学们经过这节课的学习，不仅有利于增强同学间的情谊，同时也提高了对美术的兴趣。

以上是我在美术课堂实践中得到的一些点滴收获，经过整理和汇总得出上述结论，但在内容和思想深度上还有所欠缺。但是我对培养学生的主体意识有了新的认识，并意识到在教学中所发挥的重要性，同时也从中体验到了主体性教学带给师生的发展空间，让学习不再是一项乏味无趣的事。

创新能力对每个学生都非常重要，它并不是艺术家的专利，我们每个人都有创作的机会和可能。回首传统的教育课堂，大部分时间都是老师的"自言自语"，与学生互动性不高，仅注重对知识以及技能的教导，却没有重视对兴趣的培养。同时在这方面，也缺乏先进的、高效的培养方法。老师应鼓励引导学生大胆想象，通过引入新的教育模式来培养学生的兴趣，这样学生才能在感知美好生活中激发创作灵感，从而为学生主体作用的发挥和以后的发展奠定扎实的基础。

总之，培养学生的主体意识是作为教育工作的一大重心，提高其对课堂的参与度；做有创新意识和能力的美术教师，要给学生提供想象空间和展示的条件，给学生提供一个积极的、具有引导作用的学习环境，为我国的美术领域注入新鲜血液。小学生的想象力相比成年人更加丰富，所以应对其作品给予更多关注，并给予适当的鼓励与肯定。不怕学生想的不切实际，就怕不肯开动脑筋。有能力的教师、难得有利的时机、充满激情的学习氛围、古灵精怪的想法对于培养学生创新能力和创造性思维品质有启发意义。

参考文献

［1］李世军．美术教学中如何发挥学生的主体作用［J］．黑河教育，2011.

［2］王宝东．新课标下如何在美术教学中发挥学生主体作用［J］．科教文汇，2007.

"双减"背景下落实语文要素发挥学生主体性策略

金春颖

摘要：双减背景下，要求教师更要深钻教材、精准施教，注重对学生语文学科素养提升。现代教育理论，我们把教学中师生这种双边活动及辩证关系概括为"教师为主导，学生为主体"的教学理论。教学质量的高低取决于教师和学生、教学内容和教学方法等诸多因素。其中学生是重要的内在因素，且起决定性作用。因此，在语文课堂教学中正确理解和正确处理师生关系，调动师生双方的积极性，对保证和提高教学质量是十分重要的。本文从学生是教学中心、是主体，让学生明确努力方向，引发学生学习的内在动力，帮助学生改进学习方法，转变教学方式调动学生课堂学习积极性，促语文学科素养提升等几个方面在语文学科教学中如何体现"学生为主体"进行了论述。

关键词：双减；语文要素；主体性；转变教学方式；学科素养

"任何教学过程都是师生共同参与的过程，教学是教育者和受教育者共同的活动。"教学中师生这种双边活动及辩证关系可以概括为"教师为主导，学生为主体"的教学理论。教学质量的高低取决于教师和学生、教学内容和教学方法等诸多因素。其中学生是重要的内在因素，而内因是起决定性作用的。因此，在语文课堂教学中正确理解师生关系，调动师生双方的积极性对保证和提高教学质量是十分重要的。但从当前教学的实际情况看，相当一部分教师往往忽略了学生的中心地位和主体作用，使教学处于事倍功半的局面。鉴于此，根据多年的教学实践和所学教学理论，谈谈粗浅的看法。

一、学生是教学中心，是主体

美国心理学家布鲁纳提出"发现法"，所谓"发现法"就是在教学中以"学生为中心"的教学理论。在教学中教师组织的一切活动都要从学生的实际出发，最终目的是要学生汲取知识，形成技能，熟能生巧，获得能力。教学目的和教学任务的确定、教学方法的设计和运用等都要根据学生的实际情况来确定。

以学生为中心、为主体的教学指导思想要体现在教学的全过程，在教学实践中没有彻底贯彻执行，如不区别情况、教学要求"一刀切"，不因材施教，填鸭式的满堂灌等，会使教学带有很大的盲目性和随意性。笔者认为教师要在教学中充分发挥自己的主导作用，就必须在教学中认真贯彻"学生为中心、为主体"的教学指导思想，只有这样才能实现高效课堂，不断提高教学质量。比如在三年级（上）第5单元的教学中，要找准读写融合训练点，有效设计各板块的读写路径，方能促进学生观察力与表达力的同步提升。

二、让学生明确努力方向

教学中教师应力求使学生积极主动地思考学习、理解和把握。从教学法角度看，教师教学有预定目的。为达到目的，教师首先要使他的预定目的为学生理解和接受，从而使预定目的变成学生努力的目标。另外，为达到目的教师还要有计划地组织一系列教学活动，并采取适当的教学方法逐一实施教学活动。比如在讲《搭船的鸟》一课中想要让学生了解"我"对翠鸟的外貌、动作所做的观察，感受"我"观察得细致，初步体会留心观察的好处。要探究的问题是如何让学生在读中识字、获取知识，并且让学生有兴趣去认知大自然，感受大自然的神奇之处。在教学时要做到在合纵连横中，了解"观察"单元的编排特点；基于要点，确定"观察"单元的教学目标；科学施教，实现"观察"能力的有效提升。同时培养学生勇于探索、善于发现生活中美好事物的态度。

只有教师组织的教学活动和采用的教学方法为学生所理解；学生才能积极参与并努力配合，只有师生协同组织好各项教学活动并配合默契，才能保证最终达到教学目的。为此，每学期开始或讲新课时，教师都应向学生宣布教学计划、课程要求、教学进度和指标，使学生了解学习目的、学习任务和学习重点。让学生明确自己的努力方向，才会使他们真正有所得。

三、引发学生学习的内在动力

善于发现和积极引导学生对某种活动的爱好和兴趣，培养其勤奋学习的精神，对学生的能力发展有重大意义。由此不难看出，所谓学生的学习的兴趣主要是指学生的求知欲望，学生的学习兴趣不是天生的，教师必须设法激发学生的兴趣。运用导入艺术是很多教师课堂教学中成功的经验。教师运用巧妙的方法导入新课，从新课一开始就激发起学生的学习兴趣，吸引全班学生的注意力。

导入方法如下。

1. 新旧联系

新旧联系导入方法符合温故知新的教学原则。方法自然、使用广泛、效果亦佳。

2. 审题开始

这种方法适合在讲解新课文时使用，使用得当，对激发学生学习兴趣有奇效。还以《搭船的鸟》一课为例。研读课文，学习观察小窍门。怎么"留心观察"？从阅读角度来说，无论精读课文还是习作例文并不是直接讲观察方法，但是我们能够从字里行间感知作者的观察方法——细致观察、连续观察、多感官参与。达成路径如下。

由静到动：《搭船的鸟》这篇课文中，先看到的是静止在船头的翠鸟，在反复观察中，感受它美丽的外貌，羽毛是翠绿的，翅膀带着一些蓝色，还有一张红色的大嘴。接着看到"翠鸟眨眼之间就从水中叼起一条小鱼"动态的过程。观察动态事物比静态事物要难得多，它需要敏锐的动态捕捉力，因为一不留神就会看不清活动的过程。实践证明从审题开始讲这篇课文可以激发学习兴趣、启发思考，调动学生积极性，帮助学生深刻理解课文内容并从中受到教育。

3. 设问开头

学生的好奇心强，求知欲旺盛。如能巧设悬念就会抓住学生心。这种设问方法对激发学生的兴趣十分有效。

4. 开门见山

有些课文的故事性很强，一开头就很精彩。可以开门见山、单刀直入，这样省时间，效果也好。

5. 直观形象

凡能用实物、图表、手势、投影仪协助讲解的，教师都应积极使用，直观形象不仅能激发学生学习兴趣，而且有助于学生的理解和记忆，引导学生在接近真实交际的语境中学习，启发学生思考，培养学生独立学习能力。

古人所讲"道而弗牵，开而弗达，强而弗抑"是正确的。所谓启发就是引导、鼓励、启迪。在教学中教师要把给学生传授知识和开发智力密切结合起来，采用启发式教学方法则有助于处理好传授知识和开发智力、学习和思维的辩证关系，有助于培养学生独立学习的能力。所谓启发式教学就是教师诱导学生自己分析、综合、比较、概括、判断、推理，以发展逻辑思维能力。以讲课文《白桦树》一课为例：一是教师直接分析讲解，二是教师引导学生分析《白桦树》的自然美景和意境，三是教师用一连串的问题引导学生分析课文情节，进行美育教育，激发学生热爱大自然，热爱生活的情感。这三种讲解方法学生听起来都有趣，但后两种方法是启发学生思考、诱导学生分析，让教学活动中的主体在教师的指导下在语言的实践中学习语言，这对于培养学生的思维能力、分析能力和语言表达能力会有更明显的效果。

四、帮助学生改进学习方法

学生的学习方法是教学法体系中一个重要标志，是教师教学研究的一个重要内容。我国古代教育家韩愈在《师说》中写道"师者所以传道授业解惑也"。即教师不仅要给学生传授知识，解答疑问，还要把"传道"即教学生解决问题的方法放在首位，近代著名教育家叶圣陶先生说："教是为了不教"。这说明教学活动不能只停留在传授知识上，更重要的是教给学生如何主动地获取知识，有经验的教师传授给学生的不仅是知识宝库，更重要的是打开知识宝库的钥匙，学生有了金钥匙，就随时可以打开宝库，提取所需要的知识。如讲词，可以是教师讲清词义，交代搭配范围，举典型例句，再让学生进行举一反三的操练，这种讲解过程的本身已展示了教师分析新词的步骤和方法。也可让学生（高年级）自己查字典概括出词义及用法，有时还可引导学生归纳、对比，总结一类词的用法。也可布置学生阅读参考资料，进行课堂讨论，教师做总结。这样有助于变学生被动接受知识为主动研究问题，有助于学生改进学习方法和提高学习能力。研究和改进学生学习方法是培养学生独立学习能力和初步研究能力的关键。学生的学习方法在不同阶段会出现不同的问题，在同一阶段不同的学生学习方法也不尽相同，教师必须深入了解，具体指导，帮助每个学生改进学习方法，提高学习效率。

五、调动学生课堂学习积极性

在学生学习语文整个过程中，师生共同活动多是有组织进行的，而课堂教学是最基本的组织形式。语言是交际工具，应通过听说读写、口笔训练使学生达到熟练掌握、自如交际的程度，不少教师研究和改进教学方法，精心设计教案，加强广度和深度，为学生提供多层次的语文实践条件，取得了较好的课堂教学效果。因此，语文教学应将其人文性、实践性放在首位。那么，学生为中心、为主体在课堂教学中应如何体现呢？

第一，教师思想上必须了解学生是全部课堂活动的中心和主体，教师仅仅是各项活动的组织者；第二，教师必须充分认识课堂教学质量高低主要取决于教师是否调动起广大学生学习积极性（学生参与活动的人数应在80%以上），并在教师指导下进行积极有效地练习；第三，教师在课堂教学中是否真正做到精讲多练（操练时间一般约为2/3课时），讲练结合，四会并举，阶段侧重。课堂教学只有遵循"教师为主导，学生为主体"的教学指导思想，才能处理好师生关系，调动师生双方的积极性，共同提高教学质量。合理安排充分体现精讲多练，讲练结合的教学思想，正确处理知识与能力的关系，处理结构教学与功能教学以及获得技能与运用技能的关系，培养了理解语言文字的能力，取得了较好的教学效果。

综上所述，在双减背景下语文教学活动中发挥学生的主体性，学生不仅获得知识，而且也获得学习方法、学习能力甚至人生经验，获得精神食粮。教师不但是知识的传递者，更重要的是成为学生求知的一个顾问、一个交换意见的参加者、一个帮助学生发现矛盾而不是拿出现成真理的人。这样的教学活动才是具有真正意义的教育交往活动，才有可能引导学生全面而不是片面地发展。我们的语文教学也才有可能完成从应试到素质教育的真正转轨，真正转变教学方式促进学生语文素养的提高。

在语文学科教学中发挥学生的主体作用

——充分尊重客观规律，发挥学生主观能动性

李 威

摘要："新课程标准"中明确指出："学生是学习和发展的主体，语文课程必须根据学生身心发展和语文学习的特点，关注学生的个体差异和不同的学习需求，爱护学生的好奇心、求知欲，充分激发学生的主动意识和进取精神，倡导自主、合作、探究的学习方式。"这就需要引导学生学会学习，注重改变课程教学过于强调的被

动学习、死记硬背、机械训练等现象，倡导学生主动参与、乐于探索、勤于动手，培养学生获取新知识、分析解决问题以及交流合作等能力。首先必须尊重学生，特别在当前全面实施课程改革，贯彻落实新课程标准的关键时刻，更应该以新的教学理念来倡导尊重学生。我们须尽快转变教学观念，以新理念来倡导尊重学生的主体地位，尊重学生的情感表现，尊重学生的个性特点，尊重学生的自尊心，尊重学生的学习成果，逐步引导学生自主学习。

关键词：动静结合；丰富多彩；时间分配

做好语文教学工作，态度情感是基础，方式方法是关键。如若方法使用不当，再尽心尽力也可能会南辕北辙。现如今在实施素质教育的过程中，语文学科因具有工具性和人文性双重特点，在教学实践中，强化学生主体地位，突出主体意识，引导他们主体参与，促进其"主动学习"是我们每个语文教师都在深刻思考的问题。在此，我结合学习《语文课程标准》的体会和多年语文教学的实践经验，浅浅地谈一谈语文教学中，如何培养学生主体参与的意识。

一、有动有静，动静结合

由于学生的年龄特点，三年级语文教学是充满活力、情感十足的。然而长时间地处于一种动态和喧闹的环境（有时我们的分组合作活动往往是讨论内容比较充分的）之中会导致疲惫感，而且对孩子们的记忆也十分不利。因此，我主张动静结合的课堂教学。在《翠鸟》这篇课文的学习中，该动的地方学生就应该特别活跃，如边观看翠鸟的形态边欣赏课文内容的环节，我尝试编排的热身动作让全体学生都动起来，很好地调动了全体学生的积极性；作者对翠鸟的外形和活动特点作了非常细致的观察，形象、生动地描述了翠鸟羽毛艳丽的外形和它捉鱼时灵敏、神速的动作。在老渔翁的启发下，"我"体会到喜爱翠鸟应该把它当作朋友，打消了捉翠鸟饲养的念头。这篇文章能抓住事物特点来写，是特别值得学习的地方。作者在介绍翠鸟的外形时，抓住漂亮的特点，描写翠鸟的爪子、羽毛、眼睛和嘴；在介绍翠鸟的活动特点时，抓住"一动不动"地"等待""贴着水面疾飞"等，表现了它的机灵和动作敏捷。教学中我力求做到：把朗读和理解结合起来，在正确领会课文内容的基础上，通过朗读表达出作者的思想感情，通过朗读加深对课文的理解。在要求学生仔细认真观察的基础上，体会作者是怎样运用生动、形象、活泼的语言描写翠鸟的特点的，体会作者对翠鸟的喜爱之情。教学始终保持师生平等对话，在这样的过程中进行，在小组合作学习的同时，老师处处与学生交流、沟通。让学生以自己喜爱的方式学习，让学生在活动进行中学习，体验学习的快乐，做到尊重学生的人格，崇尚学生的个性发展，让每一位学生的价值都得以体现。

上完这节课后，我也充分对教学活动进行了反思：静态的教学实际上是孩子们非常需要的，安静的环境才能让学生的大脑清晰地思考，仔细地理顺知识。作为教师，可以适时让学生做听写练习、默读练习，这样学生就可以静下心来倾听感悟和书写。我们经常进行这样的练习不仅可以帮助学生巩固知识，还能帮助我们培养学生良好的学习习惯。让他们在潜意识中认识到语文的学习决不单纯是说说读读，它还包含了仔细的观察、认真的倾听和细心的书写等。

二、寻求教学难点为突破口，设计丰富多彩的学习活动

在教授《月球之谜》这一课时，我将其分为了五个环节。第一个环节：课前三分钟诵读。第二环节：导入新课。第三环节：汇报交流，①小组上汇报生字词语；②汇报有关月亮的诗句、名言、神话故事等。第四环节：整体感知，①朗读课文，学生进行评价；②小组讨论课文中的月球未解之谜，并作汇报；③小组交流自己疑问。第五环节：小结、作业。在前置作业这部分，上课前几分钟，及时地掌握学生的作业情况，以便更好地掌控课堂。

在第三环节的处理过程中，我没有控制学生展现自己的欲望，而是用学生动手代替了我做主导。而且，学生交流生字词语的欲望很强烈，我没有控制这种趋势，在说谁还有补充时，让学生发言，不能在这过程中多加干涉。还有学生分享自己搜集的资料的时候，让学生尽情地展示自己，让学生的知识面更加广阔，不将学生说话的想法打压下来，放手让学生说而不是教师怕拖延时间而让其停止，充分进行交流，学生提出的问题放手给学生自己交流评价。在第四环节这一过程中，学生讨论完"你所发现的文中的月球之谜"后，及时对问题做好总结，因为学生对月球的未解之谜了解深刻的话，学生的印象及体会将更加深刻。

在授课过程中，关注每一位学生，眼睛盯住学生，了解学生动向，不着急，将自己的思路抛开，跟着学生的脚步前行，哪怕只解决一个问题，也要充分地考虑学生的思维，抓好主线，然后放手给学生，让学生之间互动，在关键的时候做好引导即可。同时还充分关注小组建设，形成组内评价制度，充分调动学生的积极性，充分体现教师教学的灵活、机智。

三、处理好独立学习与小组合作学习的时间分配

独立学习是合作学习的基础，没有个体的独立学习是无法进行小组合作学习的，而小组合作学习是各个成员经过独立思考、学习、讨论交流后的结果，是独立学习的深化和综合。小组合作学习不能替代个人独立学习，在开展小组语文合作学习之前，每个学生都必须认真、独立地学习、思考和落实新的语言知识，在这个基础上再进行小组合作，这样才能发挥各自独特的见解。

在复习、练习阶段，采用小组合作练习、两两合作练习、做游戏的活动形式来进行合作学习，在教学过程中，我们可以多次听到老师鼓励孩子们的这样一句话语："请你自己读一读。"只有自己读了、思考了，再进行小组合作时，效果才会更佳。在巩固阶段做练习时首先让学生自己仔细思考，自己小声地读一读这些词，然后和组内同学一起互问互答，练习字词、句子、段落。

在本节课的课堂教学过程中，根据所教的内容，对独立学习和小组合作学习所需要的时间进行科学有效地合理分配，实现了小组合作学习的有效性。

语文的课堂教学是一门很深的学问，具有极强的艺术性。影响课堂教学的因素也有很多，如教师的因素、学生的因素、教材的因素及课堂环境的因素等，为了提高课堂教学的有效性，我们必须以教学理论作为指导，经过自己的不断实践，不断总结，不断完善和创新，熟练地运用课堂教学的有效性策略，真正提高课堂教学的质量，提高学生学习的质量。

热爱语文教学，扎根课堂教学。增长见识，增长才干，促进学生在课堂中主体作用的发展，让每个学生都受益，也让自己的教育生涯无悔。以青春梦想，实际行动为孩子们奉献，为实现中国梦作出新的更大贡献。继续前行，相信岁月，静待花开。

参考文献

[1]] 人民日报评论部. 习近平讲故事［M］. 北京：人民出版社，2017.

浅谈学生在数学课堂上的主体性的策略

齐艳雪

摘要：按照新课标的理念，教师应该创造一个有利于学生发展的数学学习环境，通过培养学生的数学问题意识，激发学生学习数学的兴趣，让他们学会运用数学知识解决实际问题，可以给学生充分发展的时间和空间，真正激发学生的博学意识。在数学课堂上，使学生在充分自由发展的基础上，实现教师和学生的整体价值、数学课堂中的生命活力。

关键词：理念；策略；主体

新课程标准指出：学生是数学学习的主人，教师是数学学习的组织者、引导者和合作者。为了体现这一理念，充分发挥学生在课堂教学中的主体作用，培养学生的自主学习能力，进行了以下几方面的有效尝试。

一、改变教学理念，充分相信学生，被动变主动策略

"以学生为主体，教师为主导"的观点已经提出很久了，但在我国的实际教学中，由于受应试教育的影响，教师发言时，学生听的传统教学方法较为普遍。教室变成了老师的舞台，学生变成了听众。学生独立思考和学习的机会少，积极参与的热情不高。数学已经成为单调的象征。新课程标准指出："学生是学习的主人""以学生为中心""一切都是为了学生的发展"。因此，在教学中，应允许学生积极参与教学过程，改变"要我学"到"想学"，注重培养学生的学习能力，突出学生的学习自主性。在课堂教学中充分体现学生主体性是课堂教学的本质属性之一，也是数学课程课堂教学改革的迫切要求，也是我们必须遵循的教学原则之一。保证学生主体地位，为学生提供广阔的学习空间是教学过程的主体，是学生认识和发展的过程。为了使每一个学生都得到发展，教师首先要给学生"主人"的地位，给他们一个广阔的学习空间。让他们观察、感觉、触摸、发现他们不能独立理解的事物。当学生积极探究新知识时，他们将遵循"遇到问题—思考问题—解决问题—实践应用"的过程，表现出情绪的变化。只要教师使用适当有效的教学方法和手段，学生就能学会学习。强烈的兴趣把"无聊的事情"变成"新的有趣的事情"。因此，在教学中，教师要摒弃以讲为主、重排序、灌输为主的实践。应根据学生的教学内容和实际情况，为学生创设独立的思维空间。如果学生能独立完成某事，就让他们用头脑和手来完成。如果他们能独立完成部分任务，就让他们独立完成部分任务。能独立完成一点点的，就让他们独立完成一点点。也就是说，改变教学模式和观念，彻底回归课堂，让学生在一个安全、平等、独立的课堂氛围中学习。当然，相信学生并不意味着沉迷或纵容学生，而是要求教师在课堂上改变自己的角色，使自己处于正确的位置。作为一个促进者、设计师和参与者，善于在课堂上鼓励学生、表扬学生，善于发现学生的闪光点，大胆地让学生自主学习。只有这样，才能培养学生的主体地位、独立思考能力和创造性思维能力。

二、激发兴趣，培养学习积极性，唤醒感知策略

"兴趣是最好的老师。"这就是说，一个人一旦对某事物有浓厚的兴趣，他就会主动去寻求知识、去探索，把精力投入到课堂学习中去。如何在数学课堂教学中有效激发学生的学习兴趣？我们可以通过外部事物的新颖性和独特性来满足学生的心理需求，从而激发学生的学习兴趣。我们可以围绕学生选择具有一定数学价值的事物，这有利于学生主动探究，激发学生的欲望。对于知识而言，它可以创造不同的问题情境，让学生体验合作与交流的过程，发挥他们的情感魅力，感染学生，使他们感兴趣，全心全意投入学习。如果我教的《角的初步认识》这一课时，引导学生

折叠角，让学生用手触摸角。问："你怎么感觉角的顶点，你感觉如何，感觉到角的边缘？又有什么感觉？"学生觉得角的顶部是尖尖的，并且角的两边是直直的。他头脑中有一种初步的感性认识，从而为直观物体抽象到平面几何的困境铺平了道路。其次，要引导学生积极思考。在课堂上，学生只有通过积极的思考才能开阔视野，获取新知识。当教《分数的基本性质》时，用多媒体分同样的三个蛋糕，第一个蛋糕平均分成两份，取一份给小猪，把第二个蛋糕均分为四份，取两份给小羊，把第三个蛋糕均分为六份，分给袋鼠三份。为什么同一块蛋糕虽平均分的份数不同，但是小猪吃的一份和小羊吃的两份，袋鼠吃的三份是同样多呢？经过对三个小动物分的份数进行比对，噢，一样的，这时，一些孩子高兴地笑了，一些孩子噘嘴。为什么？此时，学生们热衷于认真思考和主动探究的状态。

三、创造情境激发问题

古人运用"从思维中学习""大思维开悟""小思维不开悟"的脉搏策略，提问是心理活动的启动器，学生的数学学习活动充满个性，所以思维方式各异。一个不提问的学生很难提高，小学数学应注重培养学生的提问意识和能力。一方面，教师要营造民主平等的教学氛围，鼓励学生提问。另一方面，教师要善于设计问题，让学生发现和探索，激发学生的求知欲望和解决问题的能力。为了实现这一目标，教师可以根据教材的内容特点和新旧知识的关系，在教学的关键点创设问题情境，改变教师提问和学生提问的单调定型教学模式，积极鼓励学生提出更多的问题，从而引起学生的认知冲突，使学生在思考中提出问题，并在思维中提出问题。只有这样才能把学生置于主体地位，才能把课堂交还给学生，使学生能够主动学习，激发兴趣，学会收获。让学生操作，培养独立能力，独立探索策略。例如，在教《公斤和克知识》时，为了给学生留下深刻的印象，教师准备1公斤物体，让学生自选物体进行体验一公斤或一千克的物体到底有多重。学生一个塑料袋包装苹果，然后称重，一公斤大约是这个组的几个苹果。让学生看看周围的物体，哪些质量大约是1公斤。通过"知公斤"的教学过程，学生通过一系列的实践活动，可以感受到"知公斤"的质量观。这种情况表明，动手活动是最基本、最有效的学习方法之一。现代教学理论提倡学生通过让学生做数学而不是用耳朵听数学来学习数学。如果我们简单地使用教学方法，教师很难清楚地理解"1公斤"和"1克"的质量概念，这对学生来说很难理解，数学课堂应为学生提供自主探究的空间，自主学习，使学生能独立操作，获得直接经验，准确总结数学概念、公式、规则，养成行动的习惯，智慧之花指尖开放。

如上所述，在数学教学中彰显学生的主体性，让学生在自主交流、探讨、反思和追问中，体验知识的发展过程，最大程度促进和提升学生的核心素养，以不断深化和升华基础教育课程改革。

参考文献

［1］刘旭.数学教学中学生主体性培养点滴［N］.教师报，2004-10-06（005）.

［2］刘金星.数学教学更应注重过程［J］.福建中学数学，2008（12）.

小学数学教学中增强学生主体性的思考

——在活动的天地里玩转数学

王彦玲

摘要：数学课堂教学，不仅要有必要的讲解，而且要通过数学活动，建立直观与抽象概念的联系，在活动中引发学生思考。

根据低年级学生喜欢玩的天性，可以把游戏、故事等形式的"玩"，引入学生的教学活动中，把"玩"引入课堂。通过精心设计的数学活动，让学生在"玩"中反馈出对知识的掌握情况。教师以核心问题为引领，让学生在不知不觉中走进数学世界，喜欢数学，玩转数学，从而提升学生的数学素养。

关键词：数学活动；动手操作；主体性

苏霍姆林斯基曾指出："人的心灵深处都有一种根深蒂固的需要，总想成为研究者、发明者和探索者。"那么，如何调动小学生学习数学的积极性和主动性，让他们产生"我喜欢学数学，我要学好数学"的积极心态，主动投入到数学的学习中呢？我的观点是，开展形式多样的活动，让学生在"玩"中学数学。

心理学家皮亚杰认为："6～12岁的小学生心理发展的重要特点是，对新鲜的具体事物感兴趣，善于记忆具体的事实，而不善于记忆抽象的内容。"数学是一门抽象性、逻辑性很强的学科，而小学生的思维正处于由具体形象思维向抽象逻辑思维过渡的阶段，动手操作活动正是在数学知识的抽象性和学生思维的形象性之间架起的一座"桥梁"。通过动手操作，不仅要使学生乐学，还要使学生在掌握知识的基础上进行创新。

一、动手操作，激发学生兴趣

在学习知识的过程中，引导学生利用动手操作参与知识的形成过程，能够激发学生参与学习的兴趣，使他们乐学、善学，从而使他们在愉快的操作活动中掌握数学知识，又发展了他们的思维。例如，在教学《统计》中，教师开始给每小组发了小猪、小猴等动物的头像，让他们认识了这几种小动物，然后问学生："动物们都跑到你们的桌子上去了，你们各个小组有什么好办法，能很快地知道每种小动物各有几只？请大家动动手，想想办法？"学生一下子就投入进去了，兴致很高，有的摆，有的数，有的贴……学生动手操作完之后，教师让各小组代表发表自己一组的办法，最后，教师和学生一起得出统计的方法。实践证明，让学生动手操作参与比看教师分、理，听教师讲解获得的知识牢固得多，既能提高学生的学习兴趣，又能发展学生的数学潜能。

二、动手操作，理解掌握新知

皮亚杰指出："要认识客体，就必须动之以手。"他认为人对客体的认识，是从人对客体的活动开始的；思维认识的发展过程，就是在实践活动中，主体对客体的认识结构不断建构的过程。因此，在数学教学中，教师要注重学生的动手操作，只有让他们在操作中自己去探索、发现，才能理解深刻，有利于掌握知识内在、本质的联系。如在教学"求比一个数多几的数"的应用题中，我先让学生摆出 6 朵绿花，9 朵红花，然后问他们："绿花有几朵？红花比绿花多几朵？红花有几朵？"先让他们认识这种题目的形式。然后让学生第 1 行摆 5 个○，第 2 行摆△，要求△比○多 2 个，求第 2 行摆了多少个△。通过学生的操作和老师的指导，学生体会到要摆比○多 2 个的△，就要先摆和○同样多的 5 个△外，再比○多 2 个的△，求第 2 行摆多少个△，就是把这两部分合在一起。然后再教学例 3 "桃有 14 个，梨比桃多 9 个，梨有多少个？"学生比较轻松地理解和掌握了这个知识，同时这样的操作能激起学生的求知欲，使学习数学成为一种强烈的精神追求，促进智力活动的有序发展。

三、动手操作，发展空间观念

对于低年级的学生来说，他们的空间观念尚未形成，这就需要通过动手操作来培养学生初步的空间观念。如在教学《认位置》中，教师围绕学生身体的某些部位（如左手、右手，左眼、右眼，左耳、右耳，左脚、右脚等）进行教学，引导学生较好的认识了左、右两个方位；围绕学生间座位关系的讨论，使学生体会物体之间的位置关系是相对的。这样的教学联系实际，操作性强，使学生在轻松、愉快的学习氛围中，理解和掌握左右相对的位置关系，体会数学和生活的密切联系，逐步发展空间观念。

四、动手操作，培养创新意识

苏霍姆林斯基说过："在人的大脑里有一些特殊的、最积极的、最富有创造性的区域，依靠抽象思维和双手精细的、灵巧的动作结合起来，就能激起这些区域积极活跃起来。如果没有这种结合，那么大脑的这些区域就处于沉睡状态。"当学生动手操作时，能使大脑皮质的很多区域都得到训练，有利于激起创造区域的活跃，从而点燃学生的创新之花。例如，在教学《有余数的除法》中，为了让学生理解：在余数的除法中，余数要比除数小。教师先让每个小朋友拿出 7 粒枣，每 3 粒分 1 份，求分成了几份？还剩几粒？初步感知余数比除数小。再让每个小组长给自己的每个组员发 1 张糖图（图上糖的粒数不相同），然后大家动手圈一圈，填填表格，讨论发现了什么。学生很快就发现了：计算余数的除法，余数都比除数小。从学生的实际动手分枣，到分小组合作动手圈圈，让学生参与知识的形成过程，自己去探究、分析、归纳、总结规律，既培养了学生的合作精神，也培养了学生的创新意识。

五、动手操作，提高探究能力

心理学研究表明，儿童有一种与生俱来的、以自我为中心的探究性学习方式。教学中，教师要把静态的、结论性的东西转化为动态的、探究性的数学活动，重视让学生动手操作，借助操作启动思维，吸引到探究新知过程中。比如教学《有趣的拼搭》中，让学生把正方体、长方体、圆柱和球，放在同一块滑板顶端，让这 4 个物体同时往下"滚"，"滚"的过程就是一个探究的过程。学生有自己的生活经验，有自己的知识水平，有自己的思维方式，旁人是无法替代的。利用这一点引导学生在"滚"的过程中进行探究，发现规律，初步感知各类立体图性的特征。在"堆一堆"中，我让学生把 4 种物体分别堆成一堆，学生通过操作、探究发现其中有趣的现象。然后让学生根据自己探究的这些规律进行有趣的拼搭，这样既提高了学生动手能力，又提高了学生的探究能力。

六、动手操作，解决实际问题

荷兰数学教育家弗兰登塔尔认为"数学来源于现实，也必须扎根现实，并且应用于现实。"爱动是孩子的天性，孩子们对生活中的事物都充满好奇心，他们都想看一看、动一动、量一量。而加强动手操作是低年级学生获取知识、解决实际问题的一种方法。通过动手，学生学得更有趣；通过动手，学生才能更好地解决实际问题。新教材在这方面为学生提供了好多操作的机会。如教学"米、分米、厘米"时，在学生认识米、分米、厘米的长度单位以及相应的进率，建立 1 米、1 分米、1 厘米的长度观念基础上，我让学生解决实际问题：怎样知道"教室的长度""文具盒的宽度""人的高度"等，让学生亲自动手试一试，量一量……课上学生"动"了，气氛"活"了，使学生引用了自己所学的知识解决了生活中实际问题。

总之，在小学数学教学过程中，教师要适当、充分地让学生动手操作，调动学生的积极性，使他们体验到学习数学的快乐。同时在掌握知识的过程中，使学生的创新意识和创新潜能得到有效的发展。

参考文献

［1］吴友弟．构建学生主体性学习的探索与思考［J］．才智，2011（05）．

［2］刘庆华．感受好玩的数学［M］．北京：北京师范大学出版社，2005，9.

［3］韩旭．浅谈如何构建主体性课堂教学模式［J］．读与写（教育教学刊），2010（05）．

小学语文阅读教学发挥学生主体作用的实践与研究

周　阳

摘要：语文这一学科从本质上看是一门工具性学科，是学好其他一些科目的敲门砖，小学语文教学中阅读教学想必一定是索取敲门砖的捷径，对语文教学的效果有着深刻的影响。就目前的小学语文教学状态来看，一部分学生在学习及阅读的过程中仍然处于被动接受的状态，学生对阅读缺乏兴趣、阅读缺少方法或运用方法不当，造成高耗低效。本文通过文献研读及实践所悟，对小学语文阅读教学发挥学生主体作用、提升学生阅读能力及素养进行了探究。

关键词：小学语文；阅读教学；主体作用；实践

一、创设情境，培养兴趣，提高学生阅读主动性

心理学家皮亚杰指出："所有智力方面的工作都依赖于兴趣，儿童是具有主动性的人，所教的知识更要能引起儿童的兴趣，符合他们的需要，才能有效地促进他们的发展。"由此可见，兴趣是最好的老师，为学生的思维发展提供着巨大的动力，是提升学生核心素养及各种能力的先决条件。积极、生动、有活力的课堂氛围，能够调动学生的积极性，从而使学生快乐、主动地参与到阅读活动中，体现出阅读过程中学生的主体地位。这就要求语文教师在备课的过程中要充分地了解教材的内容，深挖各种教学资源，利用多种教学设备及手段，引起学生的注意，唤醒学生的学习热情，提高学生阅读的积极性。有些学生不能对阅读产生兴趣的另一原因就是：学生不能在阅读的过程中深入文本，缺乏对文章内容的情感体验。这时就需要教师为学生搭建平台、创设情境，将学生带入文本。

《乡下人家》这篇课文语言质朴，展现了乡下人家热爱生活、善于用自己勤劳的双手装点自己的家园，装点自己生活的美好品质，表达了作者对乡村的喜爱与赞

美，既是一篇美文，更是一组美画。但在城市生活的孩子们对于乡村生活的理解有一定偏差，甚至全然不知，这种情况更应该将阅读的主动权充分交给学生。在学期初，我就计划好这篇文章的教学要与学校社会实践活动（走近河北民俗村）相结合。在社会实践活动前，我为学生下发了实践手册，其中的内容就有涉及乡村生活的部分，将图片上的农具与其名称相连、描述种植的步骤、写一写这一天的乡村体验心得等。这些内容都是要让学生亲身体验并记录在乡村的所见、所想，让他们对乡村生活有更加深刻的印象。实践活动后讲解《乡下人家》这一课前，我为学生们唱了一曲《走在乡间的小路上》，学生们的眼睛一下就亮了，他们从没见过语文老师为他们唱歌，有些学生情不自禁地鼓掌合唱，唱完歌他们兴奋地打开书开始朗读课文，积极举手发表自己的见解。课下在与学生交流时，有些学生主动查阅了这篇文章的全文，了解作者的家乡情况，甚至还说要去那个地方旅游，自己要开始做攻略。作为语文教师，就是要通过各种手段，资源的调动、情境的创设，激发学生阅读的积极性，提升学生的能力。

二、指导质疑，引导探究，增强学生阅读的兴趣性

古人云："学起于思，思源于疑。"质疑，能够让一个人的思维处于不平衡的状态，从而让思维得到发展。德国哲学家叔本华认为："读书必须思考，如果不思考，只一味地读，和经常骑马坐车而步行能力必定减弱的人一样，将会失去独立思考的能力"。语文教师一定要注重对学生主动阅读、大胆质疑的培养，要让学生成为阅读活动的主体，成为学习的真正主人。在教学过程中，教师要引导学生进行质疑，既要鼓励学生大胆提问，发现别人没有注意到的问题；又要科学引导，把一些质疑和思考的方法介绍给学生，提高质疑水平。这使学生由一个被动接受者变为主动学习者，发挥学生的主体作用，学生的阅读期待被瞬间激起，自然愿意主动阅读，深入文本，寻找答案。

如果只将《万年牢》这个题目呈现在一个四年级的学生眼前，一定有一大堆的疑问在学生心中产生。在教学这篇课文时我首先提问："看了这个题目你想知道什么？""牢是什么意思？""万年牢指的是什么？""什么东西能万年牢？"等。这么做的目的就是要利用课文题目的特殊性让学生带着问题主动地阅读、自学课文，激发学生思维的积极性和创造性。

另外，还可以从课后质疑引发学生更加深入的探索，从无疑之处寻找疑问，让学生再读文章、回味情感，使其对文本的理解提高一个层次，引发学生更多的思考。质疑后的解疑过程是帮助学生树立主体意识，提高学生参与阅读能动性的重要途径。解疑的方式有很多，根据具体的内容及问题的难度，可以是独立思考、小组合作、全班交流。在这个积极交流、主动参与的过程中，学生活动的范围增大了、思考的

时间变长了、表述的机会增多了。他们在阅读过程中的信息捕捉、分析、处理、应用能力及概括能力、表达能力、思辨能力都能得到不同程度的提升。

三、指导阅读方法，培养自学能力，增强学生阅读的积极性

在研读《语文课程标准》的阅读教学实施建议的过程中，我们了解到阅读是运用语言文字获取信息、认识世界、发展思维、获得审美体验的重要途径。阅读教学应注意培养学生感受、理解、欣赏和评价的能力。在理解课文的基础上，倡导多角度、有创意的阅读。利用阅读期待、阅读反思和批判等环节，拓展思维空间，提高阅读质量。要重视培养学生广泛的阅读兴趣，扩大阅读面，增加阅读量，提高阅读品味。为了指导学生高效阅读，培养学生自学能力，增强学生阅读的积极性，可将指导学生阅读的方法归结如下：

（一）精读体会法

教材中的许多课文都通过细腻的描写、生动的文字、精准的用词表情达意，需要学生自己深入文本细细体会。《课标》中针对第二学段的阅读教学目标指出：能联系上下文，理解词句的意思，体会课文中关键词句表情达意的作用。这种精读体会的方法就是引导学生精研细读，品味文章用词的准确、构句的巧妙及其表达的情感。

1. 画词句，做批注

《爬山虎的脚》这一课的教学目标其一为体会作者怎样运用准确生动的语言写出爬山虎的特点。在教学过程中，我让学生自由朗读课文的第二自然段，边读边想爬山虎的叶子给你留下怎样的印象，并用一两个词批注自己的感受。孩子们在充分阅读后，画出了"绿得那么新鲜，看着非常舒服""不留一点空隙""荡起波纹"等词句，批注了"密密麻麻""挨挨挤挤""旺盛的生命力"等感受。

2. 小组合作，"沉浸式"阅读

在教学爬山虎的脚的位置时，我采取了小组合作的形式，先让学生们用自己喜欢的方式读懂文章，再让学生用身体部位来展现爬山虎的茎、叶、脚的位置关系。在小组汇报时，两个孩子向大家展示：把身体背靠背贴在一起作茎，一个人的手扒住墙代表脚，另一人的手向前伸，张开手心，就是叶。孩子们通过小组合作精读，内化为自己的理解和感受并呈现了出来。

3. "1＋1＞2"的阅读模式

"1＋1"指的是"一篇带一篇"的阅读教学模式，前"一"指的是课堂教学的一篇课文，后"一"指的是与课文内容、情感或阅读目的一致的一篇文章，将他们合并在一起让学生自主阅读。以这样的方式开发教学内容，既提高了学生的阅读兴趣，又关注了相关阅读素养的渗透；既强调人文滋养，又注重语文能力的训练，最

终能够取得非常好的教学效果。为了更好地完成教学目标，帮助学生进一步感受准确生动的文字魅力，我利用了一节语文实践活动课的机会，和学生一起细读了《马鞍藤和马蹄莲》这一篇同为细致描写植物的文章。我为孩子们设计了一份学习单，让学生在充分读文章之后，先简单填写好这两种植物的特点，再将自己有所感悟的文字摘录下来，写下感受。这篇文章篇幅不长，孩子们抓住了"连日暴晒""迎接海风""给它浇灌海水"等词句，体会出了马鞍藤这种植物具有非常旺盛的生命力，他们惊叹大自然的神奇。当读到"马鞍藤被人们看成是轻贱的花"时，孩子们强烈反对人们的看法并表达了自己对马鞍藤的喜爱和赞美之情。

（二）略读对比法

略读是当今这个快速发展的社会中人们急需具备的阅读能力与阅读方法。教会学生略读这种技能想必一定是学生一生发展的需要。《课标》中对于略读教学有"学习略读，粗知文章大意"的要求。

在课堂上，语文教师必须有训练学生略读的意识。略读对比法就是以尽可能快的速度进行阅读，抓住课文的关键词句，弄清主要观点，了解主要事实或典型事例，从而加快阅读速度。主要是在讲解完一篇课内课文之后，让学生迅速、准确地从全局上把握另一篇相关读物的主旨，进而与课文从内容和写法上进行对比，进一步加深学生对课文的理解、对写法的感悟、对情感的把握。在教学《白鹅》第二课时时，我利用课上余下的 10 分钟时间，让学生迅速翻开《白公鹅》这一课，默读并思考这两篇文章在内容和写法上的异同。学生们很快就发现了这一篇文章同样运用了反语的写法表达作者自己对白公鹅的喜爱之情。但这篇文章称"白公鹅"为"海军上将"，派头十足，和《白鹅》一课中"鹅老爷"的称呼的表达效果有所不同。

略读只是为了让学生用最快的速度把握文章的主要内涵，不强求学生有很深的理解，学生说到什么程度都可以，目的只是让学生在以后的学习中能够主动地进行有思考的阅读。

（三）迁移写读法

《课标》中建议，语文教学要注重语言的积累、感悟和运用，注重基本技能训练，让学生打好扎实的语文基础。迁移是指学生在学习中通过对已有知识的应用，获得和掌握新知识的学习方法。做到举一反三、触类旁通地去阅读。

写读可以是将阅读与做摘录、写心得、写文章结合起来。让学生手脑共用，不仅能积累大量的材料，而且能有效地提高写作水平，并且能增强阅读能力，将知识转化为技能和技巧。

一切阅读形式都不拘泥于课堂之上，不限制于纸上文字。学生的自主阅读实践方法还有很多，让学生自行组织开展一篇或一组文章的专题参观访问；根据阅读内容出墙报、手抄报、宣传栏；组织文学小组、小诗人社、科学小品社、故事社、朗诵社等小组、社团形式的活动，不定期开展各类主题的演讲会、故事会、朗诵会等全校性的活动，达到让学生主动参与阅读、提高课堂教学时效、提升学生阅读能力的最终目的。

四、结 语

让阅读成为学生的如同呼吸一般的自然、自主、自觉的习惯，是每一位语文教师应该追求的目标。在小学语文教学中充分发挥学生的主体作用，让学生积极参与阅读，既符合小学生心智发展的规律，又符合当今社会发展的需要。在教学中，每一位语文教师都应当注意创设情境，培养学生兴趣；指导质疑，引导学生探究；指导方法，提升学生能力。

参考文献

［1］程大妹．谈如何在小学语文阅读教学中发挥学生的主体能动性［J］．基础教育，2013（10）：32-33.

［2］王树仁．谈在小学语文阅读教学中发挥学生的主体能动性［J］．学周刊，2017（32）：138-139.

［3］杨小英．小学语文教学如何激发学生的阅读兴趣［J］．读写算，2013（26）：208.

［4］中华人民共和国教育部制定．义务教育语文课程标准［M］．北京：北京师范大学出版社，2012.

发挥学生的主体性，创新语文学习的路径

宣颖华

摘要：在发挥学生的主体性中创新语文学习的路径，首先要尊重学生的感受，尊重学生的个体差异，创新作业形式；其次要给学生留有选择的余地，并尊重学生的选择，创新语文学习的内容；最后要创设新颖别致的语文综合实践活动，使学生获得整体的、主动的发展。

关键词：主体；尊重；新媒体；实践活动

一、问题的提出

缺乏实践性的学习方式严重影响学生语文核心素养的形成。以前太重视系统知识的传授，忽视了学生的活动和实践。教师满堂灌输，学生紧紧追听，成了主要的学习方式。后来虽有所改变，学生活动也只限于回答问题和形式化的小组讨

论。教学模式还是以知识的传承、信息的获得和保存为中心。教与学的方式还是以学生被动接受间接知识为主。这种延续多年的以教师为主体，学生缺乏实践活动的教学方式，对学生素养的形成危害极大。有必要将其表现摆一摆，起到警醒的作用。

第一种具体表现为课上以教师讲授为主，很少让学生通过自己的活动与实践来获得知识及技能，导致学生连基本的生活语言表达都不能准确地完成。例如，学生到办公室因事请假的时候，往那儿一站，竟不知如何开口，非得老师问一句，才会答一句；有时补交请假条，格式和内容都不清楚，弄得老师哭笑不得。这种现象是由于学生被动的学习方式造成的，因为中高考如今不考应用文写作了，所以老师不讲，学生也就习惯于不学、不会了。

第二种具体表现为教师经常布置的作业多是书面习题，很少布置如观察、读书、时评、排演、拍照、参观等这一类的实践性作业。学生很少有根据自己的理解和特长表现的机会，这种忽视了学生的创新精神和实践能力培养的作业，令学生厌烦，导致学生不愿完成作业，即使有勉强完成的，大多数也是糊弄两笔，有极少数特认真完成，也大多抄袭了网上现成的答案。

以上单一、被动的学习方式对学生产生枯燥、乏味的心理影响，进而导致厌学，甚至弃学的可怕后果。

二、转变学生的学习方式的理论依据

转变学生的学习方式就是转变这种专一的、被动的学习方式，即提倡多样化的、自主的学习方式。而这种新兴的学习方式是建立在学生为主体的思想意识下，让学生成为学习的主人。

"建构主义心理学认为，学生学习的过程是主动建构知识的过程，而不是被动接受外界的刺激；学生以自己已有的知识、经验为基础，对新的知识信息进行加工、理解，由此建构起新知识的意义，同时原有的知识经验又因为新知识经验的进入而发生调整和改变。"[1]毫无疑问，在语文学习中，必须十分尊重学生的自主性。

最近，当我细致研读《高中语文课程标准》（2017年版）时，里面写到"加强实践性，促进学生语文学习方式的转变。"心中为之振奋，的确"语文课程作为一门实践性课程，应着力在语文实践中培养学生的语言文字运用能力"。

课程标准中特别强调了学生在语文学习中的主体地位。比如在修订的指导思想和基本原则中提到，要关注学生个性化、多样化的学习和发展需求，促进学生主动地、生动活泼地发展。此外特别强调要严格落实以自主、合作、探究学习为主要学习方式的学习任务群，而此次学习任务群的设计，就是力求改变教师大量讲解剖析的教学模式。

三、在发挥学生的主体性中创新语文学习的路径

(一) 尊重学生的感受，尊重学生的个体差异，创新作业形式

主体性是个性的核心，真实的学习，是通过学科内容的整合以及教与学方式的变革，让学习更加贴近学生的现实生活。尊重学生的个性，就是让每一个学生都能在原有的基础上得到发展。要达到这个目标，创新作业形式是最先需要实行的。

我尝试做了以下几种作业形式的创新。

1. 利用特长，自领任务

比如在布置诗歌鉴赏作业的时候，我为学生列举了以下一些任务，请学生根据各自的特长自选一项完成：

①朗诵（录音并上传到语文群）；

②演唱诗歌；

③为诗配画；

④将诗改写成散文。

学生不应是被人塑造和控制、供人驱使和利用的工具，而是有其内在价值的独特存在。既然学生是语文学习的主体，所以方方面面都应该致力于促进学生的学习和体验，使语文学习成为在教师指导下主动的、富有个性的参与过程。这次作业很受学生的欢迎，学生鲜活的语文学习经历和个性体验得到了高度重视与体现。

2. 应用新媒体进行作业的展示与交流

假期中的作业最能检测学生自主性学习的成果，但让学生自主性学习，老师并不是就撒手不管。老师要对学生的学习内容进行必要的指导与调控。在假期中，学生又不到校，如何进行指导与调控呢？我是这样做的：

在寒假期间，布置学生阅读《红楼梦》，每天阅读一个回目。考虑到学生会有许多看不明白的地方，于是每晚我都会让学生就你读的这个回目中不懂的地方提问，要是以前，肯定就是由老师一一回复学生的问题。如今改为学生相互回答，老师再对同学间的答案进行纠正、补充。对没有答对的题，我会在群里发放和解决此题有关的学习材料，之后指定学生根据材料完成对这个问题的解答，并制作成美篇，上传到学生群，以达到使全体学生领会明白解决某个问题的目的，并择制作精美、内容详实的美篇上传到家长群，以此来激励学生。

没想到这样做，充分激起了学生的自主性、选择性、创新性。学生积极性高涨，制作过美篇的学生抢着做第一期，从没制作过的主动和同学讨教。在制作过程中，学生要考虑配乐、配曲；要做图片和内容的调配；要考虑字体的颜色、大小，甚至考虑什么内容用什么字体好；甚至有的同学在篇末设置了选择题，来吸引同学观看他的美篇。

师生在微信里通过问答这种交往的本质属性就是学生主体性的一种外在表现，师生间的这种互动性、互惠性，极大地激发了语文学习的动力。

（二）尊重学生的选择，创新语文学习的内容

"变革学习方式，确保全体学生都获得必备的语文素养；帮助学生认识自己语文学习的已有基础、发展需求和方向，激发学习兴趣和潜能，在跨文化、跨媒介的语文实践中开阔视野，在更宽广的选择空间发展各自的语文特长和个性。"[2]基于此课标要求，我积极创新学生的学习内容，特别是打造和审美体验有关、和传统文化传承有关的学习内容。比如在布置传统节日假期作业的时候，我坚决不留简单的、机械的、无味的练习，而是设计富于生活情趣而又适用于实际生活的语文实践活动。

比如关于对清明节等传统节日所涉及习俗的学习、理解与传承，以往就是让学生做剪报，抄写清明节的诗词。2021年我创新了这方面的学习内容，让学生用手机拍下代表清明节的时令景色，并为照片配上两句自创的诗词；学生要想完成这个任务，必须要思考拍摄什么画面，这个画面代表清明节的时令特征吗？（这步相当于写作中的主题与选材、取材），拍摄完成之后紧接着就要学习诗歌如何创作，而且是对仗押韵的两句诗。有的学生到了写诗的这一步，一遍一遍地提交到群里，倾听同学的修改意见，改到满意为止。最后学生呈现的作品质量高，学生自己都有些不相信自己能写得这么好。下面摘录了学生写的诗句。

层层雪花天上落，似把悲伤化水流。（高一2班　李同学）

枯春遇暴雪，长思迎故人。（高一3班　　王同学）

春尽繁花落，疏雨清明末，不见江南一枝梅，寂寞栏边卧。忽闻黄莺啭，梦里离人唤，唯恐又把春寒惯，陌上花开晚。（高一3班　马同学）

渐冷花开不自知，微香恰入清明时。（高一2班　乔同学）

这样的作业引导学生"去发现""去体验""去碰撞"，使学生丰富自己，优化自己，使素养在这样的日积月累中逐渐提升。

（三）创设新颖别致的语文综合实践活动，使学生获得整体的、主动的发展

学生在综合实践活动中，通过参与活动，亲身体验，会自主探求解决问题和语言表达的创新路径，从而在语言文字运用的过程中发现问题，进而培养探究意识和发现问题的敏感性。而学生在语文综合实践活动中表现出的自主性、主动性、创造性，就是学生在进行主体性学习。在主体性学习过程中，能使学生获得整体的、主动的发展。

追求素养，学习必须综合。综合性学习突出的就是学生的自主性，强调学生要主动积极地参与，一般由学生自行设计和组织活动，学生的主体活动充溢全过程。但在语文综合实践活动中，老师并不是甩手不管，大事小情要和学生商量，必要时要从旁提供帮助。此外在评价方式上，基于以学生为主体的要求，需要创新评价方

式，在鼓励学生的创造性上增加权重。

随着学生阅读《红楼梦》的深入，有必要展示学生的学习成果，有老师提议，组织诗词朗诵会，把《红楼梦》里的诗歌读一读。我当时予以了否定，最后采用了我的建议，搞一场"《红楼梦》词曲咏唱会"，各班自主挑选一首《红楼梦》电视剧里的插曲进行咏唱，为了充分发挥学生的自主权，咏唱的形式不限，独唱、对唱、合唱、表演唱、说唱、曲艺段子都行，还有的学生提到能不能降调。这些全由学生做主，在排练的过程中，我们不时提醒学生，去请教音乐老师，去请教培训声乐的课外辅导员。到了比赛的那一天，涉及请评委的问题，以往肯定是一水的语文教师，可这次语文老师已经承担不了这个任务了，因此我们请来了音乐教师、舞蹈教师、懂声乐的校领导。在打分项更加大了对歌曲创造性演唱的分值，还有注重表现美、创造美的比重分，最后最有创意的两个节目夺冠了，在场的同学都向他们投以羡慕的目光，热烈的掌声。可以说这种评价方式激励了所有学生用智慧、用头脑来学习、展示。

苏霍姆林斯基曾说过"要使一个人终于有一天发现自己是知识的主宰者，使他体验到一种驾驭真理和规律性的心情。要唤醒那种无动于衷的学生，把他从智力的惰性状态中挽救出来，就是要使这个学生在某一件事情上把自己的知识显示出来，在智力活动中表现出自己和自己的人格。"[3]

以学生为主体的学习方式是正道、大道，只有道路对了，才可能越走越坦荡，虽然前面"路标"很少，但为了回归"学生是学习的主人"这个本源，我愿砥砺前行！

参考文献

［1］王世堪．中学语文教学法（第2版）［M］．北京：高等教育出版社，2005，137.

［2］中华人民共和国教育部．普通高中课程标准（2017年版）［M］．北京：人民文学出版社，2018，3.

［3］苏霍姆林斯基．给教师的建议（第2版）［M］．北京：教育科学出版社，1984，65.

精心设计活动，发挥学生的主体作用

卢一兵

摘要：在教学中精心设计活动，可以有效地发挥学生的主体作用，具体做法包括：根据学生年龄特点和时代特点，设计激发学生兴趣的教学活动，激发学生学习动力；设计团队学习活动，为学生创造自由表达的空间，帮助学生创造性的完成学习任务；把问题的设计交给学生，通过满足学生的内心需求，提升思维品质；让学生自己选择阅读的对象，在同异中求深求精。

关键词：设计活动；主体

对学生而言，成为学习的主体是获得知识的捷径，是培养发展能力的必须，是学习的一种高级境界。

对教师而言，研读学生，设定教学目标，设计教学环节，激发学生潜能，发挥学生的主体作用，是教学的终极追求。

对语文教师而言，设计丰富多样而又有思想深度，符合高中语文课程标准的教学活动，不仅能帮助学生获得知识的快乐，还可以帮助学生"在语言建构与运用、思维发展与提升、审美鉴赏与创造、文化传承与理解几个方面都获得进一步的发展；坚定文化自信，自觉弘扬社会主义核心价值观，树立积极向上的人生理想，为全面发展和终身发展奠定基础这四个方面的目标要求"。

在课堂上，培养学生的自主学习能力，不仅是一种方法和手段，也是教师的一种素养和思考，更是一种文化引导和生命教育。

一、找兴趣点，激发学生学习的动力

语文是延展性很强的学科，除了课本、课堂，它可以体现在生活中的任何地方，比如歌曲、小说、游戏等。高中生的年龄特点决定着他们喜欢通过灵活多变的方式获取知识和情感态度，同时，智能化生活的进程又使他们可以有更多的途径和渠道充实、丰富知识，因此，语文教师必须关注学生和时代的需求，设计更丰富、更多样的教学活动，寻找学生的兴趣点，调动学生的兴趣，让他们从被动的学习走向主动自觉的探究、思考、获得。

以赏析为例，这是一项语文学习要求，多数学生会明白但不会深入领会，教师往往习惯通过习题加以训练，让学生在练的过程中逐渐形成认识，学生在这个过程中就是被动接受。针对这一情况，可以设计系列语文活动，让学生自己动起来，主动赏析，形成认识。

例如，根据学生喜欢流行歌曲的特点，让学生赏析歌词，培养学生的语文素养。教学要求是选取一首自己喜欢的歌曲，做成幻灯片，根据自己的理解插入图片和音乐并做深入分析，然后在课堂上交流。表面看，这是一个非常简单的教学任务，但是核心目的是培养学生综合素养。首先学生要有检索和筛选的能力，在大量的歌曲中查找并确定自己要赏析的歌词，歌词要符合自己的能力水平，还要体现自己的审美情趣。接下来，学生要选择自己赏析的角度，这个过程考查他们的语文基础知识以及运用。然后，学生要制作PPT并插入音乐，这个过程考查学生的审美、构图以及个性化的认知，是二次想象和创作。最终，展示和评价。

每天戴着耳机听歌赏歌是中学生的流行和喜好，但是，他们往往停留在对时尚和曲调的喜欢上，对歌词，尤其是一些赋予了作者思考认知的歌词，缺乏深入的认知和了解。这个活动迎合了学生的兴趣，让学生兴致盎然地参与，训练了学生的赏析能力，培养了学生的语文素养，激发了学生的兴趣，对学生创造性思维品质的形成与发展起到了促进作用。

二、团队学习，在相互补充中创造性地完成任务

团队协作学习是一种生活和学习能力，也是语文教学行之有效的教学手段。作为教师要有勇气相信学生解决问题的能力和智慧，敢于把时间留给学生，让学生通过团队协作完成学习任务。教师可以做一个观望者、协调者，引导学生自己讨论协商，激发学生的学习欲望，高标准完成教学任务。因此，教师的教学设计尤为重要，实现什么样的教学目标，达成什么样的教学效果，每个环节的内容和衔接，教师都要胸有成竹。

以文言文学习为例，虽然是中华传统文化的一部分，但是古代和现代的差异，会让学生产生畏难心理，如果能刺激学生的内在需求，让他们产生内驱力，就可以让学生逐渐克服畏难心理，迎难而上。可以这样设计活动，首先让学生借助词典自己疏通文义，在此基础上以小组为单位，梳理出疑难问题，小组相互补充，教师最终解答。这种做法开始会耗费时间，但是学生会在团队的相互激励中积极参与，自由表达，自主学习能力逐步提高，后期会达到事倍功半的效果。接下来，挖掘作品中的情感体验和思想内涵，团队成员根据自己的知识积累和对作品的认知各自发表看法，再通过碰撞交流，形成对文本更深刻的认识。由于在一个偏小的团队，又由于团队成员之间相互熟悉了解，学生可以克服羞涩，大胆直言，从而加深对作品的理解。

当然，也要认识到，学生自主学习，教师不是大撒把，而是智慧地拽住风筝线，把握学生学习的思路和方向。所以教师课前准备要充分，资料要丰富有目的，设计好学案，安排好问题，比如把众多名家的作品评判选择性地印发给学生，拿出时间让他们阅读和咀嚼，加深学生对作品的理解和把握。

三、让学生自主设计问题，在思考质疑中提升思维品质

我国古代就有"学起于思，思源于疑"的提法，这是问题教学法的一个源头，也是促进学习的一个手段，可以培养学生的质疑和思辨精神以及语文能力。通常情况下，问题教学是教师设计问题，引导学生思考探究。但是会存在学生呼应不到位、不及时的问题。

让学生自己设计问题可以起到有效的补充作用。以问题为核心，对学习资源积

极主动参与、探究，让学生在自我解读中获得成就感，进而形成一个良性循环，提升学生的思维品质。学生设计问题必然带有年龄特点和人生经验、阅读经历的局限性，因此，教师要为学生铺好路，帮助学生构建从静止的教材到生动的认识的过程。

以《面朝大海，春暖花开》为例，海子的诗对年纪在十五六岁的学生而言，解读和深入了解有一定难度，首先诗是很小众的体裁，学生不常接触，其次诗又习惯跳跃性的表达，学生不好理解，另外海子是一位矛盾的诗人，他有一颗圣洁的心、卓越的才华、敏锐的直觉，但又长期不被世人理解，最终又因为悲壮结束生命的方式成为众人关注的焦点。这样一位诗人，他在诗歌中所传达的思想一定是矛盾的、纠结的、取舍不定的。那么，怎样让学生通过诗歌表面的表达，找寻到诗人内心复杂的情感呢。

可以让学生自行检索资料，筛选信息，设计好问题，自主思考。根据问题组织学生研讨，给学生一个自由表达的平台，让他们尽情地展示自己，然后形成文字，表达自己对生命的理解，对诗人情感的体验和把握。

四、比较阅读，在"同异"中拓展知识

对比是一种思想，也是一种学习方法。对比阅读，可以在已有的阅读学习中拓展延伸，从而以更新的视角看问题。叶圣陶先生把"比较"作为一种重要的阅读方法，他说："阅读方法不仅是机械地解释字义，记诵文句，研究文法修辞的法则，最要紧的还是多比较、多归纳。"

从一篇文本出发，举一反三，与相关的作品进行比较，不仅丰富了对原作品的认识，还可以拓宽视野，积累情感。通常的比较阅读是教师设计，学生在教师的引领下步步推进，达成对作品的理解和认知。

以学生为主体，可以设计让学生根据自己的阅读体验和检索，自己寻找相关作品，然后挖掘体会，增加对原作品的理解。

例如，学习《老人与海》，学生会与《热爱生命》《西西弗的神话》等作品比较，学生会找出他们相同的地方：对手的强大、背景的无常、主人公强大内心和积极乐观的精神。不同点：写作背景、作者要表达的思想、写作手法等。

自主性的比较阅读，可以给学生自由的时间和空间，满足学生内心需求，发挥学生的主观能动性、开发思维，提升能力。

自主学习是新课改需要的学习品质，也是后续学习必备的能力，通过丰富多样的教学活动，激发学生的学习欲望，调动学生的情感是每一个教师都要认真思考的。

诵读—质疑—命题，让文言文课堂活起来

许春英

摘要：文言文阅读的教学现状是学生怕读文言文，讨厌文言文，视文言文为第二外语。为了激发学生阅读文言文的热情，有兴趣有信心地去学习，我的对策是诵读—质疑—命题，三步激活文言文课堂！让学生真正动起来，争做文言文课堂的小主人，爱学、乐学、学好文言文，让中国的传统文化代代传承。

关键词：诵读；质疑；命题；主体性

一、问题的提出

学习文言文，就是走近中国的传统文化，学好文言文，利于中国优秀传统文化的传承。然而，文言文的教学现状是学生怕读文言文，讨厌文言文。因为文言文表情达意的语言形式与当代中学生喜欢的网络语言差异太大，诵读和理解文意对学生来说像蜀道一样难登攀，学生视文言文为第二外语，想要爱它真的好难。老师重视文言文，文言文教学肯下功夫，一是高考必考，分值比较多，近三年高考达到了24分。二是阅读训练，能让学生选择题正确率高，主观题也人人能得分，辛苦付出有可喜的回报。因此字斟句酌，认真备课，教学力求"字字清楚，句句落实"。但惯用的"串讲式"，无法激起学生的阅读兴趣，老师慷慨激昂的教，学生无精打采、勉强应和着听，死气沉沉的课堂让人难受。到底什么样的教学方法能激发学生学习文言文的兴趣？怎么能让学生在45分钟之内主动地获取更多的文言文知识？我的做法：诵读—质疑—命题，三步激活文言文课堂！

二、理论依据

1. 普通高中《语文课程标准》

《语文课程标准》指出："学生是学习和发展的主体。语文课程必须根据学生身心发展和语文学习的特点，关注学生的个性差异和不同的学习需求，爱护学生的好奇心、求知欲，充分激发学生的主动意识和进取精神，积极倡导自主、合作、探究的学习方式。"

2. 建构主义教学理论

建构主义认为，知识不是通过教师传授得到的，而是学习者在一定的情景即文化背景下，借助其他人（包括教师和学习伙伴）的帮助，利用必要的学习资料，通

过意义建构的方式获得。它提倡在教师的指导下以学习者为中心的学习。即强调学习者的认知主体作用，又不可忽视教师的主导作用，教师是意义建构的帮助者、促进者，而不是知识的传授者、灌输者，学生是信息加工的主体，是意义的主动建构者，而不是外部刺激的被动接受者和被灌输的对象。

三、激活文言文课堂的对策

苏霍姆林斯基说过："让学生体验到一种自己在亲身参与掌握知识的情感，乃是唤起少年特有的对知识的兴趣的重要条件。"实践证明，课堂上给时间，让学生自己读文本，理解句意和文章的内容主旨，鼓励他们大胆质疑，自主研讨，教师只对学生解决不了的疑难点作指导，让学生真正动起来，我国的优秀传统文化才会实现真正意义上的源远流长。

1. 读一读，激发兴趣

顺畅朗读是文言文阅读的第一步，播放名家的朗读录音，不讨学生喜欢，我就让学生自制朗读录音。像《劝学》《师说》这样的短文，学习课文前先安排一名同学做朗读录音；像《滕王阁序》这样的长文，安排三四名同学合作完成一篇课文的朗读录音。不管擅不擅长朗读，每个同学都参与录音，一个也不能少。这个改变犹如一个小石子，激起了阅读这潭死水的涟漪，我见到了学生久违的热情：擅长朗读的准备露一手；不擅长朗读的学生怕同学笑话，偷偷地在网上找名家朗读听，模仿名家读，书上字音标注明显增多了，生怕读错字；还有的找我先听一遍，给他把把关。总之，小小的改变，让学生动起来啦。

播放录音时，同学们听得比名家和老师朗读要认真多啦。一听字音读准了没有；二听语调和停顿是否合适；三听朗读有感情没有，情感表达是否恰当。读得字音不准或停顿不恰当的，同学们会善意地笑笑，帮其指正；读得好的，同学们还会报以热烈的掌声。

为了避免总听朗读录音的单调，像《赤壁之战》《子路、曾皙、冉有、公西华侍坐》《鸿门宴》这些有情节的文言文，我就采取分角色朗读的形式，把学生分成几个小组，每组学生自定角色，课堂上给他们足够的时间做好准备，如果角色塑造需要，可以加道具、加动作甚至简单装扮，然后逐个组上台展示，展示完毕评选出"最佳诵读组"和"最佳个人"，我都分别给予物质奖励，现在朗读是同学们最喜欢的课堂环节，永远不腻。课文读顺畅了，甚至读出作者要表达的感情了，进一步阅读理解文本内容的基础就打好啦。

2. 勇质疑，学中有思

文言文光读好还不行，还要以教材为例，积累字词句知识，不断提升文言文的阅读理解能力：传记类文言文要能概括事件，评价人物思想性格；说理性文言文，要能明作者的观点和论证思路。游记类文言文，要了解景物的特点和作者借助景物所要表达的情趣和思想。

教材中的文言文本，大多注释详尽，高中学生有初中文言文的学习基础，完全可以借助注释及工具书去读、去悟。让学生在文言文阅读中发挥主体性，自己动脑、动口、动手研读文本，学到了知识，明白了道理，养成了习惯，文言文教学也因此活起来了。具体操作：

第一，自读自注。学生结合注释，自读自悟，独立理解文意，标注知识点；第二，互助互学。在自学的基础上，学生以组为单位，将文中的通假字、古今异义、词类活用、特殊句式、高频虚词等词句知识归纳出来，难词、难句在小组内研讨。第三，自主质疑。《学记》曰："学贵在知疑，小疑则小进，大疑则大进，疑者觉悟之机也。"此语道出了质疑的重要性。学生自学，难免有疑惑，大家将自学中的疑惑：字词句知识、文章的思想观点、人物的性格和写作特色等，提出来先组内讨论解决，组内解决不了的记录在纸上，提交给老师，由老师点拨指导，和同学们一起研讨解疑。课堂提问的权力下放给学生，这样的学习方式，学生的表现欲得到了充分的张扬，思维在生生互动中不断提升，学生的主动性真正得到了发挥，老师的教也更有针对性，主导作用也充分体现了。

3. 自命题，思中有得

教学要求"实"，学一篇课文，要让学生有所获，有所得。为了落实课内所学的知识点，每学完一课，都让学生自主命一套题：①通假字；②古今异义；③词类活用；④虚词的一词多义；⑤翻译句子；⑥简答题。然后同学们交换测试和批改打分，老师记录下来作为一次平时成绩。

因为同学交换测试和批改，大家命题时都很用心，生怕别人笑话自己出题没水平，所以需要动一番脑筋，多次命题训练，不但提升了学生的命题水平，落实了重要的知识点，思维能力也随之提升了。

德国教育家第斯多惠曾说："教学艺术的本质不在于传授本领，而在于激励、唤醒和鼓舞。"当我们激起学生学习文言文的兴趣、唤醒他们也许正在沉睡的语文意识的时候，他们必然会充满信心地去学习文言文，努力去学好文言文，古典文化精髓因之在孩子们的血脉中流淌传扬！

主体探究式实验原则在作文教学中的应用

—— 一节作文课给我们的启示

冯昕炜

摘要：现代社会要求公民具备良好的人文素养和科学素养，具备创新精神、合作意识和开放的视野。而语文课程应致力于学生语文素养的形成与发展。语文素养是学好其他课程的基础，也是学生全面发展和终生发展的基础。所以，新时期的语文教育活动应该注重如何培养学生的主体意识、充分发挥学生的主体作用，使学生具备终生发展的能力。"主体探究式"教学原则为我们建构真正意义上的学生主体提供了有益的理论支持和帮助。运用在作文教学中得到了很好的效果！

关键词： 人文素养；创新精神；可持续发展；课堂主体探究

在我们以往的教学活动中，教师总要从确立教学目标开始，而教学目标的确立主要有两个依据：一是教材要求，二是课程标准的要求。教师在备课的过程中，往往环环入扣、步步为营，引导着学生的思维一点点的进入老师事先准备好的答案中，以期望达到事先制定的教学目标。当我们为学生说出了我们期待的答案而高兴的时候，学生们却感觉毫无兴趣，甚至不愿参与课堂教学活动，课堂气氛沉闷。逐渐发展成老师不愿教、学生不愿学的恶性循环。这说明课堂教学中建构学生的主体地位，充分调动学生的主动性和积极性是毫无争议的事情。

教学模式创新实验原则之一——"主体探究"强调的就是建构学生在教学过程中学习的主体地位，从而培养学生终身学习和终身发展需要的探究精神与能力。此外，新的课程标准中也明确提出：语文课程必须根据学生身心发展和语文学习的特点，爱护学生的好奇心、求知欲，充分激发学生的主动意识和进取精神，倡导自主、合作、探究的学习方式。教学内容的确定、教学方法的选择、评价方式的设计，都应有助于这种学习方式的形成。

"主体探究式"教学原则为我们建构真正意义上的学生主体提供了有益的理论支持和帮助。我在新一轮的语文教学中做了一些尝试，得到了很好的效果，这种尝试不仅局限于阅读教学中，运用在作文教学中也得到了很好的效果。例如，同学之间互评作文，学生的主动性和积极性空前高涨，是以往的作文讲评课中看不到的场面。同时学生的作文水平提高的也较快。

此外，新课标中还特别提到了让学生养成修改自己作文的习惯，同时能与他人交流心得、分享感受、沟通见解。因此，我设计了这样一节作文修改课，其主要目标就是教给学生一种修改作文的方法，使文章的内容更加具体、生动，中心更加突出。与其说是教给学生一种作文修改的方法，其实不如说是指导学生通过自主探究自己总结出一种修改作文的方法。同时，通过学生互评使他们能够相互交流心得、分享感受、沟通见解。在作文修改教学思路设计方面较以往有了质的飞跃。

本节课主要分为三大步骤：

首先通过对比原稿和修改稿体会文章修改的好处，学生通过对比阅读，在小组充分讨论的基础上各抒己见、畅所欲言，修改稿中对父亲的每一个细致的刻画所表现出来的那种感人肺腑的父爱，通过学生的品读讨论让大家感受得淋漓尽致。而修改文章的好处自然也就不需要老师多说，学生自然能感受得到。

而经过这番激烈的讨论，学生不仅自己比较出了文章修改的好处，并且在此基础上自己总结出文章修改的一种思路和方法，具体地说就是根据文章表达的中心，运用各种描写方法细化事件的具体过程，从而达到突出中心的目的。即明确中心——细化过程——运用描写——突出中心。

最后找两篇同学的作文让学生当堂练习修改，读修改后作品，并相互交流、互相评议。当平淡无奇的作文通过自己的修改赢得同学的掌声和赞许的时候，学生的积极性迅速膨胀，争先恐后的读自己的修改作品，课堂气氛热烈，充分发挥了学生的主动意识。同时，互评的过程也是再次提高的过程。

整个教学过程都以学生活动为主，全员参与，充分调动了学生的主动性和积极性。通过个人发言、小组讨论，很多学生都能够提出自己的见解，在独立思考和同学互助学习的过程中总结方法，并运用到实际中，从课堂作文修改的效果看，可以说每个同学都能运用这种方法修改文章，使文章内容更具体、中心更突出。实践证明这是一种操作性很强的修改作文的思维流程。实际也是记叙文写作的思维过程。应该说这种方法是有效的，这种"自主探究式"的新的教学思路是值得提倡和推广的。

由于改变了教学模式，调整了教学策略，这节课带给老师和学生的都是一种全新的感受。教师因此将学生参与教学活动的重要性提到了一个更高的层次，从而加强了师生之间的互动；学生更是通过这节课增强了学习的兴趣。这种效果大大地体现了"主体探究式"教学实验原则的优势。所以，为了培养学生的自主学习习惯和终身学习的能力，我们应该大力提倡这种新的教学方式，它会给我们的教学活动带来很多意想不到的好处！

附录：作文修改材料

1. 作文原稿 A 及修改稿 B：

A：

父亲是个补鞋匠，挣钱很不容易，挣来的钱又都是"一毛两毛的零钱"，父亲把零钱换成整钱送到学校，供我读书。我很感动。

B：

父亲是个补鞋匠，每次拿钱给我总是一角一角地凑齐的。有一次在学校门口拿钱给我，我实在忍不住了："爸，干嘛老是这些钱？收钱的老师都嫌烦呢！"父亲嗫嚅到："都——都是这样的，我——下次给你带整的吧！"他用乞求的眼光看着我，我沉默着。这时，父亲不安地看了看四周，说："这样吧，我到那边店里换一下，你也来吧！"

父亲佝偻着身子，慢慢地朝前面一个小店走去。进了店门，父亲堆着满脸的笑，说："老板，生意好！请帮帮忙，换两张大钞票。"笑着说着，粗糙的大手伸进夹衣口袋，抖抖索索地摸出一大把零钱，摊到柜台上，当着老板的面，几分的，几角的，半天才凑足了钱。

窗外，一缕阳光照在父亲日见苍老的脸上，他是那样的专注而满足，看着父亲数钱的神态，我的脑海中一幕幕地展现着父亲每天日晒风吹的在街上给人修鞋的情景，我的眼睛模糊了。

2. 作文修改练习：

（1）A：7岁的时候，一天傍晚妈妈带我出去玩。我不小心摔倒，磕破了鼻子。妈妈赶快抱起我跑到医院，直到处理好了伤口妈妈的脸上才有了笑容。

B：中心　　　　　　细化过程　　　　　　　　描写方法

修改：

（2）A：我从小和爷爷生活在一起，常埋怨爷爷没文化辅导不了我。一次考试过后，我因为作文成绩不高和爷爷大发脾气，只见爷爷冒着大雪出去了，很久才回来，原来，爷爷买回了一大包作文选，我感动极了。

B：中心　　　　　　细化过程　　　　　　　　描写方法

修改：

在数学学科教学中如何发挥学生主体性作用

阎冬梅

在当今的教学大环境下，中小学的教学方式已发生重大改变，课堂之中学生是学习的主体，教师是课堂教学的引导者，课堂上不再只是老师讲学生被动听、被动学，而是由教师将课堂学习的主战场让给学生，那么如何让学生真正成为课堂的主体，并积极主动地参与到课堂学习中就成了我们现在教学亟待解决、探索的问题。

作为一名普通高中学校的教师，我能更深刻地体会原有教学方式的弊端，无论老师能力有多强，如果课堂的教学模式是以老师地讲为主，那么往往是老师讲得再清楚、再有条理、再缜密，对学生来说落实起来仍然会很吃力，动起手来也还会千疮百孔、漏洞百出。这种授课方式对学生掌握知识不利，对学生提高能力更为不利。唯有学生动手参与，让学生真正成为课堂的主体，才能让学生有机会更多的体会和领悟知识和方法，达到较好的学习效果。

本着这种理念我在教学中也就有意识地开始改变自己的教学方式。在课堂教学中我的授课方式主要采取这些方法：① 在遇有知识、概念较多的课型中我会给学生留出一些时间先阅读课本的相关内容，然后再请学生说说阅读过程中遇到了哪些不懂的问题，之后再带领学生通过学案理清本节课的思路，并共同梳理知识点，对于出现的公式，大部分情况下为便于学生记忆，我会引导学生一起推导公式，从中让学生体会公式的由来，也就便于学生今后记忆和使用公式。知识点梳理之后，再将学生看书遇到的问题拿出来让其他同学帮助解决，尽量带领学生共同探寻解决问题的方案。②对于涉及习题解法的课型，我大多会花十几分钟的时间讲一讲这一部分的题型中较常采用的解题方法并做好示范，然后让学生动手去练习，让学生在动手中亲身体会其中的方法和技巧，在做题的过程中学生会有意识地去记忆公式和概念、体会计算中的每一步骤、感受哪里可能会遇到问题，这时我再给予一些个别指点，学生之间可以相互讨论，直到完成为止。这种先教后学的方式往往用于学生对解题方法不太熟悉的情况下使用，以保证学生的动手操作能有的放矢。③对于习题课，知识和解题方法已解释完成的情况下，我会完全放手让学生完成，整堂课布置好具体的习题，让学生一一完成，对做题速度较快的学生我会再额外补充习题或布置作业，让他们能在课堂上完成任务。这样的习题课只要题量和题型恰当，学生都会非常主动去做，并努力完成好，课后我会要求学生上交完成的习题，对个别出现问题较大的学生，可以利用课余时间单独讲解。对于学生普遍遇到的问题我有时会在课堂上给予简单提示，或者会在下一节课中把学生的共性问题详细讲解。比如在一次"解三角形"的习题课中，学生基本都能自己动手解题，但得出的某一边的解通常两解，而其实则为一解。如果不是学生动手，而是按老师的解法讲思路，很多时候我们都会选择最优解不会遇到任何麻烦，但学生的解题方法五花八门，有的学生绕了弯子最后选择余弦定理求解，结果总会多出一解，又不知如何取舍。在学生充分动手的情况下，如果再讲解判断一解、两解的方法，再指出有效方法学生往往会更加认可。④对于试卷讲评课，我常采取的方法是选画出几道学生普遍完成不好的题共同处理，其他各题让学生自己讨论解决，带有共性的问题让会做的学生到黑板前来讲方法，学生不能处理的问题我再来讲解，同时对一些大题，我通常点到为止，提示方法，然后再让学生动手去做，这样经过学生动手改错后的题学生会留有较深印象，能达到良好的效果。

在以学生为主体的课堂教学实验中，我自己曾上过一节"平面向量的数量积"的复习课，这一节课的全过程基本都是以学生为主体，让学生去动手体验、分析、反思，然后再提高，达到了很好的教学效果，作为一节公开课受到了听课专家和老师们的一致好评。

这一节"平面向量的数量积"复习课的设计是这样的：首先起因是期中考试及

之后的周测，因课时较紧我们在"平面向量"这一章的教学时间较为仓促，学生对这一章的知识和方法掌握不到位，特别是平面向量的数量积部分学生的解题思路和方法还不熟悉，我对学生进行了检测，题型分成两个部分，一部分是直接利用数量积的定义或坐标形式的公式解决与数量积相关的夹角、模、垂直的计算问题；另一部分是求解对条件不明显的数量积的综合问题。检测后的统计显示：学生在一类计算题上正答率为79%，出现的问题主要是公式记忆不准确或是书写不规范；学生在二类题型上的问题正答率为38%，主要反映在不会选择恰当的方法，灵活运用数量积的知识求解问题。鉴于此我将本节课设计成了两部分，针对学生在一类问题上的错误，我用PPT对学生的典型错误及书写的不规范性进行了展示和解说，然后将本节课的重点放在解决条件不明显的数量积的综合问题上。

本节课我只设置了一个例题：在正三角形 ABC 中，D 是 BC 上的点，$AB = 3$，$BD = 1$，求 $\overrightarrow{AB} \cdot \overrightarrow{AD}$。围绕这一道题，我的教学目的是通过这一道题让学生理清三种不同的解题方法的思路，我先让学生以小组讨论的方式探讨解题思路，这个例题分别找了三个学生板演过程，并让学生试着去讲清为什么这样求解，进而再让学生整理和概括每一种解法在何种条件下使用。

这一道例题处理之后我将一道2017年朝阳高三一模的试题设置成开放型问题：如图，ΔAB_1C_1，$\Delta C_1B_2C_2$，$\Delta C_2B_3C_3$ 是三个边长为2的等边三角形，我们都可以求出哪些向量的数是积？（可适当地添加辅助线）

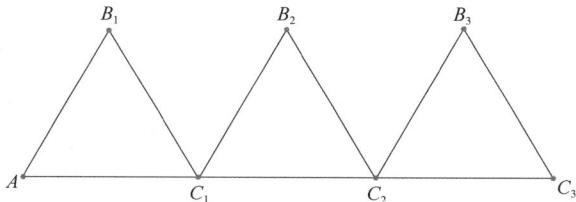

给学生留出一点时间思考并讨论之后，依次找出问题设置由简到难的三个学生分别展示问题并给出解法，将刚才所学所用的方法转换到这一新的问题上。整节课的设计虽然内容不多，但却达到了教学的目的，教学效果良好。

这节课专家们也给予了很好的评价，专家们的看法是这一节课体现了复习课、讲评课的特点，注意到了一题多解、多题归一，课堂之上既有师生的互动，又有学生的小组讨论，例题的多种解法全部由学生板演完成，并注意到了解题思路的挖掘和整理，让学生不仅知道了怎么做，还懂得了为什么这样做，对于学生在解题出现的问题，不急于指出她的问题，而是让同学相互帮助发现问题所在，并将错误清楚地标注出来，并得以很好的处理，使全班学生都有教训可以借鉴，整个课堂充分体现了学生的主体作用。最后的开放型问题，学生们设计的问题逐步增大难度，最后的一个问题也接近于朝阳一模的试题难度，使学生在体会解题方法的过程中能力也得以提高。专家的评价是教师的教学功底扎实、尊重学生、教法灵活、教学娴熟。

这节课我自己的感觉是整堂课基本达到我希望的效果，我希望通过这一节课让学生能体会和掌握数量积的常用解法并学会分析解题的思路和方法，从完成效果上看学生通过例题基本达到了目标，但在灵活运用上还有待提高，这一点从开放型题的设计上可见一斑，只有极个别学生可将问题的难度设置得大一些，但离朝阳一模的难度还有一小段距离，如果在难度较大的题上能有更充分的讨论和理解的时间，我想教学的效果会更好。我自认为这一节课最大的亮点就是能以学生为主体让学生充分地参与到课堂活动中来，课堂上体现解题思路的展示、解题方法的反思和提升都是由学生动手、讨论、展示、总结完成的，最终学生的能力也由此得到了很大的提升。

以上是我在数学学科中体现学生为课堂主体的一些具体做法。我深刻体会到有了学生积极参与的课堂教学，经过了学生的思考和动手后，他们对知识和方法的领悟就更深了一个层次，不仅对公式、知识、方法领悟得更加深刻，同时也加强了计算能力，脚踏实地地训练让学生更自信、更有成就感，同时也在不自觉中内化了对知识的理解，提升了自己的能力。

这样以学生为主体的课堂教学方式在今后的教学中我还会进一步探索和实践。

在高中数学学科教学中如何发挥学生的主体性作用

李爱惠

摘要： 随着"以学生发展为本"的教育思想观念逐步深入人心，主体教育已经成为现代教育理念的核心。因此，数学教学中，如何发挥学生的主体作用，挖掘学生的主体意识？如何让学生主动融入数学课堂活动？如何让学生主动探究、主动参与？如何让不同的人在数学上得到不同的发展呢？本文从问题的提出，指导思想和理论依据方面及实施做法进行了探讨。

关键词： 数学学习；学生主体；数学教学

一、问题的提出

作为一名中学一线教师，我接触过各种各样的学生，亲眼目睹学生以学习为苦，惧怕学习，惧怕考试，"聪明"和"愚笨"的标签给他们的数学学习造成了很大的压力，使原本充满学习热情的学生开始怀疑自己的能力，变得越来越不自信，导致学生厌学数学、讨厌数学，有的甚至恨不得终身与之绝交。数学学习经历留给他们的是太多的阴影，尤其是导致了数学学习困难生可怕的自卑和绝望。这些足以让我们这些从事数学教育的教师反省我们教学方法。

现在"以学生发展为本"的教育思想观念逐步深入人心，主体教育观已成为现代教育理念的核心。那么如何使数学教育体现人文关怀？如何使数学教学体现学生的主体性？我认为学生是认知的主体，数学教学要发挥学生主动参与性，促进学生对知识的内化，使学生的学习进入一个良性循环，品尝到学会知识的快乐，这是当前数学课程标准的一个理念。只有在数学教学中充分发挥学生的主体作用，才能使他们的知识和能力在参与学习的过程中得到全面的发展，人人都能得到良好的数学教育。我在这一方面做了一些探讨。

二、指导思想与理论依据

数学课程标准明确提出："高中数学课程以学生的发展为本，培育科学精神和创新意识，提升学生数学学科核心素养。"另外，发挥学生主体作用指导思想是建构主义学习理论，建构主义学习理论强调以学生为中心，认为学生是认知的主体、教学活动的积极参与者、知识意义的主动建构者；教师是学生建构知识的积极帮助者和引导者，只对学生的意义建构起帮助和促进作用，并不要求教师直接向学生教授和灌输知识。

现代教学观认为，学生的发展实质上是通过活动，主体内部自己运动的结果，外部的作用可以促进其内部活动的进行，但不能代替主体"自己运动"。因此，从本质意义上讲，学生在数学方面的发展，是一个自我实现的过程，在整个学习过程中，教师的一切主导因素都必须通过学生的主体活动才能起作用，如主体对自身的正确认识，主体对自身学习情况的客观评价。在新课程理念和建构主义学习理论的指导下，我做了以下尝试。

三、实施及做法

（一）示范引领，唤起学习动机

作为数学老师，课堂上我会避免随意性，始终把科学与规范渗透在每个环节中，比如作图、板演解题步骤、讲授知识生成过程、精心设计板书等。通过良好的示范，力求传达所蕴含的数学思想与方法，让学生感受数学的严谨之美、逻辑之美、高雅之美，学生自然对自己就会有高标准的要求，主体的内因就会自然生成。另外在教学时，经常创设合适的教学情境，向学生介绍有趣的数学史、名人故事、趣味问题等，通过学生感兴趣的话题和知识，引起学生学好数学的动机。例如，在讲解微积分时，介绍微积分的创立，当说到牛顿和莱布尼茨在前人探索和研究的基础上，凭着他们敏锐的直觉和丰富的形象力，各自独立地创立了微积分时，学生的眼睛是亮亮的，对名人的崇拜激起了学生的内驱力，唤起学生心理上的学习动机，形成学习数学的心理指向。

（二）严字当头，爱在其中，和谐氛围自然生成

我把"严"字落到实处，严肃地对待学生出现的问题，哪怕学生只是一次作业未交，一次书写格式不正确，一次考试不理想我都要认真督促其纠正，有时考试学生自己的分析我都写一大段评语。我就是这样用自己的一言一行让学生了解他们的数学老师，让他们从情感上接受我并信服我。我觉得这个"严"字，不是师道尊严，更不是戒尺，而是教师的一颗温暖爱心，时间久了，学生会从心里感受到老师在真心诚意帮助、关心、爱护他们，而不是做做样子、摆摆架势、走走过场而已。学生情感的自由释放，必定带来学生全部身心的放松，从而进入学习的最佳状态，变"要我学"成"我要学"，现在学生的口头禅："数学使我快乐""我爱数学"。我对数学教学投入满腔的热情，唤起学生对数学学科的热爱；因为对学生有爱，自然就会尊重学生的人格，会多褒奖和鼓励他们，这样才能创造和谐的情感氛围，达到"亲其师，信其道"的目的，学生学习数学的主体性就会势不可挡。现在只要教过的学生，不管男孩女孩都亲切地叫我数学妈妈。一句句妈妈，是对我教学生涯的认可和尊敬。

（三）善于用自我评价和他人评价

曾经的一节数学课，我请几位同学上台板演，板演完后，我一一对他们的解题过程进行评议。然后说："同学们，没问题了吧？好，咱们再看下面的问题。"其实此时好多同学有话要说，尤其是那些板演习题的同学，而我接下来又开始了相同的教学程序……为了完成预先设置的教学任务，这节课几乎是教师的一言堂，上台板演的学生只能专等老师的裁判，同学没有评价的机会，学生自己更没有自我评价的时间，这种方式不能体现学生的主体地位；当然教师的评价有其客观性，但是作为学习者自己的见解和对学习的自我感受往往比别人更贴切；因此学生的学习需要自我评价，而自我评价正好体现了学生在评价方面的主体性。学生是评价的主体，评价是人的一种内心建构，将他人的评价（无论他是谁）强加给被评价者，这是不科学的，也是不人道的。因此，教师在实际的教学过程中，把自我评价作为教学过程中的一个重要环节，认识到学生既是学习的主体，也应是评价的主体，使学生处于评价的主体地位，成为评价的主人，通过"自我评价"实施学生主体性的发展，这是未来评价与教学整合的趋势之一。

（四）调动学生参与及情感的交流

课堂上能积极调动学生的参与，大胆让学生讲题、让学生质疑、让学生解答。能坚持使用小组教学的模式，通过同伴互助，每个学生都有机会在黑板上讲题。

让每一个学生都能自信的学习，有存在感和价值感，满足学生被尊重的需求。比如，在讲"函数的图象"这一节课时，课堂之上既有师生的互动，又有学生的小组讨论，例题的多种解法全部由学生板演完成，并注意到解题思路的挖掘和整理，让学生不仅知道了怎么做，还懂得了为什么这样做，对于学生在解题出现的问题，不急于指出，而是让同学相互帮助发现问题所在，并将错误清楚地标注出来，并得以很好的处理，使全班学生都有教训可以借鉴，整个课堂充分体现了学生的主体作用。我觉得这一节课我还有一个亮点是学生在情感交流下学习了数学知识，数学教育是学生自己真切体验，是师生情感的交流，是思维火花的碰撞，是学生自信的流露，只有在民主、平等的气氛中，学生的言行才能得到尊重与宽容。在本节课中，时时有同学说出："某某讲的哪儿有问题，我来帮他纠正""这个题我来""我能提出我的想法吗"，谈到一个题的总结，学生会发自内心地说："数形结合真有魅力""数学真有趣，我真正学会了画图"。学生天生好问，但由于知识经验、思维能力有限，有时的回答可能显得幼稚，教学中，我不急于将结果直接呈现给学生，让学生观察、归纳，处处闪烁着学生的思维火花。有学生和教师、学生与学生之间的平等对话，处处体现出教师以人为本，尊重学生个性差异，关注学生未来发展的理念。

总之，数学教育承载着落实立德树人的根本任务，作为一线数学教师，要引导学生会用数学的眼光观察世界，会用数学的思维思考世界，会用数学的语言表达世界；而这一切都基于学生的主体意识，只有驱动了学生内在的主体作用，才能提高学生学习数学的兴趣，才会增强学生学习数学的自信心，才会养成良好的学习习惯，学生的自主学习能力才会到了发展，学生学习数学的主体作用才会落到实处。

参考文献

[1] 中华人民共和国教育部. 高中数学课程标准 [M]. 北京：人民教育出版社，2017.

例谈在高中数学教学中发挥学生主体性

赫荣涛

摘要：发展学生的主体性就是"要让学生生动活泼主动地得到发展"。发展学生的主体性是现代教育所追求的核心目标。主体性课堂是在素质教育思想的指导下，通过教师有目的、有计划、有组织的引导，使学生张扬个性，积极主动地掌握各学科的基础知识和基本技能，发展智力，养成良好的学习习惯，使其意志、品质、情感和行为能力得以发展的课堂。在教学过程中情景的创设、知识的迁移、问题的拓展、活动的开展、练习的设计等环节，教师都应保证处于内容鲜活化、过程活动化、问题探究化、交流互动化、思维多样化、体验有效化的良好状态。

关键词：学生主体性；高中数学；问题驱动

所谓"学生的主体性"，就是学生学习的主体性，学生对待学习的主体性。就是说，学生不仅是能学习的，而且是"独立、主动和创造"的学习。著名数学家波利亚在谈到数学课的目的时，最为强调的两点之一是教会年轻人思考。有目的的思考能使思维活动以一定的方法、在一定的范围内进行，能激发创造热情，不断冲击头脑中旧有的认知结构，构建新的认知结构。在数学教学中要不断激发学生的主体意识、让学生积极主动地参与教学的全过程。

一、心理基础

高中学生的思维已经具有一定的批判性和独立性。其思维的批判性表现为在学习中喜欢探讨事物现象的根本原因，对别人的意见或教师的讲课，都不愿采取轻信盲从的态度，喜欢怀疑争论。其思维的独立性表现为在学习中喜欢独立思考，遇到问题表现出有一定的主见；在和别人讨论问题的时候，总希望对方的逻辑论证要具有说服力。同时，他们不但开始注意学习材料本身的正确性，而且也开始注意学习材料论证方法的周密性。他们能够独立地搜集事实材料，进行分析综合，抽出本质属性，独立作出结论。但这并不是说，所有高中学生都可以自然地达到这个水平，有相当多学生由于受以前学习习惯或自身惰性的影响，本身缺乏学习主动性，他们的学习活动往往表现得水平很低，制约了他们的发展，这就需要老师在教学中加以引导。

二、教学模式与过程

教师要真正把学生看成是"发展中的人"，变讲堂为学堂，在学习中学生能做到感悟、自我觉悟，都依赖于独立思考。这就需要有阶段觉悟，循序渐进，阶梯式攀升。教师应保证学生有充足的时间用来思考，不要让学生陷于死记硬背和题海战术中不能自拔。在教学过程中情景的创设、知识的迁移、问题的拓展、活动的开展、练习的设计等环节，教师都应保证处于内容鲜活化、过程活动化、问题探究化、交流互动化、思维多样化、体验有效化的良好状态。

例如，在《导数的应用——不等式恒（能）成立问题的转化》这节课中以恒成立问题为载体，引导学生利用函数的最值解决不等式成立问题，设计层层递进，不断提升思维力度，激发学生的求知欲。在"问题任务"的驱动下，学生逐步探究解决此类问题的方法，揭示问题的本质。

（一）探究问题

探究问题1：已知函数 $f(x)=e^x$，$g(x)=ax$（$a>0$），若对任意 $x\in R$，$f(x)\geq g(x)$ 恒成立，求 a 的取值范围。

学生很快得到解题思路1：

$\because$ 对任意 $x\in R$，$f(x)\geq g(x)$ 恒成立

即对任意 $x\in R$，$f(x)-g(x)=e^x-ax\geq 0$ 恒成立

设 $h(x)=f(x)-g(x)=e^x-ax$（$a>0$），则 $h(x)\geq 0$

$\therefore a-a\ln a\geq 0$

$\because a>0$ $\therefore \ln a\leq 1$

$\therefore 0<a\leq e$

$\therefore a$ 范围为 $(0, e]$

教师：追问引导是否有其他方法，给学生充足思考时间和空间。

学生解题思路2：

$\because$ 对任意 $x\in R$，$e^x\geq ax$（$a>0$）恒成立，

$\because a>0$，$e^x>0$

$\therefore$ 当 $x\leq 0$ 时，$e^x\geq ax$ 恒成立

当 $x>0$ 时，$a\leq \dfrac{e^x}{x}$

设 $h(x)=\dfrac{e^x}{x}$（$x>0$），则 $a\leq h(x)$

$h'(x)=\dfrac{e^x(x-1)}{x^2}$

当 $x\in(0, 1)$ 时，$h(x)$ 为减函数；当 $x\in(1, +\infty)$ 时，$h(x)$ 为增函数

$\therefore$ 当 $x=1$ 时，$h(x)=h(1)=e$

$\therefore 0<a\leq e$

综上所述：a 的取值范围为 $(0, e]$

教师：在两个方法基础上引导学生总结单变量的不等式恒成立问题直接构造函数，转化为一个函数的最值问题的方法。

变式问题：已知函数 $f(x)=e^x$，$g(x)=ax$（$a>0$），若存在 $x\in R$，使 $f(x)\leq g(x)$ 成立，求 a 的取值范围。

学生1：$\because$ 存在 $x\in R$，使 $f(x)\leq g(x)$ 成立

$\therefore$ 设 $h(x)=f(x)-g(x)=e^x-ax$（$a>0$），

$h(x)\leq 0$，即 $a-a\ln a\leq 0$

$\because a>0$，$\therefore \ln a\geq 1$

$\therefore a\geq e$

学生 2：

∵ 存在 $x \in R$，使 $f(x) \leq g(x)$ 成立

∴ 存在 $x \in R$，使 $e^x \leq ax$ 成立

∵ $a > 0$，$e^x > 0$

∴ 当 $x \leq 0$ 时，$e^x \leq ax$ 不成立

存在 $x > 0$，使 $a \geq \dfrac{e^x}{x}$ 成立

设 $h(x) = \dfrac{e^x}{x}$ $(x > 0)$，则 $a \geq h(x)$ 即可

$h'(x) = \dfrac{e^x(x-1)}{x^2}$，令 $h'(x) = 0$，则 $x = 1$，

当 $x \in (0, 1)$ 时，$h(x)$ 为减函数；当 $x \in (1, +\infty)$ 时，$h(x)$ 为增函数

∴ 当 $x = 1$ 时，$h(x) = h(1) = e$

∴ $a \geq e$

综上所述：a 的取值范围为 $[e, +\infty)$

探究问题 2：已知函数 $f(x) = xe^x$，$g(x) = -(x+2)^2 + a$，若 $\forall x_1, x_2 \in [-3, 0]$，使得 $f(x_1) \leq g(x_2)$ 成立，求 a 的取值范围。

x	-3	$(-2, -1)$	-1	$(-1, 0)$	0
f'(x)		$-$	0	$+$	
f(x)	$-3e^{-3}$		极小值 $-e^{-1}$		0

教师：利用动态教学课件展示函数图象关系，帮助学生直观感知、分析问题、明确方法。

学生分析：∵ $\forall x_1, x_2 \in [-3, 0]$，使得 $f(x_1) \leq g(x_2)$ 成立

∴ $f(x)_{max} \leq g(x)_{min}$

解：∵ $f(x) = xe^x$，∴ $f'(x) = (x+1)e^x$

令 $f'(x) = 0$，则 $x = -1$

∴ 当 $x = -1$ 时，$f(x)_{min} = -e^{-1}$；当 $x = 0$ 时，$f(x)_{max} = 0$

∵ $g(x) = -(x+2)^2 + a$，$x \in [-3, 0]$

∴ 当 $x = 0$ 时，$g(x) = a - 1$；当 $x = -2$ 时，$g(x)_{max} = a$

∵ $\forall x_1, x_2 \in [-3, 0]$，使得 $f(x_1) \leq g(x_2)$ 成立

∴ $f(x)_{max} \leq g(x)_{min}$

∴ $a - 1 \geq 0$，

∴ $a \geq 1$

∴ a 的取值范围为 $[1, +\infty)$

探究问题呈现方式变化激发学生的求知欲，这个问题采用小组合作探究式教学模式解决，通过探究和讨论，优化解题方法，体验学习的快乐。在科学合理的小组探究学习中，学生依据各自的数学知识储备，调动原有知识经验，运用各自的思维方式解决不同问题。人人参与了课堂，亲身经历了探究新知的过程，真正实现"不同的人在数学上得到不同的发展"，使人的主体性、能动性、独立性得到不断的发展和提升，数学素养得以明显提高。

思考问题：（1）对比两题的相同点是什么？解题方法是否相同？

（2）对比两题的不同点是什么？解题中注意什么？

学生分析：（1）相同点是两题都是不等式恒成立问题，都可以转化为函数最值问题；（2）问题1是单变量问题，即不等式中只有一个变量 x，不等式两侧的 x 值相同，可以转化为一个函数的最值问题；问题2是双变量问题，即不等式中含有两个不同的变量 x_1 和 x_2，不等式两侧的 x_1 和 x_2 的值不同，不能转化为一个函数，而是将含双变量不等式恒成立问题转化为两个函数在相应区间的最值问题。

（二）延伸拓展

请学生自主改编问题2，并探究解题思路。

如：（1）若 $\exists x_1, x_2 \in [-3, 0]$，使得 $f(x_1) \leqslant g(x_2)$ 成立，求 a 的取值范围。

分析：转化为 $f(x)_{\min} \leqslant g(x)_{\max}$

（2）若 $\forall x_1 \in [-3, 0]$，$\exists x_2 \in [-3, 0]$，使得 $f(x_1) \leqslant g(x_2)$ 成立，求 a 的取值范围。

分析：转化为 $f(x)_{\max} \leqslant g(x)_{\max}$

问题是数学的心脏，问题引发探究，探究激发创新，创新生成新知。在对上面两道问题探索的过程中，学生固有的好奇心和求知欲被激发，对问题的认识也更加深邃。

（三）总结提升

目的是帮助学生对所学知识系统化、结构化，并形成一个有机的整体，有利于学生更好地掌握基本技能，提炼数学思维方法，最终建构成自己的知识体系。

三、教学反思

数学课教给孩子们的不应是冰冷的数学知识，更重要的是要教给学生用数学的眼光看待问题、用数学的思想思考问题。把数学本身的学科意义渗透到学生的思维品质、实践操作、认知情感当中，提高学生的数学素养。数学教学的目的，绝不是要消除学生的差异，而是为了给每个学生提供适合他们发展的条件，促使他们更好地发展。

总之，建构主义教学论认为"人的认识不是被动接受的，而是通过自己的经验主动建构的"。在学生观上，充分尊重每个学生的主体地位和主体人格；在教学价值观上，关注每个学生的整个生活世界，促进学生身心发展和个性发展；在师生观上，强调师生互动，提倡尊师爱生、民主和谐；在教学方法上，强调知能统一、知情和谐，创设有利于学生主体性素质发展的课堂教学氛围，引导学生对知识与规范的内化；在教学评价和教学质量观上，发挥教学评价的导向性和激励性功能，以学生主体性素质生动活泼地发展为主要评价标准。

数学核心素养下的课堂教学

——以"椭圆的概念"授课为例

张　华

摘要：高中数学教学要树立以发展学生数学核心素养为导向的教学意识，着力创设有利于培养学生数学核心素养的教学情境，关键在于按要求设计好每一节数学课。在教学活动中积累学生的基本活动经验，动手"做"实验，形成对"形"的认识。基本活动经验的获得、提升、迁移需在"做"中获、"思"中提、"悟"中移。从实践经验走向思维活动经验——从"形"中抽象出数学概念。学生的思维完成了动作技能向言语知识的过渡，实现了操作经验向数学经验的升华，让学生认识到只有数学语言描述的内容才是真正属于数学的。

关键词：积累基本实践活动经验；从实践经验走向思维活动经验；积累活动经验，巩固升华；在演绎推理中提炼基本活动经验；在反思感悟中内化基本活动经验

《普通高中数学课程标准（2017 年版）》明确指出："数学核心素养是数学课堂目标的集中体现，是在数学学习过程中逐渐形成的。数学核心素养是具有数学特征的、适应个人终身发展和社会发展需要的思维品质与关键能力。高中阶段数学核心素养包括：数学抽象、逻辑推理、数学建模、直观想象、数学运算和数据分析。这些数学核心素养既有独立性，又相互交融，形成一个有机整体。"高中数学教学要树立以发展学生数学核心素养为导向的教学意识，着力创设有利于培养学生数学核心素养的教学情境。[1]我认为数学核心素养的培养必须要落实到课堂教学中，关键在于按要求设计好每一节数学课。下面以"椭圆"新授课的教学设计为例，分享我的实践与思考。

一、积累基本实践活动经验

动手"做"实验，形成对"形"的认识。基本活动经验是指学生亲自或间接经历了活动而获得的经验，需要在"做"的过程和"思考"的过程中沉淀，是在数学学习活动中逐步积累的。对于学生来说，基本活动经验的获得、提升、迁移需在"做"中获、"思"中提、"悟"中移。因此，在教学活动中，教师应帮助学生积累经验。

在以往"椭圆的概念"知识的教学中，教师会给学生一些材料，如一个木板上钉着两颗钉子，一根长度超过两根钉子距离的无韧性线绳，一根记号笔等，教师会明确"将线绳两端系在钉子上，然后用记号笔将线绳拉直，并在木板上移动，得到转到的轨迹。"看似场面十分热闹，但仔细想想，在这个过程中学生"做"了什么呢？他们又活动了什么呢？显然这个环节出了问题。

因此，数学实验的"做"是需要深刻理解的，只有"做"能够为学生的数学学习奠定理解基础的时候，这个"做"才是有意义的。我在"椭圆概念"的教学时做了这样的设计：第一步，只给出一块小木板和铅笔，让学生在上面画出自己理解的椭圆的样子。这是让学生利用自己的经验去构造对椭圆的初步理解，此时学生的生活经验会得到一定程度的改造，因为他们原来只认为把圆压扁了就可以得到椭圆，而真正动手要画的时候他们会思考"多扁的圆才是椭圆"，这样的思考奠定了兴趣基础与思维基础。第二步，用视频播放木工师傅是如何用土办法得到椭圆的。第三步，给每个小组两颗钉子和一根线绳，让学生确定好位置并固定，模仿视频中的方法得到椭圆。在实际操作时，学生会思考两个问题：钉子间的距离是多少，线绳该用多长。而学生的选择往往是随机确定的（这里的随机是指没有办法的随机，是试错心理的运用）。而实践之后，学生会发现不同的钉子间距和不同的线长，会得到不同的椭圆。于是他们会自发地与其他小组比较，还会自发的尝试第二次画椭圆。最后他们将两次构造的椭圆进行比较，并与最初画的椭圆进行比较时，他们对椭圆的印象无疑深刻了许多。[2]

在这个过程中，学生的"做"不是机械的"做"，而是在自己的思考下进行的探究式的"做"，进行试错式的"做"。在这个过程中，由于有了思维的参与，"做"就有了丰富的意义，从而为后面概念的学习奠定了坚实的基础。

二、从实践经验走向思维活动经验

从"形"中抽象出数学概念。如果说数学实验为学生的"做"提供了机会，为学生的思维开拓了空间的话，那么进一步用数学语言说就为学生从经验走向理论提供了宽阔的道路。数学语言最大的特点就是概括性、精确性及简洁性，其用最少的文字表达最丰富的内涵，这是其他学科的语言难以达到的一种境界。

关于运用数学语言的意识，教师可以做适当的指引：如何将刚才有形的实验抽象成一个简洁的数学过程呢？由于强调了抽象，那么很显然下面的工作就是将数学实验中的两根钉子抽象成两个点、线绳抽象成一段距离，而所得到的椭圆轨迹就应当视作点的集合了。从刚刚的实践过程中，学生顺利得出了椭圆的概念。

$|PF_1| + |PF_2| > |F_1F_2|$ 时，点的轨迹为椭圆；$|PF_1| + |PF_2| = |F_1F_2|$ 时，点的轨迹是线段；$|PF_1| + |PF_2| < |F_1F_2|$ 时，这样的点不存在，无轨迹。

因此学生的思维完成了动作技能向言语知识的过渡，实现了操作经验向数学经验的升华，让学生认识到只有数学语言描述的内容才是真正属于数学的。

三、积累活动经验，巩固升华

围绕定义，探讨椭圆的画法。由于学生刚刚学习完椭圆的定义，还未深刻理解。对于椭圆的画法，也只能借助工具画出大致形状，画图能力还有待提高。通过图形计算器探究椭圆的画法，进一步加深对椭圆定义的理解，关键在于如何保证点到两个定点 F_1 与 F_2 的距离之和为定值的？先退一步想，到一个定点距离为定值的点的轨迹是什么？（圆）再想到两个定点距离之和为定值的点的轨迹又如何实现？怎样做出到 F_1 的距离为 a，到 F_2 的距离为 b 的一个点？怎样得到距离之和为 $a+b$ 的其他点呢？

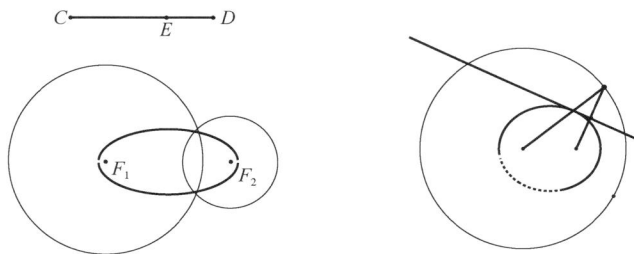

课后思考：在仅使用铅笔和直尺的情况下，如何画出一个尽量准确的给定了"两点间距离"和"距离和定值"的椭圆；"两定点间距离"和"距离和"是如何影响椭圆的扁圆程度的。这样设置是为了让学生回归到用笔和直尺画椭圆，从中捕捉画椭圆的关键几何量，初步感受椭圆的范围和长短轴，离心率等几何性质。为后面椭圆几何性质的学习做铺垫。

四、在演绎推理中提炼基本活动经验

在数学思维中，演绎推理作为从一般到特殊的推理，是一种严谨的数学推理。

练习：已知 A（-5，0），B（5，0），动点 C 满足 | AC | $+$ | BC | $=10$，则点 C 的轨迹是（　　）。

　　A. 椭圆　　　　　B. 直线　　　　　C. 线段　　　　　D. 点

变式：若条件改为 | AC | $+$ | BC | $=20$，其余条件不变，则点 C 的轨迹是（　　）。

五、在反思感悟中内化基本活动经验

解析几何思想渗透，为后续课程铺垫。数学学习的类似使得学生所积累的活动经验具有很强的迁移性和认同性，这些带有个人认知特征的、经个人感悟内化的经验对学习新知识是很有帮助的。促进学生获得并积累数学活动经验，需要研究、实践如何创设活动情境，激发学生的活动动机，调动他们已有的知识与经验，促进他们主动、积极参与到数学活动中，经历参与、内化、反思等数学活动的全过程，及时激发、总结和提升数学活动经验。[3]

我们知道解析几何是用代数方法解决几何问题，那么对于这类问题我们要从几何和代数两个角度思考。如果说椭圆的形状代表了问题的几何角度，那么什么代表它的代数角度呢？

那么同学们想一想如果说要研究椭圆的方程，你可以借助我们之前学的什么知识呢？根据圆与椭圆的关系，可以想到用圆的方程来解决椭圆方程的问题。借助之前做过的例题：在圆 $x^2+y^2=4$ 上任取一点 P，过点 P 做 x 轴的垂线 DP，D 为垂足，当 P 点在圆上运动时，线段 DP 的中点 M 的轨迹方程是什么？（它的轨迹是椭圆，轨迹方程为 $x^2+(2y)^2=4 \Rightarrow \dfrac{x^2}{4}+y^2=1$）

变式1：在圆 $x^2+y^2=4$ 上任取一点 P，过点 P 做 x 轴的垂线 PD，D 为垂足. 点 M 在线段 DP 上，且 $\dfrac{|DM|}{|DP|}=\dfrac{1}{3}$，则当 P 点在圆上运动时，你能根据上面例题猜测点 M 的轨迹方程是什么吗？（它的轨迹方程为 $x^2+(3y)^2=4 \Rightarrow \dfrac{x^2}{4}+\dfrac{9y^2}{4}=1$）

变式2：在圆 $x^2+y^2=a^2$ 上任取一点 P，过点 P 做 x 轴的垂线 PD，D 为垂足，点 M 在线段 DP 上，且 $\dfrac{|DM|}{|DP|}=\dfrac{b}{a}$，则当 P 点在圆上运动时，你能根据上面例题猜测点 M 的轨迹方程是什么吗？（它的轨迹方程为 $x^2+\left(\dfrac{a}{b}y\right)^2=a^2 \Rightarrow \dfrac{x^2}{a^2}+\dfrac{y^2}{b^2}=1$）

在求解之前的例题过程中我们知道，其实轨迹方程的变化本质是什么的变化？是点的坐标的变化。于是我们就把图形的变化转化为了坐标变化，以坐标运算的代数方法解决了点的轨迹的几何问题。

六、教学反思

本文围绕核心素养的落实做了尝试。高中数学概念教学要树立以发展学生数学核心素养为导向的教学意识，着力创设有利于学生数学抽象、逻辑推理等核心素养的教学情境，启发学生独立思考，引领学生合作交流，引导学生把握数学概念本质。做到了突出重点，突破难点；强化概念理解与应用；关注数学活动经验的积累。致力于让学生亲自经历椭圆的形成过程、从生活语言向数学语言转化的过程，体会从具体到抽象、从特殊到一般、从定性到定量的数学研究方法，体现了培养学生数学核心素养的教学，打牢了学生成长的基础知识与基本技能。

数学教学的场景，就是师生围绕一个数学问题，展开一段学生自主探究在前、教师辅助观察在旁，随着思维的不断延伸，数学规律不断地被发现，数学知识不断地被构建的生态情形。高中数学教学应为学生的数学学科素养而生！

参考文献

［1］中华人民共和国教育部．普通高中数学课程标准［M］．北京：人民教育出版社．

［2］苏旭．高中数学实验，由"做"向"说"的演绎［J］．数学教学通讯，2017，09 下旬：16-17.

［3］王林．我国目前数学活动经验研究综述［J］．课程．教材．教法，2011（6）：43-49.

聚焦学科核心素养，发挥学生主体作用

——高中英语写作教学中学生主体性的培养

刘　伟

摘要：本文聚焦英语学科核心素养，从学生主体性的内涵和四个具体表现出发，结合具体的教学实践，探究了高中英语写作教学中培养学生主体性的教学策略。

关键词：学生主体性；学科核心素养；教学策略

2017 版《普通高中英语课程标准》指出："普通高中英语课程具有重要的育人功能，旨在发展学生的语言能力、文化意识、思维品质和学习能力等英语学科核心素养，落实立德树人根本任务。"核心素养的培养是无法通过短期应试或是机械训练的途径实现的，它是一个持续的、主动的、潜移默化的过程。核心素养的培养离不开学生主体性的发挥。

一、学生主体性的内涵和四个具体表现

学生主体性是指教学过程中学生为学的主体，学生应自主地发挥自己的潜能。教师的一切教学活动都应围绕学生为中心，最大限度地发挥学生的主体性。学生的主体性具体表现为四个方面：①持续性，指学生的发展具有延伸性和连贯性。②自主性，指学生主动获取新的信息和知识，并将知识主动内化，真正地成为学习的主人。③活动性，活动是学生主动性发挥的媒介，通过活动使获得的知识内化和外显。④能动性，指教师通过教学方式和教学策略，尽可能地、最大限度地发挥学生的潜能。

二、高中英语写作教学现状

在高中英语写作课堂上，往往是教师一个人的独角戏。教师反复地告知写作技巧，学生却一头雾水，写出的文章错误百出。教师辛辛苦苦地批改学生的作品，但学生却对教师的批改不予重视，错误不断复现。那么，我们究竟该如何在高中英语写作教学中培养学生的核心素养、发挥学生的主体性呢？

三、高中英语写作教学中培养学生主体性的教学策略

（一）不断调整写作教学策略，提供可持续性发展空间

学生能力的发展应该具有连贯性、持续性。教师所采用的写作教学策略也不是千篇一律的，而是根据学生写作能力的发展，不断地进行调整和变化。笔者将写作教学分为以下三个阶段，并在不同的教学阶段采用不同的教学策略。第一阶段：以读促写阶段。高中写作课的初始阶段，学生写作基础薄弱，教师可以采用以读促写的教学策略。以读促写就是写作任务在话题和文本特征上与阅读语篇类似，属于模仿性写作。第二阶段：以说促写阶段。在写作能力发展中期，激发学生围绕新的话题，整合前一阶段学习的知识，促进学用结合，有助于知识和信息的吸收和内化。第三阶段：以评促写阶段。在学生具有一定的写作能力和评判能力的基础上，写作教学进入第三阶段。在这一阶段，学生在听取评价的基础上，取长补短，通过对写作的评价和修改，提升自我。笔者近三年始终在教学实践中坚持由浅入深、由易到难依次推进以读促写、以说促写、以评促写的三个写作教学策略，所任教的班级学生写作能力持续提升。

（二）创设真实写作情景，激发学生自主获取知识

普通高中英语课程强调"将特定主题与学生的生活建立密切关联，鼓励学生

学习和运用语言。"高中英语写作教学中,教师创设贴近学生生活的具体情景,这样的话题使学生倍感亲切,能够激发学生主动参与、获取知识。以读促写过程中,学生通过特定情境中的阅读,得到写作词汇和语法知识的积累,感知文体特征、语言特点和篇章结构。学生在阅读、观察、分析范文的过程中得到充分的输入,并能够主动、顺利地完成类似话题和文体的写作任务,在很大程度上能够激发学生的写作积极性,提升写作信心。英语写作教学中,从学习过程到创新过程,置身于熟悉、真实的情景中,学生有兴趣有素材,能够充分地调动学生参与的主动性。

（三）组织小组合作,引导学生在活动中内化知识

普通高中英语课程倡导教师设计具有综合性、关联性和实践性特点的英语学习活动。在以说促写阶段,教师设计写前任务,通过小组活动,教师给学生表现和演练的平台。经过第一阶段的学习,学生在语言层面已经积累了大量的写作短语和表达形式,在篇章层面已经深入了解文体特征和篇章结构。在此基础上,学生们热烈讨论,调动旧知、结合新知。通过小组活动,学生将与话题相关的、零散的语言储备集合起来,相互补充。活动过程中,学生的畏难心理减轻,积极、灵活地运用已有的信息和知识,促进学用结合,有助于知识的吸收和内化。同时,学生们能够取长补短、开阔思路,突破固有知识的局限性。

（四）进行多样化评价,挖掘学生写作潜能

英语写作教学中,多样化的评价机制是指教师评价、学生自评和学生互评。写后评价中,教师在课堂上呈现不同档次的学生作品并进行讲评,使学生在相互欣赏中共同提升,同时为学生互评和自评提供评价标准和评价参考。写作作品的互评和自评,不但是评价他人作品的过程,也是学生反思、学习、成长的过程。通过教师评价、学生互评和自评,学生更加重视作文的修改,将评价中所学、所感、所悟,运用到作文修改过程中,这也是课程标准所提倡的重视评价的促学作用,引导学生学会监控和调整。写作教学中多样化的评价机制培养了学生发现问题、分析问题、解决问题的能力,增强其纠错能力,帮助学生储备写作潜能、不断地挖掘写作潜能。

四、高中英语写作教学中发挥学生主体性的实践

（一）以读促写——帮助学生奠定坚实的写作基础

1. 写前环节

（1）学生通过阅读、观察和分析写作范文,总结范文的语篇结构和文体特征。例如在游记写作的教学过程中教师先展示范文:

Last summer, my friends and I went to Qingdao by train. We had a great time there.

Qingdao is a beautiful city where there are a lot of green trees and colorful flowers. We did a lot of things there. On the first day, we saw the sunrise on the beach. When the sun rose from the east, we cheered together. After that we tasted some delicious seafood. On the second day, we visited some places of interest in Qingdao and learned more about local culture and history. On the third day, we climbed mountains and had a picnic on the top of the mountain. I took many photos to record the unforgettable experience.

After I came back, I was tired but happy. I think it's one of the most unforgettable journeys.

在范文欣赏的过程中通过以下问题：What's the kind of the writing? How many parts can the passage be divided into? What is each part about? 帮助学生搞清楚文章文体以及段落结构。

（2）细读文章，关注要点的表达、细节的添加、语篇的连贯，引导学生观察、说出划直线的短语和画曲线的句子在文章中所起的作用。学生关注时间状语并能够总结出游记是按时间顺序写作的，同时起到连贯性的作用。画曲线的句子是在主要事件的基础上进一步进行相关的扩展，比如在心情、收获、细节等方面。以上所有的问题的答案都是学生在阅读、观察、分析和思考的基础上主动获得的，体现出学生课堂的主体性作用。

（3）引导学生通过细读范文发现好词佳句，总结并在小组内交流展示。此环节帮助学生在真实语境中积累写作词汇，加深对词汇的理解和运用。

（4）巩固阶段的写作任务：上周日你和美国朋友去南锣鼓巷游玩，记叙你们游玩的经过以及感受。

2. 写中环节

学生限时独立完成一篇游记：讲述去西安旅游的经过以及感受。

3. 写后环节

选择学生典型作品，进行展示，分析作品的优缺点，肯定作品的长处，指出不足。

以读促写阶段，教师在写前环节，层层铺垫，做了大量写作储备工作，最后仿写可谓水到渠成，学生将写作储备灵活运用于实践，这样的教学设计帮助学生奠定了坚实的写作基础。

（二）以说促写——帮助学生突破写作的局限性

1. 写前环节

（1）教师呈现新的写作任务

情景文写作，讲述在图书馆参加志愿者活动的全过程。

（2）教师利用头脑风暴的形式引导学生讨论以下问题：

What did we do in front of the library?

Who is the man in the picture 2 and what did he do?

What did we do in the library?

What did we talk about on the way home?

这些问题起到了抛砖引玉的作用，引发学生积极思考主动讨论。

（3）小组讨论写作结构，每幅图的要点、细节以及如何衔接连贯。小组成员各抒己见，相互启发，由一位同学进行纪录。最后，各小组代表全班展示，各组之间相互补充。

2. 写中环节，学生在规定的时间里独立完成写作任务

写中环节是一个将语言内化的过程，学生独立构建文章结构，组织写作语言，考虑作文要点、细节、衔接连贯等问题。

3. 写后环节，当堂评价写作的优缺点

以说促写阶段，写前任务是以头脑风暴的形式回答相关问题和小组合作，这些活动不但能够弥补学生个体思维的局限性，突破思维的定势，而且使思维更开阔、更深入。

（三）以评促写——有助于写作能力的持续提升

1. 写中环节

学生在规定的时间里独立完成写作任务。

2. 写后环节

（1）老师展示不同档次的学生作品片段，并进行讲评。

I went to the airport to pick him up and we talked happily on the way home.

I picked him up at the airport, where I gave him a warm welcome. I helped him with the luggage and wechatted happily.

I picked him up at the airport, where he was given a warm welcome. We chatted happily and soon became friends.

教师讲评：第一位同学的范文要点到位，表达准确；第二位同学的范文在要点表达准确的基础上使用了定语从句，添加了适当的细节；第三位同学的范文在定语从句中使用了被动语态。句式多样、语言丰富。

（2）每两位同学为一组，组内互评作文，挑出具有代表性的作文全班展示。

（3）学生独立修改自己的作品，使自己的作品更加完善。

在"以评促写"阶段，教师的教学重心转移到写后讲评环节，通过教师讲评、学生互评以及自评，学生互相学习，取长补短，促使作品不断提升。

原本枯燥无味的写作课堂，在学生主体性的推动下焕发了勃勃生机，学生主体性的发挥体现在高中英语写作课堂的各个阶段。帮助学生奠定坚实的写作基础，突破写作的局限性，使学生的写作能力持续提升。

参考文献

［1］中华人民共和国教育部.普通高中英语课程标准［M］.北京：人民教育出版社，2017.

［2］林舒迪.高三英语写作教学中以读促写的实践［J］.中小学外语教学，2016，4.

［3］黄葳.主体性教育论［M］.贵州：贵州人民出版社，1997，9.

［4］钱美华.在初中英语写作教学中培养学生思维品质的实践探索［J］.中小学外语教学，2017，2.

［5］杨华娟.高中英语以说促写的教学策略［J］.中小学外语教学，2016，2.

在物理实验中培养学生的动手能力和动脑能力

于化惠

摘要： 物理学基于观察与实验，构建理想模型，应用数学等工具，通过科学推理和论证，形成系统的理论体系和研究方法，是以实验为基础的学科。但在当今高考的指挥棒下，学生们更愿意花费大量的时间刷题，而忽视物理实验特别是实验操作这一活动。本文就物理实验对学生动手能力和动脑能力培养的重要性和必要性以及如何通过物理实验培养学生的动手能力和动脑能力加以论述。

关键词： 物理实验；动手能力；动脑能力

众所周知，物理学是一门以实验为基础的学科。物理学的实验基础、理论体系和研究方法，是现代科学和技术的基础。他们在学生智能结构的发展中占有非常重要的地位。现在课桌旁的青少年一代，如果缺乏起码的物理知识和技能训练，很难提高他们的科学素养，更无法应对21世纪高速发展的经济和迅猛发展的科技，有鉴于此，笔者就如何从物理实验中培养学生手脑并用的问题谈谈自己的体会。

一、在物理实验中培养学生动手和动脑能力的重要性和必要性

实验是手脑并用的实践活动。中学生通过理解实验原理、操作实验仪器、观察实验现象和分析实验结果等活动，使观察能力、思维能力、动手能力都得到初步的锻炼。在实验过程中，学生们为了进行正确的思维活动，必须认真观察，而要认真地观察，又必须有思维指导。同样，为了合理地动手操作，也必须有思维的指导，而在思维指导下的熟练操作往往是创造产生的源泉，即所谓的"熟能生巧"。可见，实验是上述能力的综合训练过程，也是创造能力得以产生的基础。在实验教学中要特别强调学生动手能力的训练，但是又绝不能把实验仅仅看作是单纯的技术训练和操作练习。我们必须从实践和思维，动手和动脑的相互联系中认识物理试验对培养实验技能和发展创造能力的作用。

面对时代对提高全体国民素质和人才培养质量的新要求，能力的培养特别是创造能力的早期培养已成为讨论的中心话题。孤立地把大脑当作"知识的容器"，忽略手脑并用的实践活动、认识能力的提高及创造才能的萌发，是应试教育的根本缺陷。在这方面，物理教学中实验操作将日益显示出它的重要性，许多新教学方法和经验的创造，都得益于实践活动的加强，因为，不论是从物理学的特点还是从教育学的观点来讲，实践活动对自然界规律的认识起着不可替代的基础作用。

中学时期是青少年准备跨入科学与技术大门的启蒙阶段，因此，中学物理教学必须考虑学生的年龄特征和心理特点，要特别注意引导她们从认识的感性阶段向理性阶段过渡，善于从具体的事物中启发他们去认识五光十色的物质世界，培养他们观察问题与探索问题的兴趣和能力。

纵观当前国内外物理教学的动态，也能给我们一些启示，在一些发达国家，实验在中学物理中明显得到重视和加强。例如，据英国牛津大学有关教育学的调研资料介绍，在欧洲国家，中学学生的物理实验所占比例较大，据英国对中学物理课的统计，低年级（11～14岁）学生实验占总课时的70%～80%，高年级（15～16岁）占25%～50%。德国《理化》课程教学大纲把培养学生实验技能作为中学物理教学目的之一。80%以上的实验都由学生自己完成，学生对物理学这门课程，几乎完全是在自己手脑并用的过程中完成的。和发达国家比，我国实验教学的规模与发展速度相差甚远，其根本原因之一就是实验教学长期以来未受到重视，再加上受应试教育的影响，使许多本应该做的实验迫于流产，或者对实验"纸上谈兵"，只做实验试题，省去动手操作的过程。我国教育部最新颁布的中学物理课程标准特别强调物理实验是基础教育的重要组成部分，是中学生认识世界的一种重要活动，是进行科学研究的基础，对培养高素质人才，提高全体学生的科学素养，促进学生的全面发展有独特的地位和作用。因此，在中学物理教学中，要切实加强实验教学，不要使

其流于形式，真正做到在实验中逐步培养学生的动手能力和动脑能力。

二、在物理实验中如何培养学生动手能力和动脑能力

（一）老师的演示实验

老师的演示实验是培养学生观察能力、思维能力的重要方式之一，因此，老师在做演示实验前，都是首先让学生明确观察什么现象、怎样观察、现象说明什么问题等，这样学生的注意力就会集中在所要学习的内容上，思维也会异常活跃，这样就使老师的教学工作得以顺利进行。如讲"动量定理"的应用时，我做了如下的实验：让一个鸡蛋从一定高度落到海绵上，再让这只鸡蛋从同样高度落到盘子中，让学生观察两次的试验现象，并回答现象说明什么问题，学生对实验现象都能说出，也能猜想到实验结果，但原因是什么呢？又怎样用所学的知识解释这一实验现象呢？学生们经过激烈的分析讨论，大部分学生都能根据动量定律说出：当物体动量变化相同时，作用时间越长，物体所受的合外力越小。同样的道理，学生们也能解释为什么运输易碎物品时，物品间要加泡沫或碎纸屑等实际现象。这样理论联系实际，学以致用的教学方法，学生们就会有很大的收获。再如在研究"共点力的合成遵守平行四边形法则"的问题时，老师先用两个弹簧测力计将橡皮筋拉到某一位置，并记下这个位置，再用一个弹簧测力计也将这一橡皮筋拉到同一位置，学生们观察到这一现象后就会想：为什么两次要拉到同一位置呢？学生们经过分析讨论，也能大体得出这样做的原因是两次的作用效果相同，这样这一个力才是那两个力的合力，那两个力才是这一个力的分力，接着老师再渗透"等效替代"的物理思想。还有，在说明"单摆的周期与摆长有关"时可用蛇形摆来说明，即将摆长不同的小球同时推开相同的角度，这些摆可以形成蛇形，学生观察到这一现象时可以确信：在同一地点，单摆的摆长不同，周期不同。总之，对于任何一个演示实验现象，都不要直接告诉学生结论。而要引导学生通过观察实验现象，自己分析初步得出结论，最后老师再归纳总结，给出正确的、完整的、严谨的结论。经过一段时间有意识的训练，学生们就会养成爱动脑的好习惯，进而也培养了学生的学习能力。正是学生有了良好的学习习惯，使得学生对物理课的某些内容学习起来比较轻松，如学习"磁场对运动电荷的作用"一节时，学生们通过观察阴极射线管中电子束在磁场中发生偏折这一现象，全班100%的学生能说出运动的电子在磁场中受到了力的作用，80%以上的学生能根据磁场的方向、电子束偏折的方向模仿安培力方向的判断方法，找到判断运动电荷在磁场中受力方向的判断方法即左手定则，这样既体现了教师的主导作用，又充分发挥了学生的主体作用，学生观察问题、分析问题、解决问题的能力都大大提高了。

（二）学生分组实验

学生分组实验是学生"下水"的大好机会，也是体验性最强的学习物理的方

式，这时学生以自己为主体，熟悉各种仪器的使用，亲自动手操作，观察实验，记录实验数据，分析归纳，研究探索物理规律，对出现的问题加以分析，这一切都可以全方位培养学生科学探究的能力；这一过程，是学生在教师的指导下，独立地获得物理知识与实验技能的活动，是手与脑、知识与能力、经验与创造获得综合性基本训练的重要环节。一个成功的学生实验，会使学生有较大的收获。在教学中，应根据学校条件和学生实际，尽可能开展实验，也可将一些演示实验变成学生实验，让学生在动手实验操作的过程中，总结经验、归纳知识，使学生的学习更具主动性。例如，在学习"伏安法测电阻"一节时，采用边实验边教学的并进式教学方法，让学生从设计电路、连接电路再到电流、电压的测量最后求出电阻值。这一完整的过程，让学生体会：对于较大电阻和较小电阻分别用什么电路、电流表怎么接误差较小？然后再学习分压、限流电路，电流表的内、外接法等有关知识。这样既调动了学生学习的积极性，又养成了规范操作的好习惯，进而达到培养学生动手、动脑能力的目的。再如，在探究"闭合回路中感应电流产生的条件"问题时，如果老师在讲台进行演示实验，学生看老师将开关接通和断开、看滑动变阻器的滑片改变位置、看条形磁铁插入和拔出产生感应电流这一现象，这样学生不仅接受知识很被动，而且失去了动手的机会，还容易使课堂纪律松散、学生走神，影响学生课堂学习的效果，使学生课堂学习的效率降低。如将这一探究过程变成学生分组实验，学生们就可以体验这一探究过程，既练习了电路的连接，又近距离地观察到了实验现象。这样就会使学生对实验结论深信不疑，并能及时与同实验小组的同学讨论得到闭合回路中产生感应电流的条件，提高课堂学习的效率，巩固所学的物理知识。在平时的教学中，教师有意识地多安排一些学生分组实验，实验仪器可以简单，但实验目标和操作既要有一定的层次又要有一定的难度和复杂性，并且操作次数要尽可能的多一些，这样学生可以通过自己设计实验方案、动手操作、记录数据、分析数据、总结规律，在动手、动脑的过程中获得知识，这样既不觉得乏味，又培养了学生的合作意识、合作精神，促使学生手脑并用，养成多动手、勤动脑的好习惯。

（三）学生课外试验

中学生年龄 13～18 岁，好玩、好动，一旦对某种事物产生兴趣，就一发不可收，并且有可能影响学生一生。利用小实验、小制作，不但可以满足他们这一心理要求，而且可以巩固所学物理知识，开阔眼界，扩大知识面。因此，为了更有效地完成中学物理教学任务，充分发展学生的学习兴趣和智力，必须把课内教学活动和课外活动（第二课堂）有机结合起来，培养学生的劳动观念、合作意识，养成多动手、勤动脑的好习惯。例如，学生学习了牛顿运动定律、气体压强的微观解释、动量守恒定律、能量守恒等有关知识后，可以安排学生制作水火箭，并进行试验，同时设置思考题让学生思考回答：为什么向水火箭体内打气越多水火箭上升得越高，（要求用气体压强和动量守恒和能量守恒的知识解释）；通过记录飞行时间估算飞行高度（分不考虑水火箭与空气的摩擦和考虑水火箭与空气的摩擦两种情况讨论）；水火箭充水量的多少对水火箭飞行高度的影响等问题。学生们积极展开讨论，在老师的引导和帮助下，回答出以上问题是不困难的。学生不仅体验了动手制作的过程，体会到了成功的喜悦，而且巩固了所学知识，并提高了用所学的物理知识解决实际问题的能力，对学生来说收获颇丰。再如：学生学习了电磁感应知识后，学生制作了无线充电装置，虽然这个制作成功率较低，但学生会从失败中总结经验教训，查找失败原因，而这个过程正是学生再学习的过程。因此，要创设条件，开放实验室，鼓励学生开展自主实验，通过学生动手做实验、动脑思考问题，增加物理课的趣味性，使学生从中学到了知识，激发学生的学习兴趣，调动学生学习的积极性，培养学生的动手能力和动脑能力。

综上所述，在实验过程中，学生不仅要动手做以达到实验目的，同时还要动脑想以解释有关的实验现象、归纳总结出物理规律，还要分析实验误差产生的原因，并找出减小误差的方法等。物理实验使学生把动手和动脑结合起来，以动手促动脑，以动脑指导动手，从而在手脑并用中增长了知识，锻炼了动手及动脑能力。经过有意识的训练，在老师和学生的共同努力下，学生们的动手能力和动脑的能力都会大大提高，为我们学生将来成为创新型人才打下了良好的基础。

基于化学学科核心素养的教学实践
——以"过氧化氢分解反应在初高中不同阶段的教学"为例

王　静

摘要：以"过氧化氢的分解反应"在初、高中不同阶段的教学为例，探索在化学课堂教学中如何从宏观辨识与微观探析、变化观念与平衡思想、证据推理与模型认知、实验探究与创新意识、科学精神与社会责任五个维度或方面发展学生的化学学科科学素养。

关键词：化学学科核心素养；过氧化氢分解反应；初高中

化学是一门以实验为基础的实用学科，化学学科的核心素养是化学学科最基本的科学素质，培育学生化学核心素养，开展"素养为本"的教学是新时期化学课程与教学改革的新要求。《普通高中化学课程标准》提出了"宏观辨识与微观探析、变化观念与平衡思想、证据推理与模型认知、科学探究与创新意识、科学精神与社会责任"这五个方面的素养。笔者认为，"宏观辨识与微观探析"和"变化观念与平衡思想"体现出了化学学科的特征，要求学生从化学视角认识和解决问题；"科学探究与创新意识"是化学学科核心素养"核心"之核心，以实验探究为实践基础，在实践中提出有探究价值的化学问题，进而上升到理性认识层面；基于证据进行分析推理，运用多种模型来描述和解释化学现象，因此，"证据推理与模型认知"是思维核心；"科学精神与社会责任"是价值追求与立场。

过氧化氢分解反应在初、高中教材中有不同层次的体现，是很有价值的教学素材，在教学设计和实施过程中，笔者有意识地渗透和发展学生的化学学科核心素养。

一、过氧化氢分解反应在初中教学中的实践

初中教材人教版九年级化学上册课题3"制取氧气"中，介绍了过氧化氢分解可以制氧气，并在"探究"栏目中，探究了"分解过氧化氢制氧气反应中二氧化锰的作用"。下面是笔者在教学中的课堂教学实录。

[演示实验] 按照教材中的实验设计：①在试管中加入5ml 5%过氧化氢溶液，把带火星的木条伸入试管，观察现象。②向上述试管中加入少量二氧化锰，把带火星的木条伸入试管，观察现象。③待上述试管中没有现象发生时，重新加入过氧化氢溶液，并把带火星的木条伸入试管，观察现象。待试管中又没有现象发生时，再重复上述操作，观察现象。

[学生观察并记录现象] ①中木条不复燃；②中反应很快，木条复燃，试管外壁很热；③反复多次，木条均复燃，二氧化锰似乎没有变化。学生由此得到过氧化氢分解生成氧气，放出热量，二氧化锰是该反应的催化剂这样的结论。

设计意图：让学生认识到化学变化中有新物质生成的同时伴随能量变化，从物质变化和能量变化两个角度认识化学反应，初步建立"变化观念"。

[教师引导] 二氧化锰中也含有氧元素，那么你认为过氧化氢是反应物的证据是什么？催化剂的概念是能够改变其他物质的化学反应速率，而本身的质量和化学性质在反应前后都没有发生变化，你认为二氧化锰是催化剂的证据又是什么？

经过分析，学生意识到获得"过氧化氢生成氧气，二氧化锰是该反应的催化剂"的结论缺乏证据，查阅资料并分组讨论后，设计了新实验方案。

实验1：

5%过氧化氢溶液　　　5%过氧化氢溶液
　　　　　　　　　和0.3克二氧化锰　　　5%过氧化氢溶液

[学生探究] 实验 1 中通过 A、B、C 三个实验对比，证明过氧化氢是反应物，并且加热或加入二氧化锰都可以加速过氧化氢分解，提高反应速率。

设计意图：发现和提出有价值的问题，用控制变量的思维设计对比实验，并根据证据进行合理分析，获取结论。

实验 2：

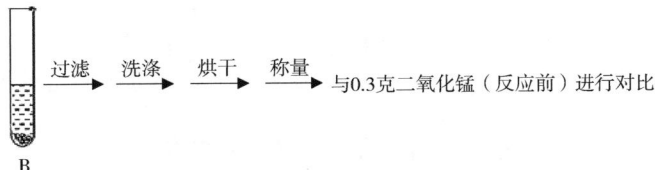

[教师引导] 请同学们评价实验 2 的方案在实际中是否可行？

[学生评价] 经过讨论，学生认为该设计步骤较多，过程中二氧化锰损失会比较多，误差大，结果不准确。

[教师引导] 同学们的方案是从溶液中提取二氧化锰，如果换角度思维，反过来，将混合物中的液体水分离出来不也能达到目的吗？

经过教师引导、师生共同讨论，设计实验方案如下：

①准确称量二氧化锰和表面皿的总质量，并记录；

②在二氧化锰表面滴加 1ml 5% 过氧化氢溶液至不再有气体生成；

③小火加热至表面皿中的液体完全蒸发，冷却至室温；

④再次准确称量固体和表面皿的总质量，与①比较；

⑤重复步骤②③④ 2 次。

⑥将最后所得固体放入试管，加入 5% 过氧化氢溶液，把带火星的木条伸入试管，观察现象。

学生按以上方案实施实验，发现黑色固体（二氧化锰）的质量和性质在反应前后没有变化，并且可以提高过氧化氢分解的速率，得到了"二氧化锰是过氧化氢分解反应的催化剂"这个结论。

设计意图：对实验进行设计→评价→创新改进→实施→获得结论，让学生感受到科学探究的一般过程和方法，培养学生的创新意识、定量意识，以及严谨的科学态度。

整个教学设计通过对"过氧化氢是否是反应物"以及"二氧化锰是否是催化剂"的探究，培养学生的证据意识，并能基于证据对物质的变化进行分析推理，建立模型，认识催化剂的概念，培养"证据推理，模型认知"的核心素养。问题"二氧化锰中也含有氧元素，你认为过氧化氢是反应物的依据是什么"，帮助学生建立良好的"元素观""微粒观""守恒观"，发展学生"宏观辨识与微观探析"的核心素养，为学生顺利进入高中学习打下良好基础。同时，学生在探究中学会了合作，提高了对化学学科的兴趣。

二、过氧化氢分解反应高中教学中的实践

高中教材人教版选修 2 第二章第三节"化学反应的速率和限度"的［实验 2 - 5］和［实验 2 - 6］，选修 4 第二章第二节"影响化学反应的因素"的［实验 2 - 4］和［科学探究 1］中，以过氧化氢分解反应为例讲述了影响化学反应速率的因素及规律。如果说初中阶段学生认识了催化剂的概念，并看到了催化剂可以提高过氧化氢分解反应的速度，那么高中阶段则是在此基础上进一步研究温度、浓度、不同催化剂对化学反应的速率的影响规律，是在初中知识基础上的进一步延伸、发展。在教学中，笔者做了一些探索，设计了以下教学环节。

［任务 1］设计实验测定过氧化氢分解反应的速率。

学生很快想到利用"测量锌与硫酸溶液反应速率"的装置（图 1），锥形瓶中放入二氧化锰固体，分液漏斗中放入过氧化氢溶液。

［引导］还可以用什么样的量气装置？

学生又想到了"图 2、图 3"的装置。

［质疑］过氧化氢溶液滴入锥形瓶后，会占据一部分体积，是否会对氧气体积的测定产生一定误差？

经过师生进一步讨论，将实验装置做了改进（图 4）。

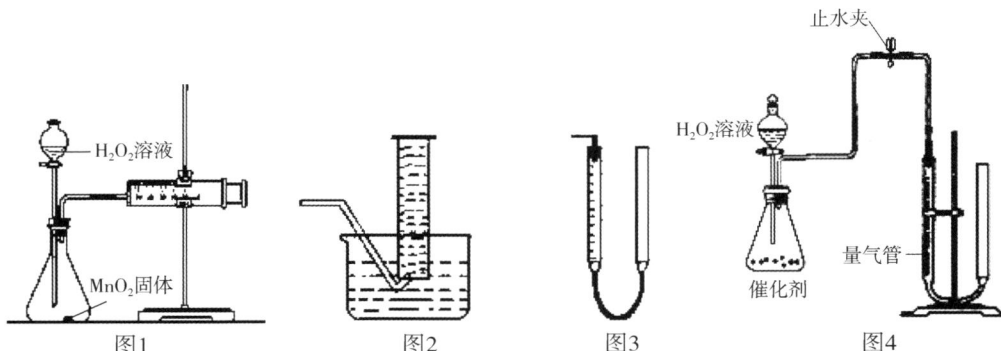

图1   图2   图3   图4

［问题］可以通过测定哪些量确定化学反应的速率？实验时该装置如何操作？

学生很快说出可以通过测定收集一定体积氧气所需的时间，或测定一段时间内收集到氧气的体积来求出化学反应速率，但对于操作时分液漏斗和止水夹的开、关顺序却意见不一。经过讨论，学生认识到正确的操作是调整 U 形管中液面在 0 刻度

线，记录读数，打开止水夹，再打开分液漏斗开关，迅速将过氧化氢溶液迅速加入锥形瓶中，迅速关闭止水夹，同时启动秒表。

设计意图：学生依据实验目的设计并优化实验装置、实验操作，培养学生的创新意识、严谨的科学态度。

［任务2］现有3%、5% H_2O_2溶液，MnO_2（粉末状），请设计实验方案（以表格形式）研究外界条件对过氧化氢分解反应速率影响规律。

［教师引导］影响速率的外界条件有哪些？用什么方法研究？能否将这些因素设计在一个表格中？

［学生］学生认为影响该反应速率的因素有 H_2O_2 溶液浓度、温度、MnO_2 粉末的质量。经过反复讨论、改进实验方案后，设计如下：

表1　研究不同量 MnO_2（粉末状）、不同温度、不同 H_2O_2 溶液浓度对同一化学反应速率的影响（均加搅拌）

实验序号	1	2	3	4
V（3% H_2O_2液）/［mL］	10	…………	10	10
V（5% H_2O_2溶液）/［mL］	……….	10	……….	——
m（MnO_2（粉末））/［g］	0.01	0.01	0.01	0.02
温度 T/［℃］	20	20	25	20
V（O_2）/［mL］				
结论				

表2-1 实验数据记录

实验序号	1	2	3	4	5	6	7	8
t/［s］	0	30	60	90	120	150	180	210
V（O_2）/［mL］								

表2-2　实验数据记录

实验序号	1	2	3	4	5	6	7	8
V（O_2）/［mL］	0	10	20	30	40	50	60	70
t/［s］								

设计意图：对于多因素影响化学反应速率的复杂情况，使学生学会并熟练利用控制变量的思想，设计对比实验研究的规律，并且通过小组合作，培养学生的合作能力、表达能力。

［任务3］将装置进一步优化，用上面"图5"所示的实验装置按上述方案进行实验，按表2-1记录数据，并对实验结果进行讨论。

［学生探究］分成4个小组，分别完成上面4个实验，按表2-1记录数据。

［教师引导］选取不同的实验进行比较分析，可以获得那些结论？

［学生探究］实验 1 和 2 比较，其他条件相同时，H_2O_2 溶液初始浓度越大，反应速率越大；实验 1 和 3 比较，其他条件相同时，温度越高，反应速率越大；实验 1 和 4 比较，其他条件相同时，催化剂 MnO_2（粉末）质量越大，反应速率越大。

［教师引导］每个小组根据测定的数据，在坐标纸上画出 V（O_2）—t 图象。

学生根据自己测定的数据做出图象后，又发现了新的问题，有的组发现有些数据偏离曲线。于是，教师进一步提出：请大家分析产生误差的原因。经过仔细讨论后，大家一致认为实验过程中产生的误差原因有①气体体积和秒表的读数有误差；②产生气体的气泡的大小不均匀也会造成误差；③研究温度影响速率的实验时，实验前把药品预热时，有部分过氧化氢分解，也造成误差。

设计意图：从寻找影响因素→选择研究方法、确定实验方案→实施实验→记录、分析数据→获得结论→误差分析，使学生形成一个解决此类化学问题的思维框架。通过记录一定时间收集到气体（O_2）的体积，让学生学会观察、记录数据，定量比较反应速率快慢的方法。根据数据作出图象，培养学生数形转换的能力，对数据进行分析、加工处理、反思并改进的能力。

有关利用过氧化氢分解反应进行"化学反应速率及影响因素"的教学设计很多，为了使学生更好地由初中向高中过渡，适应高中的化学学科学习，更好地落实"化学学科核心素养"，笔者努力尝试摸索，力求以新的视角和方法展开教学活动。在初中阶段，注重利用过氧化氢的分解反应培养学生的化学兴趣、了解科学探究的一般过程和方法，培养学生的创新意识、定量意识，以及严谨的科学态度。高中阶段，则是利用过氧化氢分解反应形成一个研究外界条件对化学反应速率影响规律的思维、实践框架，并通过学生完成一系列任务及交流的状况，考察评价学生知识与技能的掌握程度，以及反思实践、问题解决、交流合作等多种复杂能力的发展状况，不断促进具有化学特质的核心素养的发展。

参考文献

［1］中华人民共和国教育部. 普通高中化学课程标准［M］. 北京：人民教育出版社，2017.

［2］邓文达. 对高初中化学教学衔接的思考［J］. 中学化学教学参考，2017（11），21-22.

浅谈 "理想教育文化指导中学化学教学"

——以 "原电池" 的教学为例

李滨芬

摘要：以高中化学必修二第二章第二节《化学能与电能》中"原电池"的教学

为例，阐述如何在理想教育文化理念的指导下，运用"两个方法论"和"十二个教学策略"进行"原电池"的教学，从而达到学生在"四大能力"的提升和"三个真正落地"的落实，逐步把学生培养成最佳公民。

关键词：理想教育文化；诊断式督导；原电池

自"诊断式督导促进朝阳区普通高级中学改进与提升"课题研究推进以来，我通过学习、实践、交流，对"理想教育文化"理念有了一定的认识和理解。伴随着课题的进展，我的认识逐渐清晰，行为越来越接近理想教育文化的要求。因此，我要认真回顾与总结，分享我的课堂教学变革成果。

一、理想教育文化

教育文化是构成人类社会的正式组织或非正式组织群体及其个人赋予教育某种价值追求，进而形成的思维习惯和行为习惯的一种教育生活。王世元先生提出的理想教育文化是教育者心中对理想教育事业的一种情怀，它的教育目的是人类社会追求幸福生活。理想教育文化可概括为"一个价值观，两个方法论，十二个教学策略，四大能力培养，三个真正落地"。

（一）教育的价值追求——一个价值观

理想教育文化赋予教育"育人"的价值，培养最佳公民（尊重、民主、责任、科学）。

（二）理想教育文化中教育发生的核心要素——两个方法论

一是教师范畴的教学方法论（扰启、内省、质疑、实践），二是学生范畴的学生生长方法论（独立、追求、养控、审美）。

（三）理想教育文化中教育发生的载体——十二个教学策略

一是教育发生的认知要素（实践、问题、方法、工具、技术、表述），二是教育发生的非认知要素（生命灵动能力、生命修为、意志品性、情志追求、合作要件、批判思维）。

（四）理想教育文化对学生的培养——四大能力培养

思维能力、想象能力、操作能力、表达能力。

（五）理想教育文化实现——三个真正落地

①社会主义核心价值观真正落地；②学生发展核心素养真正落地；③减负真正落地。

二、在理想教育文化指导下的原电池研究课

理想教育文化追求的"育人文化"和新的化学教学大纲倡导的"立德树人"根

本任务相辅相成，理想教育文化关注学生知识掌握情况不低于甚至高于大纲对知识教育文化的要求。化学是一门自然科学，适合在理想教育文化的指导下进行教学，能更好地体现理想教育文化的理念和育人价值。化学教学活动生活化就是使学生感受化学"从生活中来到生活中去"的特点，体验化学的应用价值，提高学生学习化学的积极性，这正是理想教育文化倡导的重视实践过程。用干电池引入课程和探究原电池的工作原理，使化学学习延伸到生活，使每个学生都能"亲历"实验，提高实验能力，培养化学素养，这也是理想课堂文化理念中强调的加强操作能力的培养。

以下，我就以在理想教育文化理念指导下的"原电池"课程教学为例，阐述理想教育文化给课堂教学的巨大变革。

（一）创设情景，通过"扰启"引入概念

以生活中常见的干电池为情境，提出问题：什么是电池？

学生活动：思考、讨论。

理想教育文化的指导理念：通过观察生活中的干电池，激发学生学习的兴趣，营造探究学习的情境。课程引入时我通过"扰启"，设置生活情境启发学生自己寻求原电池的概念。

（二）问题驱动，利用"质疑"的教学策略，实验探究原电池的工作原理

问题1：干电池内部由哪些物质构成的？

请同学观察已打开的干电池的内部物质。

问题2：锌是我们比较熟悉的物质，它属于哪一类物质，有什么化学性质？（从氧化还原的角度分析）

问题3：如何利用我们实验桌上的仪器和药品设计一个实验证明锌的还原性？

学生活动：观察实验桌上的仪器和药品，同学间思考和讨论设计实验方案。

理想教育文化的指导理念：在干电池的内部物质中，我们寻找学生最熟悉的物质锌为切入点分析原电池的工作原理，学生对初中学过的锌的性质进行"内省"，并通过设计实验从氧化还原的角度分析锌的还原性。

问题4：石墨可以和稀硫酸反应吗？

学生活动：思考并讨论，设计实验方案。

理想教育文化的指导理念：利用对比实验引导学生认识锌与石墨的不同性质，为下面确定原电池的两个电极和电极反应做铺垫。学生通过实验探究，在实践的过程中"内省"，初步学会通过实验探究这种"工具架"分析问题。

问题5：将锌和石墨同时放入盛有稀 H_2SO_4 溶液的烧杯，会有何实验现象？

学生活动：思考，预测有没有什么不同的实验现象，完成实验方案，并观察实验现象。

问题6：用导线连接锌铜，会有何实验现象？

学生观察实验现象。

理想教育文化的指导理念：学生在预测问题6的实验现象时没有预测出正确的实验现象，当学生观察到的实验现象和预测的不一样时，学生开始"质疑"为什么，再次"内省"，并利用"工具架"进一步设计探究实验，分析其原因。

问题7：导线连接后，石墨棒附近为什么会有大量气泡产生？

学生活动：思考、讨论，提出假设。

问题8：如何设计实验证明电子经导线由锌转移到石墨棒上？

学生活动：思考、讨论，提出实验方案。导线中间连接一个电流表或灯泡，观察实验现象。

观察实验现象：电流计的指针发生偏转，锌片逐渐溶解，锌片表面有少量气泡产生，石墨表面有大量气泡产生。

学生活动：思考、讨论，提出的假设是正确的。

问题9：我们这个装置是原电池吗？为什么？

学生回答：

理想教育文化的指导理念：学生通过自己动手实验探究，观察实验现象，分析实验原因，初步理解原电池工作原理。在实验探究的过程中，同学间不断讨论，合作分工，学生的实验操作能力逐步得到提高，为确定原电池的工作原理打下基础。体现了理想教育文化中让教育发生的非认知要素——"合作要件"。

问题10：电池应该有正、负两个极，我们如何确定正、负极？

学生活动：思考、讨论，提出在物理学上电子流出一极是负极（锌片），电子流入一极是正极（石墨）。

问题11：在化学上如何从氧化还原的角度分析原电池的正、负极反应？

学生活动：思考、讨论，得出在化学上电子流出一极是负极（锌片），负极上应该是失电子，发生氧化反应；电子流入一极是正极（石墨），正极上应该是得电子，发生还原反应。

学生阅读资料卡片：在锌石墨原电池中，锌片发生反应 $Zn - 2e^- = Zn^{2+}$，Zn^{2+} 进入溶液，由于溶液电阻较大，电子仍停留在锌片上，使锌片的电势较低，当用导线将锌片与石墨棒连接时，由于锌片与石墨棒电势不同，电子便像水流一样，由锌片沿导线移动到石墨棒上。

理想教育文化的指导理念：学生先运用已有的物理知识判断原电池的电极，再运用化学知识从本质上理解原电池的正、负极反应。在分析原电池工作原理的过程中，学生的"逻辑思维能力"和"微观想象能力"得到了提高。学生阅读资料卡片时对比自己的表达，修改自己的表达，逐步提高表达能力。

问题12. 请同学们练习分别写出正、负极的电极反应及总反应方程式。

学生活动：思考、讨论、书写。

问题13：通过以上实验，我们可以分析出原电池工作原理是什么？

学生活动：思考、讨论。

理想教育文化的指导理念：学生理解了原电池的工作原理之后，学生通过思考学会了用化学的方法分析问题，同时也学会用化学的工具——化学用语进行表达。

（三）问题驱动，探究原电池的装置组成

实验探究：利用原电池工作原理，判断下列装置能否构成原电池？

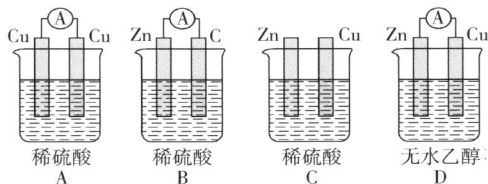

学生利用实验桌上的药品进行上述实验组装，观察实验现象，得出结果。

问题1：上述哪些装置可以将化学能转换为电能构成原电池，为什么？

学生活动：分析、总结以上实验结果，通过思考、讨论，得出原电池装置的构成。

理想教育文化的指导理念：学生利用实验探究出原电池装置的构成，深刻理解了原电池的形成条件，并通过逻辑思维用化学用语表达出构成原电池装置必须具备的4个条件，这个过程既提高了学生的逻辑思维能力，又提高了学生的语言表达能力。

问题2：为什么在原电池装置中锌片一极也有气泡产生？

学生活动：思考、回答。

问题3：利用桌子上的水果（橙子和苹果）或西红柿可以做成原电池吗？

学生活动：思考、讨论、回答。有学生认为可以，也有学生认为不可以。

问题4：如何证明可以还是不可以？

学生活动：回答用实验证明。设计实验步骤。观察实验结果：可以。

理想教育文化的指导理念：当学生预测出不同结果时，学生就会想到利用"工具架"——实验进行探究，寻找答案，学生初步建立解决问题的"方法库"。

问题4：水果（橙子和苹果）或西红柿与锌和石墨为什么会构成原电池？

学生思考、回答：水果或西红柿含矿物盐、有机酸、H^+等作为电解质溶液。

理想教育文化的指导理念：学生运用生活中的常见物质水果或西红柿做"水果电池"进行实验探究，说明化学是社会生活的一部分，在确保安全的前提下，生活中也可以进行实验探究，符合理想课堂文化教育的理念。

（四）知识提升，电池在生活中的应用

问题1. 生活中常见的电池有哪些？

学生回答。

问题2. 生活中有哪些用到电池的地方？

学生回答。

问题3：你如何看待新能源汽车？

学生思考、回答：新能源汽车的优点和发展前景，以及有待解决的问题。

理想教育文化的指导理念：联系生活实际，学生意识到生活中处处用到电池，化学服务于人类生活。在现代生活中人们离不开电池，人类开发新的电池能源的目的是造福人类社会，我们学好化学可以更有效地解决当前的能源危机，这也是理想教育文化赋予教育"育人"的价值。

三、教学反思

在理想教育文化理念指导下，在诊断式督导专家的帮助下完成这节课的教学，我感觉在以下几方面具有很大提高。

（1）在备课过程中，化学专家陶秀梅老师给我的建议要与生活实际相联系研究原电池的工作原理，体现理想教育文化追求的"育人文化"，这是理想教育文化的目标。

（2）在观课和评析的过程中，王世元等诊断式督导专家，指出教师是教学的设计者、组织者和实施者，要依据"两个方法论"组织教学，要应用好十二个教学策略进行教学，最终实现学生掌握知识与解题能力的提升。这是理想教育文化的核心和目的。整个过程，指导专家由知识技能指导逐步转向理想教育文化的"育人文化"指导。

（3）在学习环境上，我在课前、课中始终融合在学生中，并做到十分自然地与学生平等、平和、有效地沟通交流，学生不断对已有的认知进行"内省"和质疑，学生通过实验探究进行实践，我不断利用理想教育文化的十二个教学策略引导学生探究出原电池的工作原理，使教师与学生及其教室的空间环境构成充满理想教育文化的要素时空情境。在活动内容上，原电池的知识是我设计教学目标和教学过程的明线，在完成教学目标的同时，我还在理想教育文化理念的指导下实现了学生在"思维能力""想象能力""操作能力"和"表达能力"四大能力上的提高，这是我的教学过程中的暗线。在这节课的最后，我们又回归到生活中的电池，进一步唤醒和激发学生学好化学、服务社会的美好愿望。我这节课在传授原电池化学知识的同时，也在逐步实现着理想教育的价值观——培养最佳公民。伴随着课题的进展，我的认识逐渐清晰，行为越来越接近理想教育文化的要求。

参考文献

[1] 王世元. 教育文化构建的人性基础 [M]. 北京：北京师范大学出版社，2016，221-253.

［2］中华人民共和国教育部．普通高中化学课程标准［M］．北京：人民教育出版社，2017．

［3］韩银凤，李苗苗，张瑞林．锌铜原电池中有机酸作电解液的探究［J］．中学化学教学参考，2018（8）．

浅谈理想文化教学方法论在化学教学中的实践

吴莹莹

摘要： 合作对话式教学与传统教学相比，除了对教育的认识论、方法论方面不同外，在其教学组织形式、教学结构、教师角色、教师语言风格以及学生的精神状态等方面，都有显著的不同。它打破了传统的课堂空间，建立了教师、学生与时空动态时空关系的对话。本文就合作对话式教学方法论，扰启、内省、质疑、实践，浅谈其在化学教学中的一些实践。

关键词： 扰启；内省；质疑；实践

一、扰 启

扰者，扰动而激发；启者，提示而启迪。简单来说就是通过"扰启"的"撩拨"之意，实现唤醒学生对话意愿，如情境唤醒、问题唤醒、事实（实验）唤醒等，进而通过"扰启"的"干扰"之意，使学生"为难"，诱导对话的深刻，并期望对话持续进行，透过现象，直达事实本质。

扰启的方式有很多种，教师开展的活动，提出的学习任务、问题，提供的工具、方法，实验现象等能够使学生充满兴趣，并能促使学生调动所学知识进行积极思考，获得解决问题的技术和方法，培养解决问题的能力。在这过程中，教师要始终密切关注学生的学习思维状态，在学生认真思考而不得要领时，可以通过提供新的材料、工具或看法，启发学生，使其深入思考；在学生基本思考明白但仍然不知如何完整表达时，通过概念、词语等提示，让学生将思维结果自己表述出来。

例如，在《生活中常见的两种钠的化合物——碳酸钠和碳酸氢钠》这节课中，通过展示生活中常见治疗胃酸的碳酸氢钠片，提出问题：为什么碳酸氢钠能用于治疗胃酸过多？为什么不用碳酸钠来治疗？以生活情景结合问题扰启学生，使学生自然的认识到碳酸钠和碳酸氢钠性质上存在差异，激发学生对差异的探究，体会化学服务生活的育人价值。

扰启也可以采用活动的方式，如在讲"乙醇"这节课中，在课堂中提供一瓶没有贴标签的乙醇，通过让学生分别用白酒和这个未知液体清洗记号笔印记，从视觉、嗅觉、触觉多角度的感受乙醇的性质，扰启学生，将酒和这个神奇的液体联系起来。

二、内 省

内省的过程就是对思考过程的再思考。教师通过提供材料或组织学习活动，促使学生主动把将要学习的新知识、新方法、新问题、新结论纳入原有的认知结构中，形成新的认知系统。学会内省的标志是能将思考过程完整表述出来。

内省可以是学生读书自学、公式证明、观看微课这样形而上学的内省，也可以是教学中设置的小组提问、对话、交流、研讨等学习方式，教师扰启等这样互动的自省。在教学中设计的内容需要调动学生已有认知或经验，可以设置学生独立完成的任务、设计具有层次性的问题，能引导学生持续深入思考。在课堂教学过程中，给予学生动手实践的机会，自我检查、独立思考、自主学习的时间；开展多种互动交流，如师生交互问答、生生交互讨论、学生自我质疑等；运用教学语言激励学生独立思考。

例如，在聚乙烯高分子材料课堂中，由于这部分内容相对简单，结合生活实际，教材描述也比较全面，因此在教学设计时让学自己阅读教材内容，并设置对应问题让学生独自思考，自己获取、提取、分析信息，再进行交流讨论。

三、质 疑

质疑指教师通过鼓励学生反向思维，大胆假设，促使学生根据教师提供的资源能提出自己的见解、疑问或不同观点。运用"质疑"对话的策略，使其师生之间、生生之间、学生与实验现象之间、学生与文本资料之间、学生与实践获得成果之间的"内省"更加深刻。

在教学环节设计中，可以通过设计能够引发学生的思考的任务；设置学生自由交流的环节，开展"质疑"对话的课堂活动。在实际教学过程中，营造一个宽松的课堂氛围，这样学生会不畏权威，敢于提出自己的困惑；同时教学过程中要给予学生提问的机会、与他人交流的机会；关注学生的困惑或错误。

例如，在学习烯烃的课堂中，让学生分组搭建乙烯、丙烯、丁烯的所有分子结构模型，那么在搭建2－丁烯的结构时会发现，不同组会搭出两种结构，那么学生自然而然会产生质疑，这两种结构一样吗？为什么不一样？具体区别在哪？从而从结构差异体会烯烃的立体异构。

四、实 践

实践是受教育者内省与质疑的基础。在教学中，实践是指在教学活动或任务驱动下，教师通过让学生模拟、操作等活动让学生获得亲身体验，积累学习经验，验证相关结论，促进学生自身发展的过程。实践可以是自然科学实验、思维科学实验、社会实验和人文科学实验等。

设计教学时，可以多设计需要学生进行体验、验证或动手操作的活动等，所设计的活动任务需要学生的直接经验做支撑，与学生认知经验契合。教学过程中则关注学生的探索过程，提供充足的学习材料，给予学生自主探究的时间。学生通过实践获得直接经验，加深了对间接经验的认识，促进了思维的发展，同时还能体验到实践的乐趣。

例如，在乙醇的教学中，先在图片的辅助下，让学生了解酒精在酶的作用下在人体中的变化，让学生通过实验进行实验模拟乙醇转化为乙醛，并通过分析现象，自主探究乙醇变化原理。

又如在有机合成课堂中，先带着学生详细分析羟醛缩合断、成键和官能团的变化，给予实例，设计合成路线。学生自主设计思考的过程，既是学生实践过程又是内省的过程。

五、在化学教学中的实践

实际上扰启、质疑、内省、实践这几个教学方法论并不是相互孤立、割裂的，而是相互包含、相辅相成的，设计一个教学活动时，可能同时存在了扰启、质疑和内省，比如课堂中我们设计问题链，产生认知冲突，可能既是通过问题扰启学生，产生质疑，进而内省。

例如在"电解池"这节课中，回顾完电解水会产生氢气和氧气后，再进行实验电解氯化铜溶液，基于实验现象问题"为什么电解氯化铜溶液没有产生氢气和氧气"，引起学生认知冲突，产生质疑，扰启学生，激发学生的兴趣；再根据实验现象设计问题链，在阴极和阳极分别观察到什么现象？电解氯化铜溶液的原理是什么？通电前后离子和电子的运动方向？正负极反接后阴极为什么一开始观察不到气泡？从而让学生质疑、内省，从而自主探究、组内合作探究。分析电解氯化铜溶液的原理后，让学生绘制电解池的工作原理示意图，是学生进行内省、实践的过程。根据构建的电解池模型，预测电解饱和食盐水的产物，培养学生的类比迁移能力，同时认识电解对生产生活的重要意义，培养具有社会责任感的合格公民。

在学习"价层电子对互斥模型"这节课当中，价层电子对互斥模型是一个很抽象的概念，教学中，通过抛出问题：CH_4 为什么是正四面体形而不是平面正方形？三原子分子 CO_2 和 H_2O、四原子分子甲醛和 NH_3，为什么他们的空间结构不同？产生认知冲突，既是质疑，又是扰启学生。再让学生自己动手，借助制作气球模型，将抽象的问题具体化，用"气球的空间互斥"类比"价层电子对互斥"，通过自己动手实践的过程，初步体会价层电子对的互斥，并尝试解释最初提出的问题，最后将实物模型抽象化，构建价层电子对的互斥模型，并运用模型预测其他分子的结构，是学生内省、实践的过程。

在"氢键及其对物质性质影响"的教学中，预先标出第五周期元素氢化物沸点作为起始点，让学生绘制第四A族和第六A族氢化物的沸点变化趋势的图象，根据前一节"范德华力"的学习，多数学生画出的都是随周期数减小沸点越小，但是此时图象中水的沸点在0℃以下，与常识不符，学生自然而然地就发现水沸点的反常。通过这样与图象数据的对话扰启学生。引导学生对水的沸点的反常的原因进行分析，引出除了范德华力分子还存在另一种分子间作用力——氢键。然后就以水分子间形成的氢键为例，构建氢键的认知模型。最后通过几个问题，"热胀冷缩，矿泉水这是怎么了？""如果水分子之间没有氢键，世界将会怎样？"让学生思考，引起学生的质疑和内省，感悟生活中的氢键，同时了解氢键对于生命体的重要意义，发挥化学服务生活，化学指导生活的育人价值，培养尊重和科学的最佳公民。

总而言之，通过"扰启"，实现对学生对话意愿的唤醒，激发学生深入思考，通过提示启迪学生准确表达。运用"质疑"对话的策略，使"内省"更加深刻，让事实、证据确凿，逻辑合理。运用"实践"的方法，增强学生认知体验。上述"扰启""质疑"与"实践"的"对话活动"，其本质是让对话者的思维发生"内省"；"内省"的程度不同，"对话"的深度与持续过程也不同。由此，"内省"即是"合作对话"式教学追求的方向、目标，也是方法。这样学生才是真正的学有所得，才是真正的教育落地。

在地理教学中如何发挥学生主体性作用
——提高学生学习主体性的实践

张冬梅

摘要：课程改革在如火如荼地进行，课程改革重点提出了培育学生的学科核心素养，地理学科核心素养主要包括人地协调观、综合思维、区域认知和地理实践力，要想实现学科核心素养，实现学生学习的主体性变得越来越重要。作为一线教师自己在地理教学中勇于尝试，如导学案的使用，自主读、画、分析核心地理图，小组合作学习，自主梳理知识结构等。不同的途径在实施过程中有得有失，我也在不断思考和总结。

关键词：课程改革；地理学科核心素养；主体性；导学案

党的十九大明确提出："要全面贯彻党的教育方针，落实立德树人根本任务，发展素质教育，推进教育公平，培养德智体美全面发展的社会主义建设者和接班人。"[1]

高中地理课的基本理念：①培养学生必备的地理学科核心素养：即人地协调观、综合思维、区域认知、地理实践力；②构建以地理学科核心素养为主导的地理课程；③创新培育地理学科核心素养的学习方式；④建立基于地理学科核心素养发展的学习评价体系。[1]

如何创新培育地理学科核心素养呢？《高中地理课程标准》中指出，根据学生地理学科核心素养形成过程的特点，科学设计地理教学过程，引导学生通过自主、合作、探究等学习方式，在自然、社会等真实情境中开展丰富多样的地理实践活动；充分利用地理信息技术，营造直观、实时、生动的地理教学环境。[1]

由课改的新理念我们不难看出，不论是自主、合作、探究等学习方式，还是丰富多样的地理实践活动，更加强调学生是学习的主体，所以如何在教学中充分发挥学生的主体性地位，可以说对培育学生地理学科核心素养至关重要。下面我就如何充分调动学生学习的主体性谈谈自己这几年来主要的实践途径和实践过程的得与失。

一、导学案的使用

导学案是教师为学生的主动、自主学习所设计的学习活动方案。[2]通过导学案的使用，学生真正成了学习的主人，学习的主动性得到充分的提高。

（一）学生在预习、上课、复习等环节养成了较好的自主学习习惯

1. 有了导学案，学生初步养成预习的好习惯

以往的教学，总是强调学生课前应该先预习，但是真正能按教师要求去做的学生寥寥无几，而且即使预习的学生也觉得很茫然，将书草草地看了一遍，收效甚微，而且教师也不好监测学生们的预习状况。使用导学案之后，我一般会上课前一两天下发导学案，多数学生能做到认真阅读教材，及时填写相关内容，按要求准时上交；学习能力强的学生，已经对新授课的内容有了较好的理解，并能提出自己的见解，学生真正成为学习的主人，学习的主动性得到了充分的提高。

2. 有了导学案，学生节省了记笔记的时间，上课听讲更认真，学习效率更高

以往教学，教师讲时，学生提前没有看过书，一部分学习能力较弱的学生不知道教师讲的是什么，不能很好地理解知识，同时学生记笔记，花费了大量的课上时间，影响听讲效果。通过导学案的填写，学生对于大部分简单问题已经理解，知识间的关系也有了初步把握，听讲更加认真，听讲目的更明确，自己还能针对提前预习，提出自己的问题，再也不是茫茫然，不知所云。

3. 有了更完善的一套复习资料

以往教学中，一部分学习习惯不好的学生，不记笔记，学习后除了一本书，什

么都没有，经常是学完了，不知道老师都讲了什么，自己看书也不知道从何看起，考试复习时更觉得头疼。现在有了导学案，上边按照学生的认知水平和知识的内在联系，有知识、有练习、有巩固，学生有了一套完整、精炼且适合自己的复习资料。

（二）实例说明：导学案使用前、后的考试成绩对比

导学案的使用我已经坚持了几年，通过实践发现效果还是非常明显的，我曾经就两次考试的成绩做过对比，情况如下：

（1）两次考试分别为 2016 年和 2015 年开学第一个月的月考，考试范围同为第一章《行星地球》，时间：60 分钟，选择题完全一样，非选择题有一道题替换了一道同等难度的题。选择题 60 分，非选择题 40 分，满分 100 分。

（2）2015 年还是按传统的教学方式，2016 年使用导学案教学。

（3）2015 年周课时 3 课时，2016 年周课时 2 课时，课时减少，同时生源情况不如 2015 年的学生，在区里的招生位次比 2015 年要低 2 个位次。

表 1　2015 年和 2016 年第一次月考成绩对比表

	考试人数	选择题均分	选择最高分	≥50 分比重	选择最低分	≤30 分比重	非选择题均分	最高分	≥35 分比重
2015 年	187	40.5	60	10.3%	22.5	6.2%	27.5	40	17.6%
2016 年	155	44.4	60	27.7%	26	2.6%	28.8	40	18.1%
	最低分	≤15 分比重	总分均分	最高分	≥85 分比重	最低分	≤60 分比重		
2015 年	3	9.3%	67.9	94	11.2%	37	25%		
2016 年	8	3.9%	73.2	95	15.5%	42	15.5%		

通过表 1 中数据的对比，不难发现其中的变化。几乎完全相同的考试题，2016 届学生的月考成绩要优于 2015 届。选择题的均分、非选择题的均分、总分均分、最低分、高分的学生比重都有较大幅度的提高；相反，低分学生的比重有较大幅度的下降。可见，这样成绩的取得与导学案的使用是密不可分的！

（三）导学案实施后，需关注和思考的地方

导学案使用后带来诸多好处的同时，也发现了一些值得关注的问题，需要在以后的教学中，进行改进提高和思考。

（1）小部分学生不能独立并较高质量地完成导学案的填写，有抄袭或不认真完成的情况。

（2）部分学生课下做题或复习只看导学案，抛开教材的情况。

（3）各科教师都提前下发导学案，使得学生感觉到负担较大。

（4）如果一味地追求导学案的形式，学生会有枯燥乏味的感觉。

二、读、画、分析核心地理图

地理学科的一大特色就是各种图：区域图、示意图、原理图、结构图、景观图等，会读图、画图对于学好地理至关重要。为了增强学生对重点图的记忆和理解，激发学生学习地理的兴趣，提高学习地理的积极性和主动性，教学的各个环节我都注意对学生读图、画图等能力的培养。

（一）自主阅读，理解绘制重要原理图

比如在讲到"大气受热过程"和"热力环流"原理这两部分知识点时，上课我先让学生自主阅读教材，画图说明，并请 1～2 位同学到黑板上画板图说出自己对这个原理的理解，其他同学发表不同看法进行补充完善，我再根据学生自主学习暴露的问题，进行针对性的讲解。通过这样的教学环节安排，学生读书画图都非常认真，积极性很高，听教师讲解也格外认真。

（二）自主读图，充分挖掘图中信息

读图能力对于学好地理非常重要，能不能有地理的敏感性，以最快的时间从图中获取有效的信息，需要从平时的一点一滴培养。为此，我不放过任何一次机会，充分调动和提高学生的读图能力。比如在最近期末复习做到这道题的时候，我就让学生充分看图，完成下面的问题。

例题：2017 年 4 月 1 日，党中央、国务院宣布设立雄安新区。读"雄安新区及周边地区示意图"（图 1）和资料，回答下面问题。

问题：分析在河北省雄县、容城县、安新县 3 个县及周边部分区域建设雄安新区的优势区位条件。

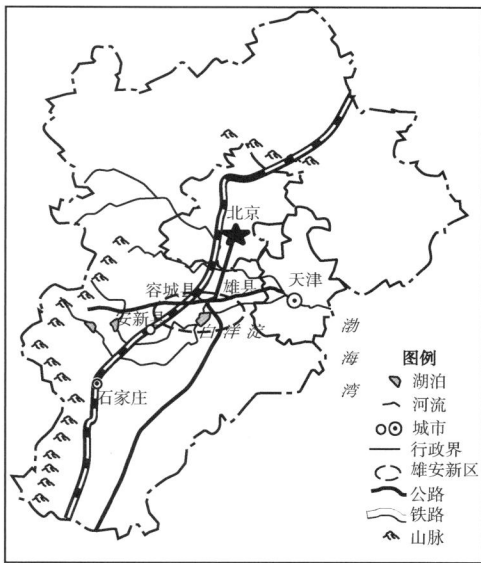
图 1 雄安新区及周边地区示意图

参考答案：河湖众多，水资源较为充足；靠近京津地区；公路、铁路交通便捷；国家政策支持；现有开发程度低，有较大发展空间；土地、劳动力价格低。

学生通过认真看图和图例，找到了雄安新区的位置，指出了铁路、公路等交通运输方式，说出交通便利；河流、湖泊说明水源充足。提醒学生继续看图，图中还可以直接看出的优势区位条件，看谁的慧眼能发现，学生都注意力高度集中，盯着图认真看着，这时有个别同学说出离北京和天津比较近也是它的优势，我高度表扬

了这个同学。通过这样的途径，学生们的读图热情很高，而且读图的能力也在不断地提高。

三、小组合作学习

为了提高学生学习的主体性，有些内容我会安排以小组合作的形式来完成学习。例如，讲到"运用图表等资料，说明大气的组成和垂直分层，及其与生产生活的联系"这个课标点时，因为难度不大，网上可以搜索到很多相关的图文资料，而且学生也很有兴趣，加之这部分是课改新增加的课标点，我们使用的人教版教材并没有相关内容，所以我就分小组布置任务，让他们去搜索资料，并制作 PPT，以小组为单位展示讲解。学生的成果让我很惊讶，比如讲到大气的垂直分层时，负责介绍平流层的同学还关注到了气温曲线变化幅度的不同这样的细节，而且很多同学结合自己的知识储备进行了相关的补充，也有些同学提出了感兴趣的问题。课堂气氛非常活跃，学生真正成了课堂的主人，不但学会了主干知识，而且同学间通过小组合作学习加深了了解，彼此有了合作的精神，搜集、筛选、整理资料，制作 PPT，课堂展示等能力都得到了提高。

四、自主梳理知识结构

学习完一章和一本书的内容之后，让学生自己用各种形式梳理知识点，整理出自己理解的知识间的相互关系，选出整理的比较好的、有创意的作品进行展示，这样对学生既是一种激励也便于相互取长补短。通过这种形式，学生对以往所学的知识自主进行了复习，而且对知识点有一个更高层次、全局性的把握。

我简单谈了一下为使学生在地理学习中的主体性得到更好的发挥，自己做的一些简单尝试，有些做法也是摸着石头过河，还需要进一步的总结提升。新一轮课程改革现在还在起步阶段，一名优秀的教师应该积极地成为新课改的实施者和推进者，所以在后续的教学过程中我会继续勇于思考，敢于实践，争取有更大的进步！

参考文献

[1] 中华人民共和国教育部. 高中地理课程标准（2017 年版）[M]. 北京：人民教育出版社，2018：1-2.

[2] 何玉红. 高中地理教学导学案课堂实践初探 [J]. 新课程学习（中），2011（2）：23-24.

地图在初中地理教学中的问题及策略研究

薛盼盼

摘要：地图能够直接形象地展现地理知识，也是地理学科联系现实生活的重要纽带，合理利用地图教学是教师优化教学过程，提高教学能力的关键。本文以北京市310位初中生和3位地理教师的调查数据为基础，总结学生与教师在地图教学中存在的问题，探究初中地理课堂地图教学的有效策略。

关键词：初中地理；教学方法；地图应用；策略培养

一、初中地图教学现状调查

本文采用问卷调查的方法掌握初中学生对地图的学习现状，共选取北京市两所初中的310名学生发放问卷，获得有效问卷299份。问卷共包含20道题目，涉及学生对地图知识的掌握程度、对地图的认识、学习地图的方法、地图应用状况以及教师的教学活动等五个方面内容。问卷调查结果均进行了Cronbach α系数的信度分析，证实了问卷的可靠性。同时，对3名一线地理教师进行访谈，内容围绕课上教学方式、课下作业内容及课外教学活动等方面展开，总结并记录教师反映的问题。

经问卷调查和访谈发现，学生对地图基础知识掌握比较薄弱，在识图中碰到很多障碍；缺乏地图学习的兴趣，缺少对地图重要性的认识；地图学习以"死记硬背"为主，没有掌握合适高效的地图学习方法；缺少在生活中运用地图的意识，绘制地图、使用地图等实践能力较差。对于教师而言，教师的地图教学方式比较单一，对学生的地图学习方法指导不到位，容易忽略对学生动手能力的培养。

二、初中地图教学策略研究

针对目前初中学生学习地图和教师地图教学存在的问题，探究初中地理课堂地图教学的有效策略，为教师优化地图教学过程，提高教学能力提供参考。

（一）激发学生的地图学习兴趣

兴趣是最好的老师，柏拉图也曾说过："强迫学习的东西是不会保持在心里的"，如果学生对某件事产生兴趣，就会充分发挥自身的能动性，挖掘自身的潜力，思维也能充分开阔。因此，培养学生对地图学习的兴趣，是学好地图、学好地理的基础。在教学过程中，学生已经疲于看PPT上的地图，找图、填图等活动，随着信息化、数字化的发展，教师可以将视频与图片充分结合。例如，在讲授"地球的自转和公转"时，就可以尝试用动画替代图片，演示地球的自转与公转方向以及太阳直射点的移动，使学生能够直观地了解地球运动；也可以借助《航拍中国》等纪录片吸引学生对地理知识的注意力，引导学生对地理知识产生兴趣。此外，还可以设置一些灵活多样的课堂活动，让学生通过灵活多变的学习模式，在快乐学习中掌握地图知识，如"地图寻宝"等。除了展开丰富多样的课堂活动之外，教师还应该关注生活热点，帮助学生将地图知识与生活实际联系起来，增加学生对地图学习的热情。

（二）引导学生形成良好的学习习惯

初中学生还处于学习习惯与态度的养成期，在教学过程中引导学生形成良好的学习习惯和学习态度，掌握正确的地图学习方法是非常重要的。培养学生的地图学习方法，就是要培养学生读图、析图、绘图的能力，教师在课堂上首先要能够做到图文结合，有计划地带领学生分析地图，给学生明确任务，帮助学生一步一步理解地图，细心、耐心地讲解地图的读图方法，同时监督学生做好笔记的整理，在布置课后作业时，可以适当增加一些绘图题、填图题、模型制作题加深学生的记忆，锻炼学生动手操作的实践能力。例如，在介绍我国四大地理区域之间的差异时，可以让学生自行绘制中国地图，并结合之前所学知识将中国四大地理区域的自然要素标记在地图上，通过这样的方式锻炼学生的动手实践能力，同时帮助学生养成随时归纳、回忆知识的习惯。

（三）充分、合理地利用多媒体进行教学创新

现代化的智能技术已经有很多都可以服务于地理教学，利用 GIS 可以制作辅助教学地图，甚至最简单的 Power Point 也可以绘制地图。初中生的理解能力和认知水平还比较低，在讲解一些比较难理解的地图时，需要巧妙地运用工具帮助学生理解。例如，在讲解"等高线"这一部分的内容时，学生对山脊线"凸向低处"，山谷线"凸向高出"的理解比较难，只能采取死记硬背的方式。此时可以采用 Sketch Up 软件将等高线地形图立体化，在等高线拉伸形成 3D 地形的过程中，让学生区分山谷线和山脊线，用这种立体成图过程帮助学生理解山脊线"凸向低处"，山谷线"凸向高出"这一知识点。

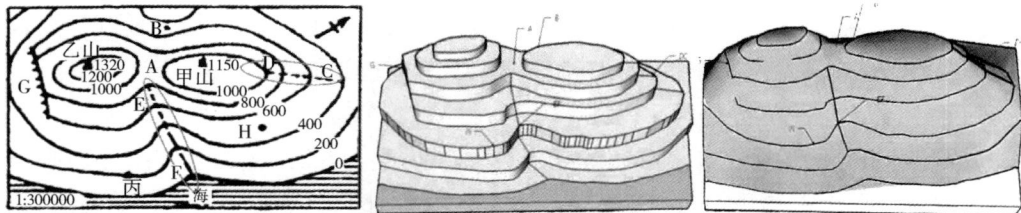

立体成图过程展示

除此之外，还可以充分利用百度地图等网络 GIS 工具，帮助学生获取地理课堂之外的地图知识，拓宽学生的视野，引导学生合理利用该工具，充分发挥其优势，

辅助教学。例如，在讲解"中国的交通"这一部分内容时，教师可以利用电子地图软件，让学生对出行方式进行选择与规划，培养学生解决实际问题的能力。

（四）提升教师专业素养

教师作为学生学习的领航舵，发挥着主导作用，教师要具备循循善诱的能力，明确地图教学的方法，经常了解学生的学习困难，及时疏导，注重学生的学习反馈，对教学方法及时进行调整。在多媒体使用方面，要熟练使用计算机，掌握一些地图制作软件，如 ArcGIS、MapGIS、SuperMAP、GeoStar、GoogeEarth 等，尝试制作一些地图模型；了解常用的地图下载网站，如国家地球系统科学数据中心（http：//www.geodata.cn）、地理空间数据云（http：//www.gscloud.cn/）、国家基础地理信息中心（http：//ngcc.sbsm.gov.cn）、中科院资源环境科学数据中心（http：//www.resdc.cn/）、人地系统主题数据库（http：//www.data.ac.cn）等。

信息技术的不断发展，学生学习地图的工具和途径也越来越多，形式也越来越丰富，对地图教学来说是机遇也是挑战。地图教学质量的提升需要师生的共同努力，教师通过创新教学方式，不断推进地图教学模式发展，在师生共同学习进步的互动中，不断提升学生的地图学习能力和教师的教学水平。

参考文献

［1］宗宏伟.地图对学生空间能力的培养［J］.地理教学，2019，（011）：33-35，30.

［2］张月明.浅谈初中地理课堂地图教学的有效策略［J］.中国新通信，2019（20）.

［3］乔娟.浅谈初中地理教学中地图的应用策略［J］.教师，2014，（021）：55.

［4］赵秀芳.电子地图在初中地理教学中的应用策略分析［J］.中国现代教育装备，2019，312（08）：22-24.

在政治学科教学中如何发挥学生主体性作用
——让理科事例点亮哲学课堂

孟 雪

摘要：作者贴近学生生活，围绕教材中心内容，选取理科事例，激发学生学习兴趣，培养学生思维能力，充分发挥学生的主动性和积极性。让他们在轻松愉快中学到了政治学科知识，领悟哲学道理。

关键词：学生主体；理科事例；哲学课堂

高中政治课要适应教改形势，如何发挥学生主体性作用是当前教师研讨的主要课题。而教学事例资源的选取和运用，则是发挥学生主体性作用的一个重要途径。在哲学课教学中，围绕教材中心内容，巧妙灵活地选取理科事例进行探究求证，不仅仅是教学艺术的展现，更能激发学生的学习兴趣，提升学生的学科素养，从而点亮哲学课堂。

一、学生演示物理现象，证实科学认识

哲学课要想讲好，真的不容易，学生对于纯理论的说教，感到困乏和无味。于是，我尝试了让学生做物理实验，演示物理现象。让学生真正地信服哲学观点并且能让学生主动地参与探究，是学生喜爱和欢迎的，更是符合人的认识规律的。

例如，在讲到"实践是检验认识的真理性的唯一标准"时，可以选取"伽利略对自由落体运动的研究"，特别是伽利略在比萨斜塔的实验。亚里士多德认为两个物体以同一高度落下，质量重的比质量轻的先着地。但伽利略经过反复的研究与实验后，得出了与之截然相反的结论：物体下落的快慢与重量无关。1590年，伽利略在比萨斜塔公开做了落体实验，验证了亚里士多德的说法是错误的，使统治人们思想长达2000多年的亚里士多德学说第一次发生动摇。

学生对这个事例耳熟能详，如果老师只是重复列举，对于学生来说，兴趣不大，但如果让学生自己来证明伽利略的结论是正确的话，那么意义就非同小可了。于是我让学生分小组课前准备好自己的实验，课上演示并讲解。

学生有拿纸的，有拿球的……其中有一组学生代表把一张A4纸展开从高处撒手，只见，这张纸从空中慢慢飘落下来；然后再将这张纸揉成一个纸团，从高处撒手，只见，这个纸团从空中很快落下来。很简单的实验，学生不但证明出物体下落的快慢与重量无关，而且还能根据物理知识说明为什么我们看到的纸张和纸团下落的速度是不同的，那是因为所受到的空气阻力是不同的。还有一组学生更厉害，居然从物理实验室借来了专业实验工具，即一个真空的透明的长管，管子里放入一根羽毛和一个铁球，将长管竖立起来，结果羽毛和铁球同时落下，现象非常清楚。他们由此得出结论，在真空的环境下，物体下落的快慢与重量无关，再次证明了伽利略的对自由落体运动的研究结论。

学生们在演示物理现象中，表现得积极主动，有热情！之后他们更想知道这个物理现象和结论与哲学有什么关系？能够得出什么哲学观点？于是，我自然引出哲学知识——"认识只有回到实践中去，才能得到检验和发展。"亚里士多德的物理学曾一度被经院哲学家奉为经典，它的结论在当时是不容置疑的，但伽利略通过实验反复证明了"实践是检验认识的真理性的唯一标准"。

学生听后，不仅理解和信服，而且认识到，哲学观点不是空洞的。这次尝试，我感受颇深。相信学生，放手让他们自己演示物理现象，从而证实科学认识，水到

渠成地加深了学生对哲学观点的理解，同时让哲学课堂生动鲜活起来！

二、学生介绍数学发展，体会真理条件

"良好的开端是成功的一半"。好的开头是让课堂活跃起来的前奏，它影响着一堂课的成败，如何一上课就能"抓住学生"呢？

学生看重数学，因而对数学家的故事及数学历史上的重大发现非常感兴趣。于是在讲"真理具有条件性"知识时，我引入了"三角形内角之和等于180°"这一定理。请问："三角形内角之和等于180°对吗？"学生不容置疑，当然对！"那它是真理吗？"当然。"那么这个定理在任何条件下都适用吗？"有的学生说，适用；有的学生说不适用。"如果不适用，那么适用条件和范围是什么？"有个别学生能够说出，只适合于平面，好像球体不适用。课堂开始热闹起来。片刻后，有的学生开始反问我，那您说呢？我笑了，于是我让课前布置好任务的一组学生介绍有关此命题的发展并进行讲解。三角形内角之和等于180°，这是古希腊数学家欧几里得提出的定理。在此之后的两千多年里，人们一直把它当作任何条件下都使用的真理。随着航海事业的发展和人们对于球面认识的不断深入，这一定理的局限性逐渐暴露出来。19世纪初，俄国数学家罗巴切夫斯基提出：在凹球面上，三角形内角之和小于180°。小组代表提问："大家想想，在球形凸面上，三角形内角之和会怎么样呢？"有个别学生很聪明，脱口而出："大于180°。"是的，小组代表继续介绍，随后，德国数学家黎曼提出：在球形凸面上，三角形内角之和大于180°。由此，人们关于空间的观念发生了革命性的转变。学生代表的介绍和讲解，学生们听起来感觉新颖，更便于讨论探究。这个小组代表继续追问："①罗巴切夫斯基和黎曼的发现是否表明欧几里得定理不再是真理？②是什么原因使人们认识到欧几里得定理并不是任何情况下都使用的真理？"顿时，学生讨论起来，对于第一个问题，有的认为，还是真理；有的认为，不再是真理，因为没有适用范围；还有的认为……学生讨论相当热烈。学生们各抒己见后，我给学生补充：任何真理都有自己适用的条件和范围，如果超出了这个条件和范围，只要再多走一小步，哪怕是向同一方向迈出的一小步，真理就会变成谬误。

学生们发现哲学课并不是原来想象的那样枯燥乏味，相反，哲学课堂能补充他们未知的数学史上的知识。学生介绍数学发展，让学生给学生讲课，他们会更加自主互动，此刻的哲学课堂光彩熠熠！

三、学生展示元素结构，说明量变质变

有些学生不爱学文科，偏爱理科。其实哲学和具体科学是分不开的，于是，我在上"量变与质变的联系"课题时，课前分成小组布置学生作业，课上3~5分

钟各小组学生展示化学元素结构，分别讲解元素周期表、甲醚和乙醇、金刚石与石墨。

学生准备非常认真，有的小组做了PPT，有的小组甚至借来了化学模型。他们每讲完一例，我就追问学生，启发他们思考，并尝试站在哲学角度说明化学元素及结构。最后学生们总结出：元素周期表中，原子核电荷数量的增减，会使一种元素变为另一种元素，事物的质发生了变化。这就是量变引起质变的第一种情形，数量增减引起质变。甲醚和乙醇，分子式都是C_2H_6O，但由于原子间结构方式不同，即原子间结构方式发生变化，因而呈现两个完全不同的质。这就是量变引起质变的第二种情形，排列次序、结构变化引起质变。还如：金刚石与石墨。可见，量变是质变的前提和必要准备。任何事物的变化都是先从量变开始的，只有量变达到一定程度时，才能发生质变，没有量变就没有质变。

学生们在哲学课堂上，展现了自己的化学知识储备，锻炼了语言表达能力，更重要的是，他们发现和体会到，哲学就在他们身边。展示课让学生成为哲学课堂上真正的主角！

四、学生概括数学公式，分析认识秩序

大多数学生不爱背书，爱做习题，对数学题就更感兴趣了，于是我在讲授新知"矛盾的普遍性和特殊性"后，让学生做数学概括，尝试体会哲学思维与知识。

"我们已经知道，三角形、正方形、长方形、梯形、圆形的面积公式各是什么，那么，这五种图形的面积公式能不能概括为一个公式呢？请你试试看，然后再用'共性'与'个性'的关系，试着说明。"题目一亮出，学生的思维马上活跃起来，他们的大脑飞速地转着，突然，一个男生脱口而出："面积公式就是梯形面积公式！"其他学生很震惊，原来这个男生平时很调皮，文科课从不爱上，甚至在语文课上睡觉。我听到他的答案后，高兴地让他在黑板前讲解，他欣然同意。"正方形和长方形的共性是面积都等于相邻两边的乘积。而它们与梯形的共性是面积都等于上底加下底乘高被2除。此时，正方形与长方形的上底与下底相等，高是它们的竖直的边，所以这五个图形的面积公式的共性是$S = 1/2(a + b)h$（a为上底，b为下底，h是高）。"其实，在他还没说完，班里一部分学生已经恍然大悟，早已明白。他们的脸上流露出佩服的表情。"那你能尝试用'共性'与'个性'的关系来说明这几个图形与这个公式的关系吗？"我问他。他思考了一下，说："我试试吧。""这几个图形与这个公式的关系体现了'矛盾的普遍性与特殊性相互联结'。普遍性寓于特殊性之中，$S = 1/2(a + b)h$适用于以上五个图形并通过五个圆形表现出来。特殊性离不开普遍性。圆面积公式再特殊，也可以用$S = 1/2(a + b)h$来计算。""非常棒！我和全班同学一起为他鼓掌，他不好意思地挠挠头，笑了。接着，我进行了补

充，"这种概括体现了人类的认识秩序即从个别到一般，再从一般到个别，如此循环往复，一次比一次高级。

我们在今后的学习、工作和研究中应自觉地坚持这一秩序。概括可以锻炼人们的思维能力，它既是抽象思维能力的提高，也是辩证思维能力的提高。学生概括数学公式，尝试理解哲学思维，分析认识秩序，从而点亮了我们的哲学课堂！

在政治学科教学上发挥学生主体性作用的方法有很多。正如恩格斯说："兴趣和爱好是最好的老师"，它永远胜过责任感，只有我们教师努力探索，把握学生的兴趣点，贴近他们的实际生活，选取恰当的事例资源，才能充分调动他们的主动性和创造性，发挥好学生的主体性作用，让他们真正成为学习的主人，在轻松愉快的学习氛围中学到哲学知识，领悟哲学道理。

试论在高中美术教学中加强美德教育与发挥学生主体性作用思考与实践

闫　亮

摘要：高中美术课，是一门将人文、艺术和创造性融为一体的学科，它代表着人们对美好的追求和一切美好事物的表达与传递。高中美术课是普及美术教育，但由于学生自身条件的不同，对美术的看法也是多种多样的。所以现代高中美术教育，为了在提高教学质量培养学生核心素养的大前提下，要寻求合理的教学方式方法，加强注重培养学生自主学习意识，使每位学生在美术课上都有所收获。本文就根据在平时教学中所思考和遇到的一些问题进行论述，并深刻分析问题产生的原因，深入探索了关于如何发挥学生主体性作用的问题和实践教学案例，希望能给出相应合理化的建议，指导高中美术教学。

关键词：美德　文化修养　自主学习　综合素质　探究能力。

随着新课标与教改实践的不断推进，各学科教学都在积极响应，探索符合新教改要求的现代教学方法与手段。现代美术教育早已不是一支画笔、一张纸上课就是画画那样的老传统了。高中美术这门学科其特殊性在于将观察、鉴赏、分析、评价、创想、实践、感受、育人等融入教学过程中，即新课标所提到的五大核心素养：图像识读能力、美术表现能力、文化理解能力、审美判断能力、创意实践能力。因为美术学科是人文、艺术和创造的集合体，所以在教学过程中格外注重学生自主学习的体现。这一点也是新课标培养学生五大核心素养的根本目的所在。

下面我就以发挥学生主体作用为指导思想，在教学中思考和探索的一些问题和方式方法加以论述。

一、思　考

思考一：以中国传统优秀文化为载体，提高美德教育和文化修养

蔡元培曾说过"艺术能养成人有一种美德精神，纯洁的人格"。因此美德育人在高中美术教学过程中应加以重视。中国传统文化艺术，蕴含着许多民族精神和正确的价值观，这其中的思想与道德也是美术教育教学中应该体现的，同时也是培养当代高中生的世界观、价值观，塑造人格品德的有力抓手。我在多年的高中美术教学实践中尝试了一些方法加强这方面的培养。用传统美学的哲学思想和树人规范在课堂上向学生逐渐渗透，渐渐地使学生在做人美德和艺术文化修养上得到双重提高。

思考二：深入加大探究能力，提升学生多学科综合素质

多看、多想、多说，看展览、看视频、看生活，结合多学科知识思考文化魅力。美术学科是一个综合性很强的学科，需要历史、文学、地理、通用、计算机、音乐等多学科知识的积淀。结合教研和参与优秀教师听课等活动，感受到美术学科要发挥学生主体作用，多学科融合教学是一个有力的突破点。因为美术同时也是一门动手能力很强，应用型很广的学科，在教学中可以做到将多学科知识综合运用，这无论是对学生知识运用能力还是学习兴趣方面的培养都是具有积极作用的。

二、实　践

实践一：强调走出去、走进来，在实践中提高美德文化修养

走出教室书本，走进博物馆、展览馆、走进大自然。例如，我在讲"中国传统工艺美术"一课时，结合新教改培养学生核心素养理论，将文化理解能力、图像识读能力、创意实践能力作为重点教学目标。在教学设计上以单元课的形式安排教学，首先讲解对古代铜钟的发展、演变进行深入了解。然后带领学生去中国古代铜钟博物馆参观并进行临摹、拍照，让他们对中国古代铜钟的造型、构造、花纹特点等有初步认识，之后回到学校以小组形式对画稿进行整理、分类、归纳，结合资料查找出不同时期铜钟的艺术特点不同花纹样式所代表的意义，并在此基础上通过讨论、讲述、深刻体会的方法感知中国古代铜钟所承载的千年中华文化和所包含的人格修养的巨大魅力。最后，学生总结出了中国古代铜钟造型之美所包含的三个与人格修养相关的重要含义：①做人要稳重；②做人要正直；③做人要诚实守信。这样学生从艺术美形式美升华到心灵美的范畴。之后学生还可以借用此含义进行艺术设计，从而达到学有所用，检验学生自主学习的实际效果。学生分组讨论、查找资料、勾画草图将传统文化的内容学得有声有色，真正感受到中华文化的博大精深。经过这一单元课的学习，学生参与性极高，充分调动了学生的学习情趣。同学们也谈了自

已的看法，他们说"通过对中国古代铜钟的学习，让我了解到其背后的知识，对中华传统文化有了新的认识，以后要多接触、多学习"。还有的学生说得更直接，"学了中国古代铜钟之后，再看外国的钟那简直就是铃铛，呵呵！"他对民族文化已经产生了极大的自豪感。这样也实现了在美术学科通过学生自主学习，达到人格品德塑造与文化修养双重目标并重的目的。在艺术学习中我想只有以情感丰富、思想升华、灵魂高尚和以哲学思考为基础所建立起来的审美理想才能更坚定与坚实。

实践二：利用单元教学加大自我探究能力的培养

我在美术社团教学中，指导学生学习定格动画的制作。学生们利用多节课围绕不同主题递进学习环环相扣，小组间分工合作，探究讨论，制定故事脚本，画故事板，人物设定，角色、背景、道具的绘制与制作，拍摄，后期处理，配音等一系列的流程。学生全程参与、构思、动手。充分体现了自我探究与自主学习主体作用。学生在制作过程中遇到很多问题，在教师的引导下寻找问题的解决方法。给我印象深刻的是，学生在制作一个街道场景时，需要用亚克力板材制作一个有透视效果的街道场景。由于空间有限要实现透视的效果时需要动脑思考的，学生先后设计了几种方案进行尝试。在过程中，老师对方案进行审核把控。其中不免有争论，甚至学生和老师也在方案选用方面进行争论。我认为这些是有必要的，不要限制学生探索创造的思维，要敢于让他们犯错，有利于学生自我意识的培养和创新能力的提高。最后这个场景经过多次反复的实验最终达到了所需的效果。在作品的创作过程中，同学们的创新意识、动手能力、合作意识得到了锻炼，同时也提高艺术的核心素养。以下为一些教学过程中的记录。

学生探讨制作方案

场景设计与绘制

角色设计与绘制

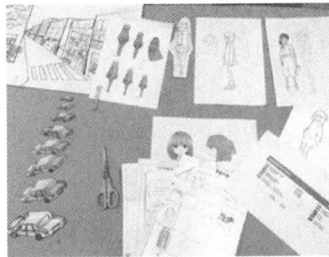

准备动画材料

拍摄动画　　　　　　　　　　　学生热情高涨

动画截屏

利用项目教学，经过自我探究能力的培养，学生收获颇丰，他们思维相互碰撞，共同探讨，合作实践。在学习过程中创新实践能力、美术表现能力、审美判断能力得到了有效的提高，同时也是一次发挥学生主体作用的教学实践。

实践三：综合教学实例探究

结合以上两点思考与教学经验的积累，我将人教版高中美术鉴赏第十九课《园林中有关中国古典园林》部分做了探究式的教学设计并付诸教学实践。本课以自我探究能力的培养为导向，借助传统文化思想美德教育贯穿始终，利用项目教学法将本课分为三大部分：①识园：知识探究与储备阶段；②探园：考察实践与研学阶段；③造园：知识运用与能力提高阶段。经过一系列的学习使学生对中国古典园林特点、构景方式、人文气质、美德思想等方面有一定的认识和理解，并重视学生的获得，在传统的基础上与现代美术思想相结合创造出具有时代感的作品，达到创意实践能力的提升。

具体教学设计如下：

第一部分、知识探究与储备阶段：识园

课题：《中国古典园林系列之识园——构景手法的学习与思考》

通过引入情景的教学，使学生在学习中层层深入认识中国古典园林，掌握一定造园手法，对中国传统民族文化与美德思想产生认同感与自豪感。通过问题设置让学生带着问题去学，有目的的学。认真学习材料找到构景手法的特征运用，填写构景手法归纳表。

构景手法归纳表

构景手法	作用	主要方法	举例
抑景			
透景			
添景			
框景			
借景			

通过多种教学手段的深入，使学生充分理解中国古典园林造园手法，并掌握一定的规律为设计园林与动手实践做好理论准备。注重实际获得，提高艺术表现力与创意实践能力。学生对中国古典园林基础知识、园林特点、构景方式、人文气质、美德思想等方面有一定的认识和理解，对后面的学习起铺垫作用。

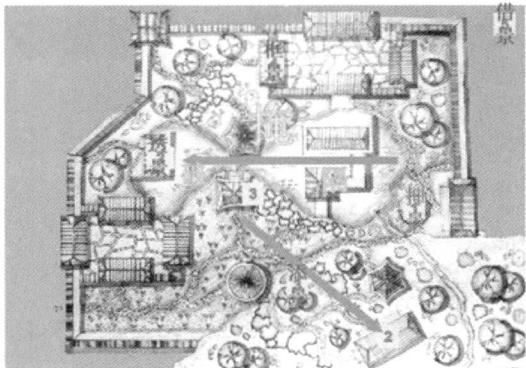

园林平面图中能够辨识出不同的构景手法

第二部分、考察实践与研学阶段：探园

课题：《中国古典园林系列之探园》

结合社会实践研学课开展，通过学生到真正园林中考察，认识中国古典私家园林的布局特点和美学思想。完成实践任务填写报告册。社会实践美术学科学习任务中国古典私家园林（拙政园）。

第三部分：知识运用与能力提高阶段：造园

课题：《中国古典园林系列之造园》

经过以上两部分课程的学习，学生对中国古典园林的构景与美德思想有了深刻的认识。接下来就是实践阶段，结合第一部分设计情景中布置的任务，对学校长廊进行现代化设计改造。同学们根据前期理论课程与实际探访园林多途径的知识积累，以传统文化为基础结合现在设计理念与手段，将所学到的园林构景手法巧妙的融入现代设计当中，利用校园中最具传统元素的长廊进行布展，装点我们美丽的校园。

经过中国古典园林系列课的教学，使学生从认识到实践再到设计提高，充分理解了中国传统美学文化和新时代相接轨的教学形式和呈现方式，是这个新时代学生乐于接受的。学生从实践中获取知识，从实践中达到能力的提高，并得到美德思想的教育。这种项目教学方式是符合新现代学生认知规律的。

教学过程记录：

美术创作与设计是不断深化和拓展的过程，不断地自我反思和听取他人意见是推进思想和艺术创造的有效方法。因此在教学中应该提出一些问题和思考路径，鼓励学生深化和拓展自己对美术创作与设计的想法、观点和表现方法。同时，鼓励学生组成学习团体，互相评价和交流，吸取有益的建议，激发灵感和创意，改进和优化表现效果。帮助学生养成反思和耐心倾听的习惯，并运用于美术创作与设计，甚至引导他们运用于学习和生活，为将来创造美好生活打下坚实的基础。此外，还应认识到创造性与个性相关，在美术创作和设计活动中需要尊重和保护学生的个性，不断发挥提高学生主体作用，并且以美德育人作为人生价值目标的教学根本，使每位学生成为会欣赏美、热爱美、表现美，具有正确美德价值观的人。

参考文献

[1] 中华人民共和国教育部．普通高中美术课程标准 ［M］．北京：人民教育出版社，2017．

[2] 卢禹舜．乾坤大义 ［J］．世界知识画报（艺术视界），2017（04）：9－15＋8＋2．

如何在共青团岗位中发挥自身的主体性

董信龙

摘要： 中国共产主义青年团作为中国共产党领导的先进青年的群众组织，承担着不断巩固和扩大党执政的青年群众基础、团结带领广大青年为实现中华民族伟大复兴而奋斗的历史重任。中学共青团工作，是以中学生作为培养对象，为广大青年学生进行思想教育，调动和发挥广大团员的主体性和创造性，发挥共青团组织的宣传教育工作，提高团员团性素养和先锋带头作用，增强共青团在青年中的渗透力和影响力，广泛开展形式多样、内容丰富的各类活动，使广大青少年团员更主动地靠拢团组织。

关键词： 完善；丰富；促进；引领

一、强化团员管理，完善组织建设

在共青团工作中组织建设作为团员管理的基础，对团员管理有着重大意义。在每学年建立团员电子档案，进行团员档案整理，按照班级进行分类，确保学生团员档案规范、完整。通过班主任和同学推荐，确定各班团支书，对新任的团支书进行上岗培训，下发团员管理材料，及时反馈团员的思想状态，严格检查团徽佩戴情况。定期召开团代会，通过各项团员管理的制度及措施，及时了解团员情况，解决团员困难，提高团员素质，有效加强学校团组织的规范化建设。按照朝阳区团教工委要求完成团费收缴、团员注册、"志愿北京""共青云"等团员管理系统的录入工作，做好新高一入学档案转入和高三学生团员档案转出的工作。

二、规范入团教育，严格团员发展

学校团委按照团教工委工作要求，加强入团教育，严把入团质量关。按照团章规定，规范团员发展流程，严控团员的发展数量，将学习成绩、校内表现、志愿活动的参与情况作为重要依据，将志愿服务时长作为入团的必要条件，经个人自荐、班级支部、班主任及任课老师的层层推荐和认可，经团支部审核后向团委提出入团申请，审查合格者填写入团志愿书，召开团员发展会和团员宣誓仪式等内容后加入中国共产主义共青团。

三、加强团员教育培养，丰富团员活动

开展以"社会主义核心价值观记心中"为主题的手抄报评比、班级板报评比，以"与人生对话，我的中国梦"为主题的"青春五月，迈向风景之窗"手机摄影大赛，禁毒教育课堂，篮球嘉年华、篮球联赛，十八岁成人仪式，元旦联欢等活动。利用宣传展板、橱窗、微信公众号宣传共青团工作，提高团员责任意识。开展以"学习团代会精神""了解班级团员，关注团员发展""做中国好网民"等支部委员会和团小组会活动。开展团课和学校业余党校，增强团员理论知识的学习。通过活动的开展，丰富校园文化，增强团员意识，提高团员素养。

四、规范学生会管理，促进学生干部建设

对学生会进行规范管理，强化学生会服务于学校工作的时效性，健全管理制度，规范工作流程，定期召开工作会议。通过有效的管理，校学生会六个部门能够及时开展和落实各部门的工作任务。团委统筹学生会整体工作，学生会主席、副主席协助各部门完成工作，同时负责对值周班的工作检查，并于每周一升旗对值周班工作进行反馈。宣传部完成学校多项活动的展板制作、班级板报评比以及周一升旗的主持任务；生活部协助校医完成班级检查工作及眼操评比活动；学习部完成各班级校刊、实时报的发放工作；体育部协助体育组完成学校篮球联赛的赛事服务工作；社团部完成本学年度社团招新、社团过程管理等工作；纪检部负责学生进校仪容仪表监督，学生校园内违纪情况检查，学校旗队完成本学年度的周一升旗任务以及学校重大活动的升旗工作。

五、"一学一做"教育实践活动

学校团委按照朝阳区团教工委的工作要求，组织开展"学习近平总书记讲话，做合格共青团员"的教育实践活动。按照工作要求，制定学习计划上报团教工委，并按照计划时间，有序完成各项学习任务。①开展专题学习宣讲交流活动，并要求团员上交学习心得；②开展"怎样做一名合格团员"主题团课，召开"一学一做"专题生活会；③组织团员观看《入团第一课》、新团员入团仪式、老团员重温入团誓词等活动；④开展"五个一活动"，落实团委组织整顿工作。

六、打造精品社团，引领学生成长

我校社团在化工大学的大力支持下以及团委规范管理下得到积极建设。第一学

期开设社团 19 个，组织社团活动 14 次；第二学期开设社团 15 个，组织社团活动 12 次。在社团管理中增设社团报名启动会，同学们根据自己的意愿进行社团的选择，与指导教师面对面的沟通和交流，并在报名启动会中增加了社团展示的环节，使学生更加直观地了解社团内容，丰富活动形式。5 月份，我校百趣物理社、"志博青春"跆拳道社入选朝阳区社团嘉年华的社团展示活动，受到好评。在 2017 学年第二学期，我校多名教师积极开设社团，为学校的社团发展作出了重大贡献。

通过一学年的努力，我校团委也获得了一些成绩。学校团委继 2015 年度又一次荣获 2017 年度朝阳区十佳"五四红旗团委"称号；学校高二 3 班团支部荣获 2017 年朝阳区"优秀团支部"称号；学生郭鑫磊荣获 2017 年朝阳区"优秀团员"称号。2017 年我校高中部李艺同学、初中部王晨同学代表朝阳区参加北京市业余党校和先锋团校学习，王效莲老师负责的创意服装社，闫亮老师负责的华芙美术社，张艳彬老师负责的健美操社，徐彬老师负责的足球、田径社，赵金生老师负责的篮球社以及我本人负责的跆拳道社均在市区级比赛中荣获优异成绩。

在接下来的工作中，学校团委会继续严格按照朝阳区团教工委和学校发展的工作思路，突出学校团委主体性，积极探索共青团组织服务青少年的有效途径和手段，全心全意为广大青少年学生服务，广泛开展形式多样、内容丰富的各类活动，使广大青少年团员更主动地靠拢团组织，努力开创学校共青团工作的新局面。

让课堂"动起来"

——打造高效课堂，让学生成为课堂主体

安 倪

摘要：小学生多以形象思维为主，但很多数学知识比较抽象，所以有的学生觉得数学很难。在新课改的大环境下，提倡自主探索，把课堂还给学生，很多老师虽然照做但效果甚微。数学课堂依旧死气沉沉，缺乏小学生应有的生机和活力。打破学生被动接受知识的传统教学模式，需要不断更新教育观念，以适应新课标的要求。课堂动起来，打造高效课堂，让学生成为课堂的主体显得尤为重要。

关键词：自主探索；学习主体；高效课堂

一、利用多媒体时代特征——例题"动起来"

数学是一门逻辑性很强的学科，各部分知识之间有着密切的联系。教师在备课过程中，要做到前后联系，这就要求我们必须熟悉每一册教材内容，才能将每个知

识点融会贯通，做到"瞻前顾后"。既要关注学生已有的知识基础和生活经验，更要关注相关知识的后续学习任务及要求。而教师在解读教材时，最应关注的是例题，例题具有代表性，代表了每个需要掌握的知识点，同时也可以让老师把握知识点的难易程度。

例题的学习非常重要，但学生对于例题往往没有那么重视，要让学生对例题印象深刻，就要让例题变得有意思。在多媒体时代发展的大环境下，课件早已成为老师们上课的必备工具，但是课件的质量参差不齐，虽然都能将一节课的知识串联起来，但是不能突出例题，大量的练习题淹没了例题的存在感。我认为，课件是辅助老师上课的工具，应该最突出整节课重难点，所以一定要凸显例题的地位，让例题"动起来"。

让例题"动起来"的方法有很多种，可以利用教参提供的动画演示，有声有影，能一下子吸引孩子们的注意力，无论难易，都是对视觉的一种冲击，印象深刻。除了课上学习例题之外，可以将例题作为一个任务，提前发布到优学向上的网站上，让学生们在前一天完成任务。事实证明，学生对于互联网的作业非常感兴趣，除了自己上传图片或视频，还可以观看班级其他同学完成的任务，互相学习，取长补短。例如，《小数点的移动引起小数大小变化》这节课，我在上课前一天把例题图——金箍棒长短变化发布到任务中，让学生说一说根据图中信息，你观察到什么。提前发布教学内容，既是对学生学情的调查，也可以根据学生们上传的内容，了解他们对知识的认知情况，同时通过老师的打分、反馈，让学生互帮互补，解决困难问题并进行自省。在学生上传的视频中，大多同学能看到表面现象，数的大小变了，有的同学提到了小数点位置变了，但真正看到本质的不多，只有几个学生能够观察到是因为小数点的移动，才让数扩大或缩小。当天晚上，我根据学生们的上传情况，改进教案，将全学情资源进行分类，第一层按照正确与错误，第二层把正确资源分成不同思路。教案设计时依据目标安排资源暴露位置，明确暴露的目标。这样可以省去课堂上前测的时间，上课直奔重难点，更有针对性，事半功倍。课上老师也能够做到大胆放手，呈现学生的资源，学生们互相学习、探讨，例题"动起来"了，学生们的思维也动起来了。课后可以让学困生反复观看学优生上传的资源，不断巩固知识。老师也可以根据当天的内容，再发布一个任务，在例题的基础上，增加难度，或者用多种方法解题，除了关注学困生外，也要让学优生开阔思路。

二、小组讨论，分工合作——大脑"动起来"

新课标中对小组合作做了具体的要求：学会与人合作，并能与他人交流思维的过程和结果。这种学习方法是指学生在教师的启发和帮助下，以学生为主体，充分发挥小组学习、全班学习的群体作用，在合作中学习，培养学生主动探究、团结协作、勇于创新的精神。

然而，小组合作对于很多老师和学生而言，都是陌生又熟悉的学习方式。陌生是因为小组合作时学生无从下手，熟悉是因为这种形式却经常在课堂上出现，无论哪个学科，老师经常会说，小组讨论一下，然后大家一起交流。陌生又熟悉，让这种学习方法流于形式，没有真正达到学习的目的。大多数人对于小组合作的理解就是让学生几个人分成一个小组，给一个问题讨论。但是会发现，这样做课堂纪律不好把控，多个学生聚在一起，有讨论问题的，也有趁机聊天打闹的。小组讨论不积极，大多报有从众心理或者不知道如何开展讨论。往往这时候，浪费了很多时间，还没有达到预期的效果。还有可能讨论地特别快，有能力的同学不顾其他同学思考空间，把所有问题都回答了，学困生就拿来主义，不再思考问题。优秀的同学更优秀，学困的同学往往更加逃避，越来越差。久而久之，很多老师又回到最原始的上课模式，一对一地提问、回答。

所以小组分工合作是新时代课堂的方向，做到以下几点，就可以大大提高课堂效率，发挥学生的主体作用。

（一）分　组

分小组合作学习，首先要知道如何分组。以前都是前后几个离得近的同学分成一组，这就会出现前面提到的几种情况。所以安排学习小组的时候，稍稍调换一下座位，让前后四个人或六个人种有学优生、中等生、学困生，尽量保证每个小组学生有层次。这样的分组形式，保证了每个小组的平均水平，符合"组内异质，组间同质"的要求。小组的组员在没有特殊情况下不要改变，因为小组合作需要长时间的磨合，组员之间也需要相互适应，慢慢开展小组学习活动，不是一上来就能配合好的。只有小组成员彼此间有了默契，才能更利于各学科教学时，及时组织学习小组进行合作学习，而不必为了组织学习小组花费太多的时间，任课老师就可以有效地控制课堂节奏，提高教学效率。

（二）分　工

小组之间较为均衡，并不代表可以保证学习效率。如果小组内组员间的不平衡处理不好，同样会影响到合作学习的效率。所以首先要选出一个小组长，这个组长一定要具备好的学习习惯、灵活的思维能力、好的组织能力。在分组的时候每组的学优生基本都可以达到这个要求，小组长自然是在学优生中产生。为了避免在小组合作讨论过程中，学习成绩好或性格外向的学生抢先发言或者滔滔不绝，不给其他同学机会，而成绩差或性格内向的同学，只是充当"听众"，坐在那里"神游"，在每一次小组合作前，老师一定要提出明确的合作要求：小组长组织组员发言，可以按照从左到右的顺序发言，也可以规定学困生先发言，说说简单的问题，其他同学补充。如果学困生说不上来，可以让学优生先说一两点，学困生重复。但是一定要保证每个组员都要发言，组长进行总结，最后全班汇报。

例如，在学习《小数点的移动引起小数大小变化》这个内容的时候，由于代数的内容比较抽象，除了提前发布学习内容，我在巩固环节还为学生准备了大量的数字卡片和一个小数点卡片，让学生摆出任意一个小数，另一名同学出题，扩大100倍、缩小到原来的1000倍、小数点向左移动两位等。学生根据同组同学出的题目，说出其他表达方式，并移动手中的小数点。如出题同学要求对方将小数扩大到100倍，另一名同学则要先说出"扩大100倍，小数点右移2位"，然后移动小数点。通过手脑并用，感受小数点在移动过程中，小数大小的变化。让孩子们和小数点一起动起来，氛围轻松，他们更有兴趣，知识点自然掌握得很好。

在我教授的研究课《多边形内角和》中，为学生准备了大量的多边形，在探究完四边形内角和之后，课上发布小组合作内容和要求：先独立思考怎样通过知识的迁移，得出五边形内角和，小组中再集中讨论，由组长组织发言顺序并总结、讨论组员的不同探究方法。虽然有难度，但是只要平时课上小组合作探究学习，严格按照明确分工、每人都要发言的要求不断练习，就会取得进步。从刚开始的不知所措，经过将近一年时间，到现在每个小组几乎都能够按照要求完成任务。小组长一般会让学困生先发言，如这节课中，一个小组的学困生说："用量角器测量五个角的度数，然后相加"，第二个同学说："量角的方法可行，但是容易有误差，而且麻烦。可以把五边形分成3个三角形。"第三个同学说："我和第二种方法相同，分成3个三角形，五边形内角和就是3个三角形内角和，$180°$乘3"。最后是组长发言："我们刚探究四边形内角和$360°$，我把五边形分成一个四边形和一个三角形，$360°$加$180°$，内角和也是$540°$。"一个小组中，出现了三种方法，当然，也有只出现一种方法的小组。但是不可否认，小组内的发言，让每个孩子的倾听与表达能力都得到了锻炼和提升。老师的评价也很关键，到小组内倾听，要对发言的孩子给予肯定和鼓励，特别是学困生。全班汇报交流就由一个小组开始，介绍自己的推导方法，演示、讲解，锻炼学生的思维能力和动手操作能力，也是不断自我挑战、提升自信的过程。接下来的小组只需要进行补充或者介绍其他方法，在全班同学的汇报交流中，体会数学解题思路的多样性，体会数学之美。学生在小组探究学习的过程中，不仅仅是动手动脑思考问题，每一次讨论也是表达能力的提升，更是同学间思维碰撞、激发潜能的过程。

三、桌游进课堂——全身"动起来"

对于低年级学生来说，年龄偏小，自制力没有高年级同学那么强，这就需要老师在课堂上能随时吸引孩子们的注意力。桌游就可以达到这样的目的。桌游顾名思义，桌上游戏，源于德国，在欧美地区流行了几十年。大多数人对于桌游的印象停留在"狼人杀""三国杀"这类红极一时的游戏。但是在欧美地区，人们也把桌游当作培养孩子动手能力、手脑配合等能力等工具。桌游可以一家人坐在一起玩，这样陪伴孩子的方式，效果远远大于电子产品。

现在我国也从德国引入了大量的桌游，适合小学各个年龄段的孩子，每一款都可以培养孩子的不同技能，反应能力、表达能力、逻辑分析能力等。还有适合于不同年级不同知识点的游戏，如适合低年级的棋盘游戏，通过掷骰子决定走的步数，每一步都有简单的算数题，锻炼数数能力之外，还锻炼孩子的口算能力；不同颜色的杯子，按照每一关模版的样子进行摆放，有摆在一行的，也有叠加摆放的，还可以两人一起比赛，看看谁最先按要求摆好，锻炼了孩子的几何直观能力、反应能力。桌游进课堂，让每个孩子"动起来"，真正做到寓教于乐。

总之，我们要让每一个学生在课堂上"动起来"，发挥主体作用，必然要提高课堂教学的有效性，这也是新课改路上不断追求的目标。在有限的时间内把握学情、选择有效的教学媒体、组织高效的小组探究活动，才能提高学生的思维能力，碰撞出更大的火花。

参考文献

［1］中华人民共和国教育部制定．数学新课程标准［S］．北京：北京师范大学出版社，2011.

［2］龚春燕．魏书生谈课堂教学［M］．桂林：漓江出版社，2011.

［3］华应龙．我这样教数学［M］．上海：华东师范大学出版社，2009.

驾驶爱心小舟，联系多彩生活
——谈语文教学中学生主体性的发挥

戴亚萍

摘要： 在新课程改革的过程中，教师要充分发挥学生主体性作用，为此我们要做到①转变教学观念。教师爱学生，就要调动学生的情绪，根据学生的需要调整课堂活动，课堂上给学生充分"演说"的时间，学生能在学习中享受快乐，领略语文圣洁的人性美。②教师要变革教学行为，做到教学内容生活化；教学方法生活化，教学情境生活化。这样才能充分调动学生积极性，最大程度发挥学生主体作用。教师只有把教学植根于生活世界，并为生活世界服务，语文教学才具有强盛的生命力。

关键词： 学生主体；爱心；生活

我国课程改革实验已进行多年，各级教育部门和各类学校也都深入推进课改实验的实践探索。作为新课程的实施者——教师，在积极投身教改实践的过程中，必须不断变革自己的教学观念和教学行为，最大程度地发挥学生的主体作用。

一、驾驶爱心小舟，领悟语文魅力

在语文教学中，要充分关注作者的情感，引导学生用心体悟，与作品中的人物同呼吸、共命运，聆听作者的心声，爱其所爱，憎其所憎。这样才能轻松地把握文章的主旨，愉快地投入语文学习，进而激发他们"我以我血荐轩辕"的豪情，坚定"长风破浪会有时，直挂云帆济沧海"的信念，从作品中感悟到人生的真谛，领悟语文神奇魅力。因此，教师在语文教学活动中，教师要驾驶爱心小舟，要尊重学生，营造平等和谐的师生关系。教师只有真正亲近了学生，学生才会感到被信任，才会在充分展示自己生命全貌的同时接纳教师的全部，从而"亲其师，信其道"，才能敞开心扉，才能使学生在"情感"的熏陶下领略语文的魅力，完美自己的人生。

"爱表现"是学生的天性，也是学生打开知识宝库的钥匙。但从课堂现状看，年级越高，学生发言的人数越少，甚至有的站起来不敢或不肯说话。是不是学生的好奇心消失了，没有问题了？其实只要我们稍加注意，不难发现，同学之间有时候会为了一个小问题据理力争，争得面红耳赤。为什么？因为同学之间是平等的，同学之间说话可以无拘无束。而在课堂上，教师的答案才是唯一的标准，教师的尊严约束着学生。他们怕说多了、说错了受老师的批评、同学的嘲笑。因此，教师应用爱心善待学生的每一个见解，把他们提出的稚嫩问题和"天真"想法当作宝贵的教学资源，即使是蹩脚、可笑的问答，教师也要给予应有的指导和鼓励，决不能轻易否认。放手发动学生，才能调动学生的积极性和能动性。

在教学中我自觉践行新课改理念，探索新课改的教学方式，但还是经常碰到"钉子"，如何让全班学生都动起来，主动参与学习活动，使他们真正进入角色，真正成为主体是我一直感到困惑，感到烦恼的大难题。然而，一次公开课的大胆尝试，使我感受很深。

课文《孙权劝学》，是一篇文言叙事性文章，内容通俗易懂，于是我决定把课堂还给学生，课前布置学生预习，收集有关资料时，随口抛出一句："谁能为此节课增添色彩？"学生说："老师希望你在课堂上给我们表演的时间。"

既然学生有这份心，就舍得"牺牲"时间。话是这么说，但心里还是有点担心，万一上不好出乱子，如何收场，又有同行在听课，后果不堪设想。怎么办？在新课程理念的冲击下，抱着试试看的心理，忍痛割爱。

上课时，我满足学生表演欲望，让学生分小组表演课本剧。学生表演很精彩，我真为学生的想象力、表演能力感到高兴。整节课体现了学生的主体地位，学生主动参与表演课本剧，真正感受到了自己是课堂的主人，拓宽了想象思维、发散思维，增强了创新意识。

通过这堂课，我对新课程标准的认识和理解产生了质的飞跃。它让我明白：作为教师，在教学中，要敢于"放手"。教师爱学生，就要调动学生的情绪，根据学生的需要调整课堂活动，课堂上给学生充分"演说"的时间，课堂就会活起来，教室里就会响起笑声、掌声、书声，学生就能在学习中享受快乐，领略语文圣洁的人性美。

二、联系多彩生活，焕发语文活力

教学与生活紧密相连，语文即生活。教师只有把教学植根于生活世界，并为生活世界服务，教学才具有强盛的生命力。

1. 教学内容生活化

新课程关注发掘生命潜能，关注发展。教学不再是简单的知识灌输和移植，而是要在知识和实践之间建构起沟通的桥梁，把教学过程和学生的生命发展联系起来，实现知识与实践相结合；把与教学内容有关的社会信息和日常生活中应用知识的事例纳入教学内容，使教学"回归生活"。

作为在电视机前长大的一代，中学生爱看电视剧，而部分电视剧多因艺术粗糙，常为教师不屑；一些学生爱唱的流行歌曲，许多教师听也没听过。不少学生觉得语文课仍然不够亲近，仍然严肃，仍然可敬而不可爱。所以老师要根据学生的爱好，给他们推荐健康的视觉、听觉材料，让他们深刻体会到语文就是生活。《诗经·蒹葭》，是一篇极具感染力的诗歌。但是，时隔数千年历史的烟云，加上语言的隔离，学生未必完全能够欣赏其妙处。教师可以从琼瑶的小说《在水一方》说起，通过情节和形象，理解主人公上下求索的情感历程，让学生听歌曲《在水一方》，在反复聆听其幽幽凄切的乐曲中，理解《蒹葭》一诗的内涵，感受其艺术的魅力。此外，一段电视镜头的摄取，一句广告词的引用，一个足球名将的临门一射，一位电影明星的灿烂一笑……只要援引恰当，无不起到调节气氛、加深理解、增加趣味之功用。学生能把生活融入语文学习，语文学习也就有了生活，有了生活，也就有了思想、有了创新。

2. 教学方法生活化

教学方法生活化，就是要把课堂教学看作是一种社会生活实践。怎样在生活中学习语文，在语文中感知生活呢？我采取的方法是"请进来"和"走出去"。把生活请进来，让课堂走出去。为了让学生读生活中的语文，学身边的知识，写经历过的事，教师可以让学生从课堂里走出去，到博物馆、公园，到图书馆、电影院，到纷繁的街市，甚至广阔的田野体验生活。当然，学生学习的主阵地还是在课堂，既然不能天天"走出去"，那就常常"请进来"。把大自然请进来、把社会请进来，让鲜活的生活融入课堂学习，把课堂变成学生探索社会的窗口。

语文人教版七年级下册第一单元综合性学习是成长的烦恼。我是这样设计和教授这一课的：我不只让学生诉说他们自己的烦恼，更鼓励学生作为小记者，开展了一次采访活动，让学生从中体验到成功的快乐。首先提前布置学生以小记者采访的形式采访自己的爸爸、妈妈或老师、同学、朋友，了解他们的烦恼。这激发了学生的兴趣和热情，学生们积极投入，课堂交流取得了非常好的效果，下课了，个个意犹未尽。

本节课我采用小组竞赛的形式，这更利于调动学生热情。同学们踊跃发言，在互相合作探究的过程中，同学们学习到了采访的方法。马超同学说："一说采访父母，开始时挺犯愁，怎么说呢？后来我就想了个办法，拿一根雪糕给妈妈吃，这样就打开了局面，引起了话题。"同学们通过这样的活动，无形中把自己的烦恼和父母、老师、同学的有了一个比较，通过比较，他们知道了自己有些所谓的烦恼根本不算什么，他们走出了狭小的自我天地，心胸开阔了。有的同学说："和爸爸妈妈的烦恼一比，我的这点烦恼算什么呀，简直不值一提。"通过这次采访和交流，同学们学到了语文知识，学会了采访稿的写法，比如问答形式的采访稿。不仅如此，还总结出消除烦恼的方法，更可喜的是，同学们从中学会了关心他人，换位思考。这次活动后，我又安排每人针对自己采访的情况，给自己的采访对象写一封信，帮爸爸妈妈解除烦恼。

这样的语文课，来自生活，走入生活，学生不仅学到了语文知识，而且提高了语文表达和写作能力。蔡琳涛同学课堂上发言侃侃而谈，和他平时的语文水平和语言表达能力比判若两人，真让人感到惊奇。可见，学生有了自己真切的体验，他们就有感可发、有话可说、有文可写，就能体验到学习的快乐。这样的语文课，更促进了学生和家长的情感沟通，家长们反映说"孩子怎么一下子懂事了，不再有矛盾了"；这样的语文课，促进了学生人格的完善，有利于他们的成长；这样的语文课，也让教师得到提高，和学生一起学习。学生在课堂中学习语文，在生活中运用知识，开阔了眼界，提高了能力，同时受到了教育。语文教学时时处处闪烁着生活的睿智与情趣，焕发出缤纷的色彩。

3. 教学情境生活化

语文教学中合理地创设情境，对增强学生的体验，培养学生的创新想象习惯，确实能起到举足轻重的作用，对教学会有显著的影响。有的时候可以利用课文本身具备的戏剧性，创设一种表演情境，从而激发学生，主动、迅速地理解课文。如《皇帝的新装》中，有一些十分适合表演的素材，骗子织布的动作，老大臣观察的动作，我请两位学生现场给全班表演。学生们为了表演，自然对课文认真地研究。

在初二说明文的教学中，表演情境有时也起到了意想不到的效果。初二《核舟记》里多涉及空间位置，所以我让学生自习课文，把课文分成两个表演场景，一个是苏、黄、佛印神态，一个是两个舟子的神态，分成小组进行表演，学生们认真研究课文，相互讨论，课堂气氛活跃，学生们在笑声和表演中学习课文，从错误的表演中认识自己理解上的偏差，最终得出了正确的表演位置。又如初三的小说单元中《孔乙己》和《范进中举》这两课，都有很好的表演素材。《孔乙己》中我以讲台桌作为酒店的柜台，请学生表演酒店里的情境。在《范进中举》中，请学生做出范进时的"拍、笑"等动作同时结合语言，学生通过自己的表演很快对课文中的人物形象和作者的描写语言有了较深的认识。通过表演，教师和学生共同把文字变成可见的情境，自然加快了对课文的理解，同时又锻炼了学生的语言和表达能力。通过情境创设，增强了学生的情感体验，激活了学生的想象力，培养了学生的创新思维能力。

总之，新课程改革呼唤教师教学观念和教学行为的变革，要让每一个学生都得到发展，教师必须变革教学观念和教学行为，亲近学生、亲近生活，努力把课堂建设成为师生平等民主、愉悦互动的舞台，探究问题、唤醒潜能的时空，获取新知、求得发展的进程，真正发挥学生的主体作用，真正使课堂教学焕发出生命活力。

参考文献

[1] 张金凯. 打造高效课堂的实践与思考［J］. 现代教育科学（普教研究），2010（02）.
[2] 张乐亭. 如何打造语文高效课堂［J］. 教育前沿与探索，2009（03）.

初中生数学自主学习能力的实践研究

刘延军

摘要： 自主学习又称自我调节学习，一般是学习者自觉确定学习目标、选择学习方法、监控学习过程，评价学习结果的过程。在学习过程中，教师不但起着组织、引导学生学习的作用，还要挖掘学生的潜能，突出学生是主体，让学生自觉主动地学习。

关键词： 自主学习；策略研究

一、自主学习的概念和特点

美国密执安大学的宾特里奇（Printrich，2000）教授给自主学习下了一个定义：自主学习是一种主动的、建构性的学习过程，在这个过程中，学生首先为自己确定学习目标，然后监视、调节、控制由目标和情境特征引导和约束的认知动机和行为。自主学习活动在学生的个体环境和总体成就中起中介作用。

二、自主学习的实质

不同理论学派的观点可谓众说纷纭，社会认知派 Zimmerman 提出一个系统的自主学习的研究框架，对自主学习的实质做了深入的说明。

表 1　自主学习的理论与实践框架

科学的问题	心理维度	任务条件	自主的实质	自主过程
为什么学	动机	选择参与	内在的或自我激发	自我目标、自我效能的价值观、归因
如何学	方法	选择方法	有计划的或自动化的	策略使用、放松
何时学	时间	控制时限	定时而有效的	时间计划和管理
学什么	学习结果	控制学习结果	对学习结果的自我意识	自我监控、自我判断行为控制意志等
在哪里学	环境	控制物质环境	对物质行为的敏感	选择创设学习环境
和谁一起学	社会性	控制社会环境	对社会环境的敏感和随机应变	选择榜样寻求帮助

Zimmerman 认为，确定学生的学习是否是自主的，应该根据研究框架中的第三列，即任务条件。如果学生该列中各方面均能由自己做出选择和控制，则其学习就是充分自主的，反之，如果六个方面不能完全由自己做出选择和控制，则其学习就不能成为完全自主。

从本质上讲，"自主学习的动机应该是内在的或自我激发的，学习的方法是有计划的或经过练习已经达到自动化的，学习的时间是定时而有效的"。自主学习的学生能够意识到学习的结果，并对学习过程做出自我监控，他们还能够主动营造有利于学习的物质和社会环境。但是在实际的学习环境中完整意义的自主学习和极端的不自主学习都较少，多数学习介于这两者之间，因此研究自主学习应该"分清学生在哪些方面是自主的，在哪些方面是不自主的，然后在有针对性的施加教育干预"。

三、本研究中对自主学习的界定

笔者结合自己的实际教学经验认为：自主学习和自学是有一定差别的，不是同一个概念。在培养学生自主学习的过程中，老师的指导具有一定作用。自主学习是老师的示范引导和学生自主探究的完美结合，对于初中生的数学学习来讲，自主学习是在学习目标的引导和带领下，自主制定学习计划、安排数学学习活动、总结数学学习方法，并结合自我控制和学习效果评价，及时地调整学习状态和学习内容，从而形成更好的数学学习习惯，掌握一定的数学学习能力。

四、初中生数学自主学习能力培养存在的问题和主要影响因素

1. 初中生数学自主学习能力培养存在的问题

首先，学生对于自主学习的意识非常淡薄，没有明确的学习目标，缺乏学习的主动性。学生对于学习的目的和意义没有正确的认知，经常认为学习只不过是老师交付给学生的任务。另外，学生对自主学习没有一定的认识，没有掌握有效的学习策略，对数学知识的概念没有形成自己的理解。最后，学生自主学习的时间和机会不是很充足。学生每天在学校学习，以课堂学习为主，老师们为了完成教学任务和教学效果，实施满堂灌的学习方式较多，学生被动式学习情况严重，导致学生没有自主学习的时间和机会。课后，老师留有大量的作业，学生为了完成作业，占用了自己大量的时间，留给学生的自主学习时间所剩无几。

2. 初中生数学自主学习能力培养的影响因素

影响初中生自主学习能力的因素有很多，既有学生主动学习意识不强等主观因素，也有学校制度和学习环境等外部因素。虽然，教育改革已经进入深水区，但是学校仍然以学生的学习成绩为主要的教学评价目标，所以教学工作的开展都以学生的考试为中心，学生的自主学习能力被忽视。另外，教师的课堂教学存在很大的问题。受传统教学模式的影响，很多老师认为老师才是课堂的主体，而学生的主动性并没有受到重视，学习的主动性没有得到提高。

五、初中学生数学自主学习能力的实施策略

（一）培养学生学习责任为自主学习奠定基础

Holpc 认为，自主是"对自己学习负责的一种能力"，学习者自己能够独立确定学习目标、内容、材料、方法、时间、地点和进度，并对学习进行评估证明学习者具备自主学习的能力。本研究利用课前预习，培养学生对学习负责的意识。

1. 通过预习策略培养学生的学习责任

让学生对学习有正确的认识，使学习变成学生自己的事情，学习要发生在学生身上，学习要按照学生的方式进行。在课前，老师引入微视频，让学生通过观看"洋葱数学"APP，提前完成所学的内容，对所学知识进行梳理和总结，同时将学习中的问题进行梳理，为进一步研究做好准备。这种学习方式，更好地吸引学生的学习注意力，刺激学生的感官，增加学习兴趣，为培养自主学习提供技术支持。这种课前学习，充分实现了教师的指导性和学生学习的个体性，使学生成为学习的主人。

2. 通过课后交流培养学生的学习责任

学生自主录制微视频进行学习心得交流、难点讲解、讲题等活动，既反映了学生对知识的掌握情况，同时多方面、多角度的展示学生的风采，对提高学生语言表

达、逻辑思维能力有很大的帮助。微视频的生成源简单、实用，能够使学生随时随地的学习，突破了以往课堂展示空间和时间的局限。通过同学们的打卡、学习、点赞等方式，让同学们相互学习、相互沟通，为大家提供了情感交流的纽带，为班集体的文化建设出一份力。

右图是学生学习群的截图：

（二）优化教学环节为培养自主学习提供策略支持

2018年9月，教育部党组书记、部长陈宝生在《人民日报》撰文，吹响了"课堂革命"的号角。文中指出："坚持内涵发展，加快教育由量的增长向质的提升转变。把质量作为教育的生命线，坚持回归常识、回归本分、回归初心、回归梦想。深化基础教育人才培养模式改革，掀起'课堂革命'，努力培养学生的创新精神和实践能力。"

课堂是人才培养的主渠道，在某种程度上说，课堂模式基本决定人才培养模式，我们现在的课堂要以学生为中心。一切从学生出发，任何工作都要考虑学生喜欢不喜欢、愿意不愿意、拥护不拥护、答应不答应、发展不发展，这是教育工作的出发点。新课堂的"预习"和"展示"两个环节体现着以人为本的教育观念。

我的课堂确定以"学"为中心的教学思路，在教学中将课堂教学分为三个阶段，在每一阶段对应的师生"教"与"学"行为如下图。

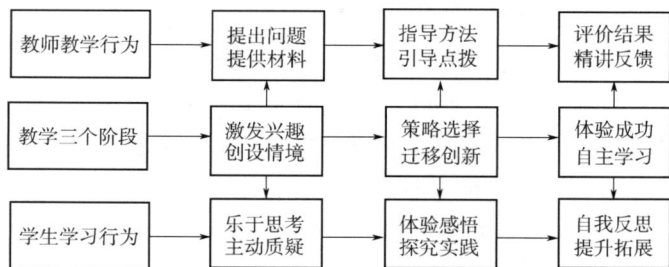

教师教学行为	→	提出问题 提供材料	→	指导方法 引导点拨	→	评价结果 精讲反馈
教学三个阶段	→	激发兴趣 创设情境	→	策略选择 迁移创新	→	体验成功 自主学习
学生学习行为	→	乐于思考 主动质疑	→	体验感悟 探究实践	→	自我反思 提升拓展

第一阶段：激发兴趣、引发注意

注意策略是帮助学习者针对具体的学习任务，对注意的分配进行调节控制的一种机制。学习的过程如果没有学生的参与，就不可能有对学习内容的感觉、知觉、记忆和思维。设法提高学生的注意水平对于提高的学习效率是特别有利的。

案例1：在数学教学中，教师要认真钻研教材，恰当地引用贴近生活的问题情境，让学生认识到学习数学知识对解决生活中的实际问题有很大的帮助，从而吸引学生自主探究的兴趣。另外，教师要开展各种形式的数学活动，以活动的方式保持

学生学习的兴趣，如举办优秀作品展、学生微课视频展示、数学竞赛等活动，促进学生更加专注的学习。

第二阶段：自主探索、知识构建

1. 能动性策略

不仅注意调动学生的积极性，更注重发挥学生的主动性，让学生能动地学习。

案例2：《平方差公式》一节中，经历平方差公式的推导过程是学生学习的重点，如何归纳公式是教学的难点。我在教学中，首先出示了几道计算题。让学生独立求出答案，再引导学生自主探究这几个题存在的规律。学生在讨论时我会深入到每个小组内，针对学生产生的不同问题进行组内交流，通过组内合作，同学们找到了平方差公式的特点和计算办法，从而突破了新知。

2. 开放性策略

创设开放的教学情境，形成开放的师生关系，提供开放的教学内容。鼓励学生自己动手进行问题探究。主动探讨问题，甚至鼓励学生在遇到不同见解时展开辩论，在生生互动、师生互动中解决问题。

案例3：在《一元一次方程的解法3》时，老师通过列方程、整式的运算、等式性质以及上一节知识的综合利用获得对方程新的认识。一般地，学生能够根据实际情景列出方程，再根据上一节解方程的方法解方程，结果发现带分母，不能直接合并同类项。有些学生通过独立思考能够回想起与之相关的知识，从而攻克难点，而其他学生则需要教师的提示或者通过同学之间的合作交流获得解题的方法。

3. 知识系统化策略

引导学生逐步学会运用思维导图组织学习材料，形成知识网络，尤其在基本概念和基本理论的章节中这种方法是非常有效的。起初，学生可能会出现很多问题，教师可以引导、帮助，甚至提供有效的模型，随着学生对这一学习策略的熟悉和掌握，就可以要求学生独立完成知识体系的构建。

案例4：《相交线与平行线》学生思维导图如下。

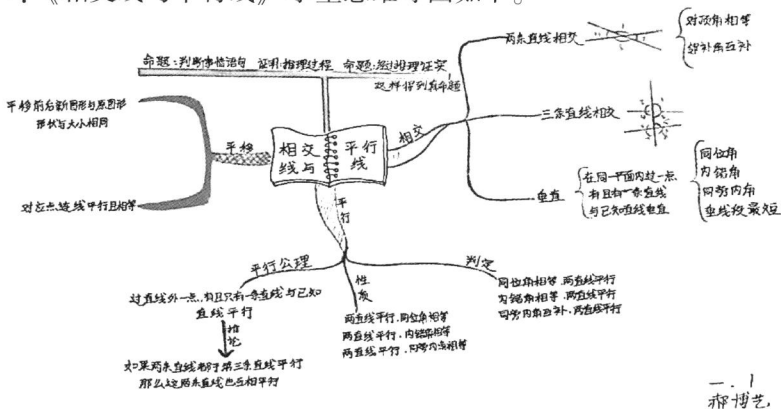

第三阶段：迁移创新，乐于实践

1. 少而精策略

教师精讲的内容应该是展示知识联系，帮助学生建立知识结构；讨论阶段的遗留问题；重点、难点和骨干知识；点评学生自学和讨论自主学习的重要环节。通过教师精讲，学生可更好地了解自己，发现存在的问题，深化知识理解，提高学习能力。课堂精讲时间控制在 20 分钟以内，其余留给学生自学、答疑、探讨。

案例 5：在精讲环节，老师通过简明、生动的语言，以讲述、讲解和讲演等"讲"的形式，系统、连贯地向学生传授知识、表达情感和价值观念。同时，教师有意识设置，也能够督促学生自觉地调整自己内部心理过程，保持积极主动的听课状态，提升注意程度，延长注意时间。

2. 循序渐进策略

教师在设计问题时应遵循适度性原则，问题应当具有一定的难度和挑战性，但不能太难，不能超过学生的能力范围；也不能太简单，否则流于形式。设计问题时应遵循阶梯性原则，不断拓宽学生思维的广度和深度，同时也要考虑到不同水平学生的需要。

案例 6：在《一元一次方程的解法 3》的教学设计时，老师为了调动学生思考的灵活性和开放性。老师安排了如下练习题。

解下列方程：

（1）$\dfrac{x+1}{2} - 2 = \dfrac{x}{4}$

（2）$\dfrac{5x-1}{4} = \dfrac{3x+1}{2} - \dfrac{2-x}{3}$

（3）$\dfrac{3}{8}\left(\dfrac{8}{3}x + 4\right) = 1$

通过练习，让学生理解解方程的步骤并不是固定不变的，而是要根据方程的特点，可以灵活改变解题顺序的。让学生亲身体会根据不同的方程，可以选择不同的解法，从中训练了学生的思维的灵活性。课堂上教师不仅要关注学生对所学知识的应用，能对总结出来的一般解题步骤进行巩固练习，同时注意学生发散思维、批判性思维的培养，从而不断提高数学核心素养。

3. 多维评价策略

在教学中本着"以学定教，以学评教，以学助教"的原则对学生学习效果进行评价。评价的目的是全面了解学生的数学学习历程，激励学生学习和改进教师教学。对学生数学学习的评价，既要关注学生知识与技能的理解和掌握，又要关注他们情感与态度的形成和发展；既要关注他们对在学习过程中的变化和发展，又要注重他评与自评。既要注重发挥独立自主，又要注重合作与分享。

案例7：《自我学习满意度评价量表》

项目	★★★	★★	★
自我检测	1. 认真、独立地完成检测练习； 2. 清楚每道题所用的运算法则； 3. 能主动解决学习中的疑问	1. 独立、认真完成检测练习； 2. 每道题都能认真思考和计算	1. 能完成检测练习； 2. 对不会做的题曾使用过猜答案的方式
知识整理	1. 知识内容整理的准确； 2. 知识内容整理的全面； 3. 多种方式整理知识（思维导图、罗列知识点、样例等） 4. 能对知识进行概括和总结； 5. 详细记录学习中的问题	1. 对知识整理准确； 2. 对所学知识的内容整理比较全面； 3. 记录学习中的问题； 4. 通过学习再对知识进行补充	1. 对知识的整理不够准确； 2. 知识整理内容较少
课堂效果	1. 能主动提问，积极发言； 2. 学习情绪高涨，注意力集中； 3. 能完全掌握所学内容； 4. 主动帮助学习困难者	1. 注意力集中； 2. 对于老师或同学提出的问题能认真思考； 3. 掌握了约90%的学习内容	1. 对于老师或同学提出的问题不能认真思考，思维有跳离课堂现象； 2. 掌握了约50%的学习内容
小组合作	1. 在组内积极探讨问题，不说与学习无关的话； 2. 与组内成员关系和睦； 3. 主动帮助组内学习困难的组员	1. 在组内积极探讨问题，不说与学习无关的话； 2. 与组内成员关系和睦	1. 讨论问题的同时夹杂些题外话； 2. 讨论不够认真

总之，数学自主学习能力的培养不是"朝夕之功""立竿见影"的事情，让学生主动地学习，是一个循序渐进的过程。只要我们在教学中为学生自主学习创造必要的条件，在教学中要以学生为本，让学生积极主动的学习，尊重学生的个性关注学生的个性发展。让学生学会生存、学会学习，具有正确的价值观、具有较强的生存能力和合作精神，及时对学生自主学习的方法和策略进行指导，学生的自学能力一定得到提升。

参考文献

［1］邱伟光．初中生数学自主学习能力培养［J］．中国校外教育，2015，4（77）．

［2］钱荣妹．让学生成为数学课堂的主人［J］．新课程（上），2011，（03）．

［3］张艳行．自主理念下的高中函数教学的探讨与实践［D］．河北：河北师范大学，2007．

［4］杨九民等．基于微视频资源的翻转课堂在实验教学中的应用研究［J］．现代教育技术，2013，10．

在初中教学中发挥学生主体性作用

刘永玲

摘要： 在初中数学教学中，应大力培养学生的主体性，让学生积极主动地学习，参与到初中数学课堂教学当中，真正学会创新，提升其数学思维，从而使学生最终能够将学到的知识用于解决生活中遇到的实际问题。本文提出在新课标课时减少的背景下应当提高课堂效率，并结合自己的教学实践和思考，用不同的教学观开展教学活动，发挥学生主体性作用，培养学生自主学习的能力。给出了中学数学课堂教学中，如何构建心理安全区域，创设直观有趣问题情景，对初中数学教学中充分发挥学生主体性地位的必要性进行了探讨，在此基础上重点对发挥学生主体性的策略做了深入的探析。

关键词： 学生主体性；自主探索；创设问题情境；自主学习积极性

《初中数学课程标准》中指出："动手实践、自主探索与合作交流是学生学习数学的重要方式。……数学学习活动应当是一个生动活泼的、主动的和富有个性的过程。"因此课程内容本身就是有意义的、与之匹配的学习方式。数学的学习方式不能再是单一的、枯燥的，以被动听讲和练习为主的方式，它应该是一个充满生命力的过程。在合作交流、与人分享和独立思考的氛围中，倾听、质疑、说服、推广而直至感到豁然开朗，这是数学学习的一个新境界，数学学习变成学生的主体性、能动性、独立性不断生成、张扬、发展、提升的过程。这种"过程"的形成会在很大程度上改变数学教学的面貌，改变数学学习的过程和结果，对促进学生发展具有战略性的意义。

一、采取不同的教学方式激发学生学习数学的兴趣

长期以来我们的数学教育存在的一个问题是，过多的、盲目的、仅仅为了应对考试的习题训练，不仅束缚了学生的思维，而且压抑了他们的好奇心和想象力，以至于很多同学只有不会做的习题，却得不出有价值的结论。数学教育应该启发人们的思维，培养学生的创新意识。当然，培养学生创新意识不仅仅是数学教育的任务，而是整个义务教育的任务。激发学生潜在的创新精神是数学教育应该做的中心任务。在课堂教学中，发挥学生主体性，培养学生发散性思维，善于从多方面的角度，不依常规地去考虑问题。教会学生各种联想，使学生在学习中不断拓展思维，充分发挥自己的联想和想象能力，解题的思路要具有一定的灵活性和敏捷性。让学生的课

堂活跃起来，激发学生学习数学的兴趣。

二、用数学学习的秘籍开展学生为主体的教学活动

数学学习的秘籍：概念原理、联系结构、解题应用。

1. 概念原理

建构主义教学观：教学过程是教师和学生对世界的意义进行合作性建构的过程，而不是"客观知识"的传递过程。即"以学生为中心，在整个教学过程中由教师起组织者、指导者、帮助者和促进者的作用，利用情境、协作、会话等学习环境要素充分发挥学生的主动性、积极性和首创精神，最终达到使学生有效地实现对当前所学知识的意义建构的目的"。在初三进行"二次函数图象"复习时我是这样做的。

例：已知二次函数 $y = ax^2 + bx + c$（$a \neq 0$）的图象如图1。

启发学生能从图中得到哪些结论？

如 $a < 0$，$b > 0$，$c > 0$，$\triangle > 0$，顶点 D（1，4），A（-1，0）、B（3，0）、C（0，3）

抛物线开口向上，当 $x = 1$ 时 y 有最大值 $= 4$

求程 $ax^2 + bx + c = 0$（$a \neq 0$）的解为 $x = -1$ 或 3，

当 $-1 < x < 3$ 时，$y > 0 \rightarrow$ 不等式 $ax^2 + bx + c > 0$ 的解集；

当 $x < -1$ 或 $x > 3$ 时，$y < 0 \rightarrow$ 不等式 $ax^2 + bx + c < 0$ 的解集；

图1

当 $x < 1$ 时，y 随 x 的增大而增大；当 $x > 1$ 时，y 随 x 的增大而减小。

可求得解析式为 $y = -x^2 + 2x + 3$。

可求哪些线段的长度？可求哪些图形的面积？并请学生求出。

给出 x 的取值范围可求 y 的取值范围（两种情况：x 的取值范围含顶点；x 的取值范围不含顶点）等。

课堂上让学生跟着教师的思路想问题，并作出相应地回答，如果学生想不到，教师可适当提示，让学生举一反三。接着教师让学生改变二次函数图象进行自问自答，这一课堂教学环节可采用小组合作的形式进行。

2. 联系结构

在进行"一次函数与反比例函数专题复习"时我采用自主探究式教学。

问题1. 在平面直角坐标系 xy 中，直线 $y = kx + b$（$k \neq 0$）与双曲线的一个交点为 P（2，m），$y = \dfrac{8}{x}$ 与 x 轴、y，轴分别交于点 A，B。

要求独立思考，完成以下任务：

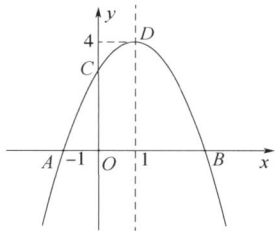

①首先，这道题描述了件什么事？你能大致画出草图吗？

②题中有哪些已知量？分别将这些量写出来。

③根据题意，你能提出哪些问题？

④怎样解决这些问题？

⑤根据已知条件能求出一次函数的表达式吗？为什么？

3. 补充条件求一次函数的表达式

由已知条件，再补充一个什么条件（学生讨论添加条件：如 $PA = 2AB$ 等），你能求出一次函数的表达式吗？（学生讨论求一次函数表达式）

通过学生自主探究、小组合作交流、师生对话交流等方式，让他们自己亲历参与、探究发现、归纳总结一次函数、反比例函数的定义、性质、图象、解析式的求法的全过程，自主建构知识网络。在不断拓展引申中，学生总结反思，实现意义建构的目的。

4. 解题应用

在例题教学课上，教师有意地创设问题情境，组织学生的探究活动，让学生提出学习问题并解决这些问题（这种做法的问题性水平较高），或由教师自己提出这些问题并解决它们，在此同时向学生说明在该探索情境下的思维逻辑"。

例如图 2，在 $\triangle ABC$ 中，E 是 BC 的中点，F 在 AE 上，$AE = 3AF$，BF 延长线交 AC 于点 D。若 $\triangle ABC$ 的面积是 48，则 $\triangle AFD$ 的面积等于_____。

解法 1：

过点 E 作 $EG // BD$，交 AC 于 G，

设 $S_{\triangle ADF} = x$，$S_{\triangle CEG} = y$，

$\triangle CBD$ 中，因为 E 是 BC 中点，$EG // BD$

如图 3 所以 $\triangle CEG \backsim \triangle CBD$，$S_{\triangle ABE} = S_{\triangle ACE} = 24$，

所以 $S_{\triangle CBD} : S_{\triangle CEG} = 4:1$，所以 $S_{\triangle CBD} = 4y$，

在 $\triangle AEG$ 中，因为 $AE = 3AF$，$EG // BD$，

所以 $\triangle ADF \backsim \triangle AGE$，$S_{\triangle ABF} = 8$，$S_{\triangle BEF} = 16$，

所以 $S_{\triangle AEG} : S_{\triangle AFD} = 9:1$，

所以 $S_{\triangle AEG} = 9x$，那么有 $9x + y = 24$ 得 $x = 1.6$

$$8 + x + 4y = 48 \qquad y = 9.6$$

$\therefore \triangle AFD$ 的面积等于 1.6。

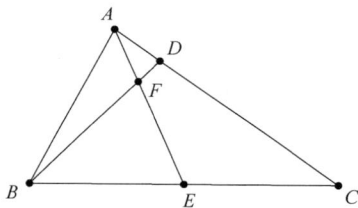

图 2

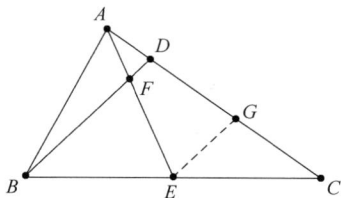

图 3

说明：此种解法用了建立方程组的数学思想计算三角形的面积。涉及相似三角形的判定、相似三角形的面积比等于相似比的平方等知识。关键是作辅助线，所做的平行线能用到两个三角形中。

解法 2：如图 4 连接 DE，

解题思路：因为 E 是 BC 中点，$AE = 3AF$

可求 $S_{\triangle ABF} = 8$，$S_{\triangle ABD} = 9.6$，

$S_{\triangle AFD} = 9.6 - 8 = 1.6$

说明：解法 2 巧妙地利用了同高不同底的两个三角形的面积比等于底的比这一性质，突出了解法的简单性。

解法 3：如图 5，过点 A 作 $AG /\!/ BC$ 交 BD 的延长线于点 G，

解题思路 $\triangle AGF \backsim \triangle EBF$，

因为 $AE = 3AF$，

$\triangle ADG \backsim \triangle CDB$，$E$ 是 BC 中点，所以 $S_{\triangle ABD} = 9.6$，

$S_{\triangle ABF} = 8$，所以 $S_{\triangle AFD} = 9.6 - 8 = 1.6$

说明：解法 3 采用添加"平行线"构造两个相似三角形的方法，利用相似三角形的有关知识来求解。这种方法是解此类题目常用的方法。

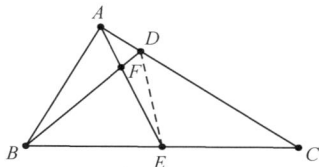

图 4

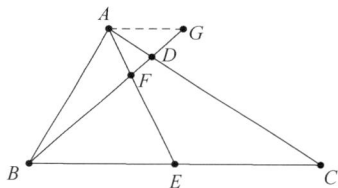

图 5

三、创造机会，教给方法，让学生会发挥主体性

（1）引导学生自主学习，鼓励学生根据问题背景得出结论。在课堂教学中，当有学生自主学习得出问题的结论时，教师应有意识地请这位学生比较详细地叙述自己的思维过程。这样做，一是可以帮助梳理自己的思路，使他能够上升到理性的层次，自觉地把握自己的思维，从而巩固与强化其良好的思维品质；二是有助于其他同学了解"这个结论的得出过程，并且明白"这样想"的道理。

（2）培养学生自主学习能力。在课堂教学中，要花大力气引导学生通过题目背景，找到条件与条件、条件和问题的关系，培养学生的自主学习能力。改变学习方式，让学生在尝试、探究中发现问题。

（3）鼓励学生在学习的过程中用不同的角度观察问题，要会提出不同见解。平时教师对学生的提问应采取积极的态度，并认真思考、自主探究新问题，让其体验到成功的喜悦。这样，学生自主学习的积极性大大提高了，学生学习数学的能力就会大大提高。

参考文献

［1］张慧萍．谈如何提高学生学习能力［J］．宁夏教育科研，2009（1）.

［2］严先元．怎样引导学生习得新的学习方式［M］．吉林：东北师范大学出版社，2004.

［3］叶澜等．教师教色与教师发展新探［M］．北京：教育科学出版社，2001：10.

［4］曹士贤．教师教学基本能力解读与训练［M］．北京：理工大学出版社，2012：1.

［5］中华人民共和国教育部．数学课程标准（实验稿）［S］．北京：北京师范大学出版社，2001.

交出课堂主权，学生当家作主

——生物教学中的学生分组授课

马 茜

摘要：生物教学的课程理念就是面向全体学生，提高学生科学素养和倡导探究性学习，针对初中教学，满堂灌的教学手段不再适用，教师照本宣科主权式的讲授方式再也不能激发学生的学习兴趣。而学生分组授课的方式除了能够调动学生的积极性，使每个人真正投身到生物学习之外，更能培养学生的核心素养、语言表达、小组合作等综合实践能力。

关键词：生物；分组授课；核心素养

课程改革作为教育改革的核心，受到各国的极大重视。依据国际科学教育比较研究的结果、国内生物学课程现状调查分析、我国义务教育的性质和任务，以及本学科课程的特点，课程研制人员将我国初中生物学课程理念确定为面向全体学生，提高学生科学素养和倡导探究性学习。基于这三个生物学课程的基本理念，为了培养学生自主学习、主动探究的意识和能力，使学生真正参与到生物课堂学习中，我改变了生物教学的授课方式，交出课堂主权，让学生走上讲台当家作主，扮演老师角色。通过几年的尝试，我发现这种授课方式除了能够调动学生的积极性，使每个人真正投身到生物学习之外，更能培养学生的核心素养，使其逐渐形成适应终身发展和社会发展需要的必备品格和关键能力。

一、精心筹划，分好小组，确定课题

针对中学生独立自主意识较强，又有强烈的自尊心和自信心，争强好胜、富于冒险等特点，我在真正涉及学生自主授课内容的前一两周就提前布置任务，鼓励学生大胆参与"上课"。根据每个班的情况，把学生划分为以 3~4 人为单位的多个小组，每个组内都有不同层次的学生，让学生以小组为单位选择不同课题。在初中生物教材中，很多内容都适合学生分组授课，如《其他生物的呼吸》这一节一共涉及5 部分内容：单细胞生物的呼吸、鱼的呼吸、两栖动物的呼吸、鸟类的呼吸和昆虫的呼吸。又如《动物界》一节，可按无脊椎动物、脊椎动物分成两部分，每一类动物又可细分为不同的类别，如鱼类、两栖类、爬行类、鸟类和哺乳类。可以先让学生组内讨论，选择自己喜欢的内容，如果发生重复选择或漏选现象，再采取抽签方式决定。

课题确定后，就要提出准备要求。每组组员必须分工合作，收集图片、视频、文献等资料，制作 PPT，选出演讲人员。规定所授知识的必讲内容，在此基础上学生也可自由发挥拓展知识。避免学生摸不着头脑、胡乱准备或者互相推卸责任无人准备，提出在讲课后全班同学进行评议打分，作为小组加分，以此调动学生积极性。

二、悉心指导，帮助学生备课，做好演讲稿

课题确定以后，我就全力以赴帮助执教者备课，现在的学生基本都能够很熟练地上网查资料、制作和使用 PPT，但是从网上查找的资料往往太过宽泛或者不适于初中教学，如果单单从课本上选取，又会过于单一乏味。所以帮助学生查找资料，确定教学范围，教学重点就显得格外重要。一般我会提供一些教学图片、视频、甚至是之前几届学生制作好的 PPT，但是决不允许学生原封不动地照搬，要按照自己的理解进行修改加工。制作好 PPT 后，还要进行验收，反复修改，甚至是字体大小、颜色，都要做到最好。课堂教学环节，有些学生会把握不住，我就要求学生先给我"试讲"，记下每一环节的时间，反复练习。学生对教学内容很熟悉，教学环节也很清楚，这就为上好课奠定了坚实的基础。有教师做后盾，学生也就信心十足。

三、全心投入，参与课堂教学，当好"导演"

交出主权后的课堂，学生是主角，一边在讲台上讲课，一边在板书、巡视，收集下面同学的信息；我就成了学生，和学生一起听课，且要记好笔记。注意讲课的学生对知识点有没有吃透讲透、重点有没有突出、难点有没有突破等，在学生讲解完之后做补充，注意听课学生的情绪与反馈。

不同的学生上课，情况有很大区别。有的学生上课时心理素质较好，能很好地完成上课的任务，我就尽量不走动，让他完整地上完；有的学生一走到讲台上心里发慌，有些内容表述不清，降低了上课的效果。这时，我就及时帮助这位学生，让他跳过难以讲清的知识，而重点讲他准备充分的资料，且适时地表示赞许，让学生有信心完成他的任务，然后我再做补充。有些学生心理素质特好，口才也好，有时讲着讲着就发挥出去了，往往跑题。而这时，讲课学生兴致极高，听课学生也聚精会神，我不方便打断，只能静观其变，找机会把他的主题拉回来。有时产生知识性错误或是表达不清，听课学生当即举手指出，此时容易出现"唇枪舌战"，甚至混乱，我就出面"调停"，当好"导演"。

讲课结束后，要及时和学生交换意见，指出他们的优缺点，明确努力方向，并要求全班同学对他们组的课堂教学进行评议打分，在鼓励学生的同时又提高了学生的综合素质，培养了他们的核心素养。

实践证明，这种"交出主权"式的授课模式，具有不少好处。

（一）面向全体学生，有利于确立学生的主体地位

传统的"老师讲、学生听"的教学模式在大力提倡教学改革的今天显然已不合时宜，更不能适应培养学生核心素养的需要。课堂教学中，学生被老师牵着鼻子走，连思维活动都受控制，一切以老师为中心，学生的主体地位就成了一句空话。而让学生走上讲台，由学生自己上课，既消除了教者与听者之间的心理障碍，便于双方多向交流，又能极大程度地调动学生的参与度和创造性。教学双方都是学生，就自然多了一份亲近和默契，双方无拘无束，密切配合，都成为真正的学习主体。

（二）有利于培养参与竞争、共同合作意识和刻苦钻研精神

学生为了上好课，势必做一番精心的准备，如广泛搜集材料、深入钻研教材、多方听取意见等。他们会通过自己刻苦钻研，自觉吃透教材，甚至不放过一些细枝末节。上课前和上课时，教学双方都会通力合作，备好课、上好课、听好课。组与组之间最终要进行评比打分，而成绩又关系到组员的最终加分，这样的评价方式能够鞭策各组成员更加认真备课，通力合作。

（三）有利于活跃课堂气氛，培养学生质疑问难精神

受年龄、心理因素和环境制约，由学生自己上课，这一新颖的形式会引起学生极大兴趣，即便教者"照本宣科"，也会给听者许多新鲜感，这种新鲜感便会使学生在较长时间内保持较高注意力。他们会对教学内容及时进行判断，一旦发现问题便立即做出反应，不向原来对老师那么迷信，他们会直截了当地提出自己的见解，大胆质疑问难。虽然这样常常会使教者措手不及而处于尴尬的境地，但整堂课却会气氛热烈、高潮迭起。例如，《两栖动物的呼吸》教学中，有学生问："青蛙是先长出肺还是鳃先没有呢？"还有学生问："鳄鱼和蛇也是两栖动物吧？他们用什么呼吸呢？"又如：《昆虫的呼吸》中，有学生问："你怎么知道昆虫是用气门呼吸而不是鼻呢？昆虫体内没有血液吗？那它的营养物质是靠什么运输的呢？"讲课同学一时都因相关知识缺乏而陷入尴尬，这时，作为"老师"的我出面释疑，给学生留下的印象就尤其深刻。

在这样的课堂上，学生的质疑问难，比平时更活跃，因为他们学生之间有一种相互责难的童趣，于是也就更容易培养学生敢于质疑问难的习惯。

（四）有利于培养学生的语言组织和表达能力

传统的教学更注重学生的听讲效果。让学生上课，无论教者还是听者，都有了一个特定的情境——课堂，交流的需要非得他们相互听和说不可。对学生来说，这

种课堂教学本身就是一次极好的听说训练，而且他们似乎觉得很好玩，平时不敢讲的此时也敢放开了说。

如讲《鸟的呼吸》，叶子同学是一位十分内向的学生，平时课上基本看不到他发言，课间和同学交流也比较少，但是没想到他在讲鸟类的呼吸时，完全是以评书的方式进行的，虽然有些搞笑，但是实际效果却非常好，在同学面前表现出了自己另一方面的才能，又锻炼了语言表达能力和自己的心理素质。

又如《昆虫的呼吸》中，辰辰同学从小学开始就自己养大型甲虫，从卵开始培养到蛹到成虫，甲虫死后还制作成标本，他在选择了这个课题后，就进行了充分的准备，讲课当天，把卵、不同时期的幼虫、成虫以及标本带到学校，在讲到昆虫用腹部两侧的气门呼吸时，为全班展示幼虫和成虫的气门。因为是自己特别喜欢的内容，又对这部分知识特别熟悉，在讲解过程中，他充分地展现了个人的自信，严谨的思维逻辑和语言表达能力，在观察时，同学们也都特别积极主动。

（五）有利于教师改进教学

由于学生听的课比较多，通过比较鉴别，他们已经能够对一堂课乃至一种教法的优劣做出浅显的判断。在他们执教时，便会有意无意地借鉴和模仿那些他们自认为好的教学模式和教学方法，或者按照自己理想的模式和方法组织教学。这些会给我们教师很大启发，从中我们不但了解到学生对生物课堂教学模式和方法的选择标准，而且还可以借鉴和吸收学生在执教时一些有益的东西，从而更好地改进以后的课堂教学。

总之，通过对这种授课模式的探索和研究，让我更加明白这样一个道理：学生不是对知识被动接受的机器，而是有灵动思维敢创新的人！我们应该相信学生！主动交出课堂主权，让学生掌管课堂，成为学习的主人。

参考文献

[1] 陈晓华. 初中生物教学中学生主体性发挥策略研究 [R]. 教育教学论坛，2014：10.

通过小组合作培养初中生语文自主学习能力的研究

牛月梅

摘要：随着社会的发展和进步，合作自主学习成为学习方式的主流。未来社会是希望拥有学习型的人才。语文是学生进行学习的一个工具，也是拥有文化素养的载体，所以本人选择了"通过小组合作培养初中生语文自主学习能力"的研究。在研究过程中，以行动研究为主要的研究方法，采用文献研究法、对比研究法、经验总结法、个案研究法，并结合学校的实际，对研究内容进行调整，通过反思、总结、梳理、提炼，形成了课题研究的报告。

关键词： 小组；合作自主；语文学习

一、研究背景

（一）大背景：我国基础教育课程改革的不断深化

我国基础教育改革的一个重要目标就是改变课程实施过于强调接受学习、死记硬背、机械训练的状况，倡导学生主动参与、乐于探究、勤于动手，培养学生搜集和处理信息的能力、获取新知识的能力、分析和解决问题的能力以及交流与合作的能力。学会与人合作学习是新一轮课程改革的重要内容。

《北京市中小学语文学科教学改进意见》要求"解决当前语文教学中优秀传统文化内容彰显不足、经典文学作品阅读量不够、作文教学程式化、语文教学与其他学科以及社会实践整合不够充分等方面的深层次问题"。这些问题彻底解决的方法就是培养学生自主学习语文的能力，教给学生"捕鱼术"让学生自己主动地去语文的海洋里"捕鱼"。

培养学生的合作精神、语文自主学习能力是本课题提出的大背景，也是时代背景，是一种必然的趋势。

（二）小背景：我校学情需要

我校是朝阳区区级示范校，地处朝阳海淀交界处，周边的名校林立，竞争十分激烈。这些年来，我们学校始终坚持"质量立校"的办学理念，积极推进新课程改革，正以开拓进取的精神面貌向新目标迈进。然而在教学改革的实践中，教师们发现"教师教得累，学生学得苦""教学效果不理想""教师的付出与学生的产出不成比例"。这些现象从本质上讲都是低效教学，甚至是无效教学，阻碍着课改的步伐，成为学生语文学习的一道壁垒。

我们也发现，近年来，我校学生以借读生为主，我们年级的借读比例占到了70%，这些孩子的父母大都在北京做小生意或是打工，文化水平不高，甚至有些家长只有小学文化。家中也大多有两个或以上的孩子，终日为生活而奔波劳碌，想教育孩子真是心有余力不足，特别是在语文方面。经过一段时间观察，我们发现刚刚接手的新生在语文方面表现得十分薄弱，听不懂、说不清、读不懂、写不出，甚至有些孩子读不准、读不顺、读不出、说不出、字潦草。语文的学习现状堪忧。在对学生的调查中，许多学生表示：想学语文，可不知该怎么学、学什么。在这样的背景下，如何提高我校学生自主学习语文的能力是一项迫切的任务，也是本课题研究提出的小背景——我校的实际学情需要。

二、研究的基本内容

(一) 研究总目标

利用小组合作促进学生语文学习的兴趣，提升学生自学语文的能力。学生实现或部分实现自主学习语文的愿景。学生能积极主动地辨识、阅读、理解、品评，运用母语，具备较高的语文素养。

(二) 研究具体内容

1. 小组合作下的语文自主学习的课堂教学模式；

2. 语文自主学习内容的研究；

3. 语文活动设计的研究；

4. 合作与自主学习中的评价监控研究。

(三) 研究重点与难点

1. 研究重点

语文自主学习的内容是本课题的重点。学生语文自学学什么、怎么学、学到什么程度是本课题的第一个重点。小组合作怎样帮助学生自主学习语文是本课题的第二个重点。如果说自学的内容是本课题的货物，那么小组合作就是本课题的一列火车，它将载着货物沿着轨道运行，最终到达我们的目的地——学生能自学、会自学、爱自学。

2. 研究难点

语文自主学习的效果评价是本课题的难题。怎样评价学生自学的效果、怎样评价学生语文学习能力提升与否、提升的幅度有多少、最终学生要达到怎样的语文水平是本课题的难点。

三、研究的成果

(一) 小组合作的模式

1. 结合理论与我校实情，探索了适合我校的固定小组合作班级管理模式

组建最佳时机是初一第一学期期中考试后临近期末考试前。实施时必须以人为本，保障每个孩子的自尊。小组成员应该是由性格互补的四个人组成，保障各小组学习的实力均衡。班级管理中，以组为整体，全组人员共同进退，荣辱相关，共同进步、共同发展。分为五期建设，统筹整体，让班级良性发展。所有学生共享合作的红利。

2. 根据实际教育教学的需要组建临时性学习小组，调剂学生的学习氛围

如果长时间以一个小组为单位进行管理，势必会造成学生的倦怠。根据学生的兴趣和学生校园活动进行临时性的改变，让学生和自己志趣相投的同学进行智慧的

碰撞，产生智慧的火花。例如，我们在编演课本剧的时候都按照兴趣重新组建，最大限度地调动了孩子们的积极性，自主地探究语文学习的规律，提升语文的素养。

（二）语文阅读自学模式

阅读教学中，带领学生探寻阅读的规律，指导学生学会读一类文章。例如：

序号	项　目	基本学习模式	小组合作模式
1	议论文	默读思考。论题是什么？论点是什么？论证的结构是怎样的？与我有什么关系？ 朗读精彩的片段并批注。 写作，摘抄并仿写。或写点评。	小组内交流，班级展示。读书笔记展示交流，评比。
2	散文，小说，戏剧等记叙类文章	用自己喜欢的方式读。读后思考①这篇文章是在讲什么？②细节是什么？是如何表现出来的？③真实吗？全部还是部分？为什么？④这篇文章与我的关系是什么？	小组内交流，班级展示，召开读书会。

3. 语文自主实践学习的内容

生活有多大，语文学习的天地就有多大；知识的范围有多宽。语文的学习就有多宽。在自主学习的过程中给学生一些语文学习的方向，让学生自主探究，在实践探究中学习。比如传统文化、名著阅读、喜剧小品的编演、板报的编写、班级日报的出版发行等，都可以为学生的自主学习提供广阔的空间。

四、研究的实践意义

（一）对学生：掌握一些自主学习语文的方法，获得自主学习的能力

本课题期望通过小组合作的教学实践培养学生的语文自主学习能力。在应试教育中，采用竞争方式，通过考试选拔高分学生，进行精英教育。以分数作为唯一的衡量标准。造成的结果就是竞争意识加强，合作意识淡漠。此外，班级授课制为主的教学组织形式，不利于照顾学生的个别差异，容易走向"一刀切"。传统的教学方式也常常出现"你说我听、你讲我记"的现象，学生沉于书山题海中。这些都不利于孩子的发展与人才的培养——孩子应该是独立自主的，人才应是具有合作精神的且具备自主学习能力的复合型人才。语文能力是学生必备的工具性的能力，本课题的研究是想让学生拥有这个能力。

（二）对教师：获得指导学生自主学习语文的方法

本课题期望通过小组合作与语文自主学习的研究，为教师指导学生开展小组合作学习提升学生语文能力提供一点借鉴，让老师成为学生语文学习的同行者、引路人。笔者通过查阅小组合作学习和语文自主学习已有的研究成果发现，语文教学中有效的小组合作还欠缺，本课题期望在语文教学方面找到切实可行的操作模式，引

导学生学会自学语文，实现真正意义的师生对话，让教师从一个教书匠变为一个引路人，引导学生读书、思考、分析、创造；帮助学生转变观念，让学生从一个接受者变为创造者，主动参与学习，能够制造和解决问题。

（三）对学校教学：丰富学校的教学资源

本课题期望逐步摸索出一条适合我校学情的、适应新课改需要的语文教学，培养会学语文的学生，提高学生的学习效率，提升教育教学质量，丰富学校的教学资源。

五、研究中的发现

（一）小组合作的管理模式有利于培养学生健全的心智，提高学习的兴趣，乐于主动学习

小组合作管理模式是把班级里的同学按照性格和学习等综合实力分成若干个四人小组，小组集体参与班级里的每一项活动，包括学习、纪律、卫生、体育等，孩子们可以争团体第一名，有一些孩子从上学从未获得第一名，实行小组合作之后有机会拿团体第一名。当那些从未拿过第一名的孩子有了这样机会，他们的积极性被调动起来，优秀的孩子为了体现自己的实力和主力作用，一方面自己更加努力，一方面也积极地帮助暂时在某些方面落后的同学。在班级里形成满满的正能量。学风正、班风好。在这样的管理下，每个孩子得到成功的喜悦，他们的人格得到尊重，潜能得到激发，孩子们喜欢自己的班集体，喜欢自己的组，乐于享受小组竞争合作带来的快乐。小组合作学习不仅将学生个体间的学习竞争关系改变为组内合作，组间竞争的关系，还将传统教学中的师生之间，单向和双向的交流改变为师生、生生之间的多向交流。学生有更多的机会发表自己的看法，为他们提供了一个较为轻松、自主的学习环境，提高了学生创造思维的能力，拓展了学生学习的空间，使学生的人格得到尊重、潜能得到激发，更爱学习了。

（二）小组合作的管理模式有利于转化行为后进生，遏制非正式小团体的形成，避免一些同学被孤立

非正式小团体，这些小团体对于班集体的影响不容小觑。班级小组管理制有效地遏制了这种小团体的产生，每个同学在班级都有一个归属，在任何活动中都不会出现有人落单儿。小组的存在，消灭了非正式小团体的形成的土壤，避免了班级的两极分化，避免了某些同学被孤立。

（三）一些自学模式，让学生在自学语文时有抓手，有利于语文能力的提升

在研究中，我们和学生探究出一些阅读的自学模式颇受同学的欢迎，比如文言文模式类似，孩子都能按照模式进行自学，有些孩子可以画出思维导图或者列表整理课文的知识点；叙事类的文章基本都能够按照步骤读写，能有所收获；议论类和

说明类的文章基本也知道该如何读，也就是说通过自学模式归类。我们在自学时有抓手，相信假以时日必有提升。

（四）活动对于提升学生的语文能力是自主学习的强大推手

在本课题的研究过程中，我们发现活动是促进学生自主语文学习的强大推手，校园活动丰富多彩，能和语文相连的也的确不少，其中文艺汇演是学生们最喜欢的，这时候是我们促进学生学习语文的最好契机。请学生们自编剧本，设计舞台动作对白、独白，丰富多彩的活动在促进学生语文学习方面有着不可估量的作用。

六、本课题还需要探究的问题

（一）小组合作的模式探究、研究方法

小组合作的模式是怎样的，是固定模式还是随机模式，有利于自主学习，有利于语文能力的培养，这些都是我们在实践中需要继续思考和探究的问题。

（二）语文阅读自学模式的探究

"语文自学要不要模式？模式的作用有多大？"模式会不会阻碍学生的思维发展，让孩子们成了"装在套子里的人"。这是我们研究过程中比较困惑的一个问题。

（三）语文自主学习内容的探究

生活的外延有多大，语文的学习外延就有多大。生活，即语文，语文学习的内容涉及方方面面，那么哪些内容适合学生自学，我们又如何监控学生学习的情况呢？这也是我们探究的一大问题。

（四）各类活动对语文能力的提升有多少作用

研究中发现了一个怪现象，在活动中表现优秀的同学，语文成绩有的并不理想，这也是我们研究者感叹的地方。活动对于语文学习的有效帮助有多少呢？大家的共识是会有帮助，但是需要很长的时间。

（五）对学生独立思考的管控

小组合作的好处是让每个孩子都有机会表现、有机会说话。但也容易让一些同学钻空子，特别是不愿意思考，人云亦云。我们在教学时对小组交流环节的管控一定要做好，必须看到每个孩子思考的物化成果，具体的可以采取两步，一是集体讨论之前给充分的时间思考，并且把思考的结果要点写出来；二是交流完之后，结合大家的讨论，把自己思考的最佳答案表述出来。这样才能让孩子真正的思考。

参考文献

[1] 张秋玲，王彤彦，张萍萍等. 新版课程标准解析与教学指导 [M]. 北京：北京师范大学出版社，2012.

[2] 佐藤学. 学校的挑战 创建学校共同体 [M]，钟启泉译. 上海：华东师范大学出版

社，2010.

　　[3]（美）布拉德韦，（美）希尔．如何让你的孩子获得最大的学习能力［M］，高原译．北京：中国言实出版社，2009.

　　[4]刘玉静，高艳．合作学习教学策略［M］．北京：北京师范大学出版社，2011.

　　[5]潘洪建．有效学习与教学－9种学习方式的变革［M］．北京：北京师范大学出版社，2009.

　　[6]夏之莲．外国教育发展史选粹［M］．北京：北京师范大学出版社，2001.

　　[7]周洪祥．中学生自主学习能力的评价方法的调查报告及解决方案［J］．中学生导报，2014.7，29.

　　[8]解成城．初中语文自主学习的策略与途径［J］．课程教育研究，2013（1）：14-15.

　　[9]吴战峰．高效语文课堂自主学习内容的界定［J］．学科教学，2013（11）：88.

　　[10]杨雪．实施小组合作学习，让初中语文课堂更高效［J］．课外语文，2014（8）：95.

　　[11]刘加红．对初中语文教学中自主能力培养的思考［J］黑龙江教育，2014（10）：80.

历史教学中对学生主体性的认识及培养策略

宋　萍

摘要：随着素质教育的深入实施，学生在历史课堂教学中的主体性越来越重要，不仅可以增强历史学习的效果，而且能够培养学生良好的学习习惯，提高学生的综合素质和能力。本文结合初中学生的特点，探讨能体现学生主体性的教学模式，提出相应的教学策略。学生主体性的重视，要求教师采取新的教学策略，能够引导学生进行主动学习。这需要从创建、培养学生对历史课的兴趣、调动课堂上学生学习的积极性等方面着手实施。

关键词：初中历史；学生主体性；教学策略

　　什么是主体，主体是指对客体有认识和实践能力的人。主体性是指人在实践过程中表现出的能力、作用和地位。教学过程中，教师是教的主体，学生是学的主体。教学过程是师生互动、促进学生主体性发挥的过程，或者说是促进学生学习兴趣、能力、习惯的形成过程。就是指学生在学习过程中表现出的能力、作用和地位。

　　自中学素质教育实施以来，对历史教师的课堂教学提出了新的要求，要求教师能够培养学生对历史课的兴趣、调动课堂上学生学习的积极性，这样就需要引导学生进行主动学习。《新课程标准》指出：教学活动是以学生为中心、以学生的学习为出发点。正如教育家叶圣陶所说："须认定作之者读之者为学生，即以学生为本位也"[1]，这表明了学生在教学活动中主体地位的重要性。

在实际教学过程中，由于受历史课时少、重视度不够以及应试教育模式等因素的影响，在历史教学课堂中，"硬性灌输历史知识、忽略学生主体性的现象时有发生"[2]。教师强势的"主导"作用，抑制了学生学习主体性的发挥，具体表现为"满堂灌"的教学方式，学生只能被动的听。主要原因在于历史与其他课程不同，历史的"学习对象是与我们现在生活有很大时间差的过去发生的事情，难以采用动手实践操作、相互交流情感等方式提高课堂教学过程中学生的兴趣点"[3]。从教师的角度来讲，教师认为自己严格按照课程标准的要求，精心设计了教学内容，课堂上详细讲解，课后布置了系统的练习。但是最终的效果却仍不尽如人意，学生成绩上不去，教师的积极性也倍受打击。其实换位思考，作为一个成年人，如果一天连续十多个小时端坐在教室里听报告，一天下来，也会感到疲惫不堪、精神不济。更何况学生长时间坐着听课、记笔记，加上作业和考试的压力等等。在这样长期被动的学习过程中，无法激发学习兴趣，学生主体性发挥就受到很大的限制。所以，历史教师需要在课堂教学过程倾注更多的心血来增强学生的主体性，以"提高学生历史素养水平、训练学生历史思维能力、培养学生历史文化情操"[4]。并且，这对学生养成良好的学习习惯、锻炼自主学习能力以及实现教学与育人的统一大有裨益。

下面讨论初中历史课堂教学过程中提高学生主体性的策略及实施方法。

一、创设历史学习氛围

创设良好的历史学习氛围为学生的学习建立相应的外部环境，首先是让学生知道历史学习的必要性，从而进一步引导学生感受历史学习的乐趣。这样可以为学生的历史学习奠定一个良好的基础。这项工作在学期刚开始的时候就需要做，甚至在每节课开始时，都可以做一些简单的引导，创设历史学习氛围。具体而言，"教师应该抛弃高高在上的自我意识，以平等、合作的姿态投入到和学生和谐相处的环境中，走到学生的心理空间中去，创设情境、提出问题的方式，引导学生自我学习、自主探究，学会分析问题、解决问题，整个教学过程突出学生的主体地位"[5]。

初中学习阶段是从儿童到少年的过渡时期，从性格特点来看，幼稚和成熟、乖巧与叛逆并存。从心理学的角度讲，掌握青春叛逆期学生的心理特点，课堂上要把握好表扬与批评的"度"，在一个合理的范围内，使得学生愿意举手回答问题、乐意讨论问题。其中的关键点在于尊重每个学生，不仅要尊重学生的人格，而且要尊重学生在课堂上的发言与表达。最后的底线是不能伤及学生自尊心、触发学生的逆反心理，特别是处于青春期的女学生更要注意这一点，因为女学生的感情更细腻，成熟程度更高。具体而言，在课堂教学过程中，需要讲解时，道理一定要讲透、讲到点子上。同时，在课堂上，教师不能只顾自己的教学思路，要随时关注学生是否在听讲，提问题讲究分寸，即使学生回答不出来，也不能出现态度粗暴、语言挖苦、语气讽刺的行为。这样才能创建一个互相尊重、平等、和谐的历史教学氛围。

二、培养历史学习兴趣

在良好的历史学习氛围下，还要进一步培养学生学习历史的兴趣，调动学生的学习兴趣是让学生主动学习历史的前提。前苏联著名思想家、教育家苏霍姆林斯基在《给教师的建议》中指出："让学生体验到自己在亲身参与和掌握知识的亲情感，乃是唤起少年特有的对知识的兴趣的重要条件。"美国著名心理学家、教育家布鲁诺说："对学生的最好刺激乃是对所学材料的兴趣。"[6]如果没有了学习的兴趣，那么历史课的思维训练、思想教育和情感陶冶就无从谈起。学生有了学习历史的兴趣，就很容易调动学生的学习积极性，建立学生学习的自主性[7]。

历史是充满故事的人文学科，对于从儿童、小学阶段走过来的初中学生，对于历史故事的好奇心和趣味性仍有所保留。结合该年龄段的特点，教师对历史教材内容要深入钻研，选择合适的历史材料，充分利用各种历史教学资源和教学手段，特别是多媒体教学方法，生动地再现历史现象、历史人物和历史事件[8]。

同时，课堂上积极参与是学生主体性在课堂教学中最直接的体现。采用分组讨论的方式，把各个小组讨论结果进行对比，通过这种展示自我能力和水平的方法可以从侧面增强学生学习历史的兴趣，进而提高学生自主学习的能力。例如，在指导学生学习《宋元时期的都市和文化》这一课时，教师在指导学生读完课本内容后，把3~5名学生分成一个小组，让不同的小组分别就"都市生活""传统节日""文学成就"等主题进行讨论，讨论之后在每一组推选出一名学生代表本组做最后的陈述；另外，在讲授《明朝的统治》"朱元璋强化王权"这一目时，让学生根据历史情境代入角色，通过学生栩栩如生的表演，学生能切身体会专制制度强化下紧张的君臣关系。这种以学生为主体的教学模式不仅提高学生学习能力和认知水平，也能培养学生学习历史的兴趣，从而进一步增强学生自我学习、自主学习的能力。

三、历史理论联系社会实际

历史学科本身是对过去人类实践活动的记忆和思考，是对过去真实社会生活的一种再现，所以历史课堂上的教学内容与社会实际有着密切的联系。根据历史学科的这一特点，在教学过程中采取历史理论联系社会实际的方法，从学生身边发生的、从阅读书籍获得的、从网络上了解到的信息点出发，以点带面，调动学生自主学习的积极性，引导学生运用所掌握的历史知识关注社会实际、以所认识的社会实际去理解历史知识，"从现实中找出历史感、从历史中发现现实美，提升学生学习的满足感和幸福感"[9]。反过来，这也会进一步增强学生学习历史的兴趣，形成自主性学习的良性循环，让学生真实感受历史知识在生活中的作用和意义，深化学生对历史知识的认知，进而提高学生的历史素养。

例如，在学习四大发明时，不仅让学生知道指南针、造纸术、印刷术和火药这四项中国古代最辉煌的技术成就对推动世界文明进程做出的巨大贡献，而且让学生感受到中国古代人民的聪明才智；同时结合时事，比如今年发生的中兴事件，让学生认识到科学技术发展的日新月异，而且要知道科学技术的重要性，芯片技术是目前中国经济发展的瓶颈之一，只有攻克这一难关，我们在国际贸易战中才有更多的发言权。从需求的层面，鼓励学生努力学习，今后对祖国的发展作出一份贡献，让我们伟大的祖国更加繁荣，更加强大！

四、学科设计要多考虑学生

（1）教学设计中，首先要有预判：哪些内容学生能自学？哪些人物学生愿意听？哪些内容学生会做？并安排相应的学习环节让学生自主完成；哪些内容需要老师的讲解、多少时间合理？这些都需要教师精心的设计与安排。

（2）教学内容的设计中，尽可能围绕一个主题。一节课的时间是有限的，不可能面面俱到什么都学。授课要突出重点，化繁为简，将复杂的问题简单化。眉毛胡子一把抓，只能说明没有发现学习内容的本质，或者说教师没有吃透课程标与教材。

（3）教学方法的设计，要讲究方法多元且以学生活动为主。美国的一项教育研究成果表明：学生向同学讲解学习内容，隔一段时间后记忆效果最好，因为讲解者必须自己学透才能向同学讲解；第二种最有效的学习方式是比较直观的学习方式；如历史情境表演或者观听音频、视频等形象化学习的效果也不错。效果最差的方式是听老师讲解，学生被动地听和记笔记。总归一句话：学生自主学习、积极思考、活动体验等主体性发挥充分的学习效果最好。

（4）教学手段和教学内容切忌超量，比如幻灯片的设计和音频视频的采用。信息化社会，互联网上教学资源很丰富，海量的教学资源需要教师认真地做到去伪存真、去粗取精。讲解的语速，翻幻灯片的快慢都需要随时观察学生的反应，不能前一张还没有阅读完，后一张又翻过来了，要给学生充足的时间消化、理解，这样学生不至于落下知识点而感到沮丧，学生的自信心和学习效果也大大提高了。

五、要认真备课，以学生为本

要完成上述提到的四点，关键之处就在于备课。通常备课时，老师首先考虑的是课程标准的要求，并且结合教材考虑哪些是教学重点和难点，通过讲解、板书、例题、当堂训练等环节去落实。这个过程本身没有问题，需要注意的是以下几点。

（1）哪些内容学生已经知道，或者自学即会？换句话说，学生已经知道或自学能学到的教师，就应"闭嘴不讲"。因为学生是有学习潜能的，关键是你是否让他们发挥潜能。

（2）哪些内容通过一定的学习方式与过程学生可以学会？老师就要判断学生的基础和自身的经验，设计一些启发式提问、探究学习、讨论式学习与学友互助、能举一反三的例题、有区分度的当堂作业等，引导学生通过学习过程去学会和理解。

（3）哪些教学内容层次不同的学生掌握程度不一样？教师的教学目标设计只能针对中等程度的学生，层次低的就得考虑课堂巡视中的个性化点拨，或课后个性化辅导了。

（4）哪些教学内容对层次低的同学根本学不会？对这部分同学，实在学不会的内容就不做学习要求，把能学会的学好即可，有舍才有得。因为每个学生的学习能力不一样，因材施教才能充分发挥学生的主体性。

（5）采用"逆向式备课"。先预设结果，譬如这节课的主要学习目标是什么？用什么题目、活动来测试、评估学生是否达到？再考虑采用什么方式、途径、资源、技术、活动等有效地促进学生通过学习达到目标。比如启发式提问引导下的学生自读、播放视频、例题讲解、小组讨论、优秀学生讲解、教师点拨等。

总之，在历史课堂教学中学生主体性越来越重要，能够增强学生历史学习效果、培养学生良好的自我学习习惯，提高学生的综合素质和能力。在初中历史的教学过程中，结合初中学生学习特点，教师要采取新的教学策略，培养学生对历史课的兴趣，调动课堂上学生学习的积极性，采取历史理论联系社会实际的方法，教师课前认真备课、研究学生、精心设计课堂，引导学生进行主动性学习、提高学生历史核心素养、训练学生历史思维能力、培养学生历史文化情操。最后，教师也要善于课后反思，上完课不等于这节课的任务就完成了，教师要反思，预设的学生目标达到了吗？怎么样去判断这个目标是否达成，这节课的精彩之处在哪里？不足之处又在哪里？是什么原因造成的？以后怎么改进？等等。这个环节既考虑到学生的学习效果，体现了以学生为主体的教学思想，又能及时改进课堂教学，大大提高教师的教学育人水平。

参考文献

［1］中央教育科学研究所．叶圣陶语文教育论集［M］．北京：人民教育出版社，1980.

［2］聂幼犁，於以传．中学历史学科教学模式研究与实践［M］．上海：上海教育出版社，2001.

［3］孔繁刚．教师的价值存在于学生的心中［J］．人民教育，2004，6.

［4］束鹏芳．略论历史教学的目标在于构建人的主体性［J］．中学历史教学研究 2000（04）．

［5］王升．试论主体参与的教学价值［J］．中国教育学刊，2000，（02）．

［6］冯忠良．教育心理学［M］．北京：人民教育出版社，2010年，217．

［7］展会．中学历史教学的现状及对策思考［J］．徐州师范大学学报（教育科学版），2012．

［8］王俊华．新课改条件下历史学科自主性学习能力的培养策略［D］．南京师范大学，2005．

［9］张亚．主体参与在中学历史课堂教学中的策略研究［D］．华中师范大学，2015．

做一个高明的导演

——让学生做语文学习的主人

王春梅

摘要： 语文教学的双主体，体现在教师的主导性和学生的主体性，教师应精心设计各种形式的语文教学活动，引导学生逐步完成教学任务，把语文课堂还给学生，让学生真正成为语文学习的主人。教师的"导"体现在四个方面：首先，教师的"导"体现在课堂教学中；其次，教师的"导"体现在课外阅读中；第三，教师的"导"更体现在作文教学中；第四，教师的"导"还体现在综合实践活动中。

关键词： 双主体；导；演；语文教学

关于双主体教学，《语文课程标准》中有这样的解读：学生是语文学习的主体，教师是学习活动的组织者和引导者。在我看来，语文教学就是一场戏剧，教师是导演，学生是演员。教师精心设计语文这场"大戏"，指导学生进入"角色"，熟悉"台词"，理解"剧情"，尽情诠释。

大禹治水之所以成功，是因为他和其父鲧的做法截然不同——放弃"堵"而采取"导"，滔滔洪水，在禹的因势利导之下，终于归于平静，而教师在语文教学中的作用，就在一个"导"字，精心设计每一个教学活动，引领学生一步步完成教学任务，把课堂还给学生，让学生做学习的真正主人，"落红不是无情物，化作春泥更护花"，当学生沉浸在语文学习的快乐之中时，老师才是那个最快乐的人。

那么，教师的引导作用体现在哪些方面呢？

首先，教师的"导"体现在课堂教学中。

语文课是否受学生喜爱，教师的"导"是关键，即使教师讲得再绘声绘色、再惟妙惟肖，学生作为旁观者也是难以融入课堂的。所以，聪明的语文教师应该懂得"放手"，能让学生读的、讲的、演的，都让学生去做。比如，在讲《威尼斯商人》和《变色龙》时，我就采取了让学生演课本剧的形式，学生自读、自编、自导、自演。兴趣非常浓厚，读的认真、演的投入：残忍而可怜的夏洛克、媚上欺下的奥楚蔑洛夫、聪慧的鲍西亚、仗义的安东尼奥，一个个鲜活的艺术形象被孩子们演得还满是那么回事。从专业的角度看，他们的表演无疑是稚嫩的，但这是他们自己参与的课堂，他们对这样的语文课堂是期待的、是喜欢的。再比如，在讲《河中石兽》这篇文言文时，我有些犯难：河中石兽是怎么跑到上游去的？怎么才能给学生讲明白？如何理解"不可据理臆断"这个主旨？以前采用传统的讲授法可是收效甚微啊！于是，我继续退居幕后，做起了"导演"，把学生分成"僧人组""讲学家组""老河兵组"，让学生自己把握角色，自己编台词，自选道具，上台表演。本来我只是抱着"试试看"的态度，没想到学生的表现可圈可点。他们有的就地取材，用粉笔灰当沙子，用橡皮当石兽，形象地演绎石兽被沙子冲击的样子；有的在黑板上画图直观地表现沙石关系；有的摇着扇子，斜着眼睛表现讲学家的自以为是。尤其让我惊艳的是，学生对文章主旨的把握，超出了我自己的预期，有的学生居然谈出"要敢于挑战权威"这样的见解。

当然，这样鲜活的语文课堂背后，是教师对教材的透彻理解、精心设计、用心参与。在分组、挑选演员、编台词、练习的过程中，我完全充当了"导演"的角色，如何理解文章主旨？人物形象如何把握？怎样演绎更为合适？这台前幕后的工作，做老师的比学生付出了更多的心力和体力。

其次，教师的"导"体现在课外阅读中。

增加阅读量，这是每个语文老师的追求，但怎样增加？如何保证质量？本学年我在课外阅读方面进行了大刀阔斧地改革，我把学生按照语文能力分成五个水平相当的小组，选派组长负责，由组长制定书目、分派任务、成立微信群，用课余时间进行阅读，两周一次在班里集中做汇报，教师监控读书内容和进度。此后，加入批注阅读，鼓励学生大胆质疑，采取"联想式""赏析式""质疑式"等多种批注形式，让学生的作业有了特点。同时采取课堂讨论的形式，对书中的人物、情节、写作方式进行讨论，一个学年下来，学生阅读了曹文轩系列小说（至少4本）、《海底两万里》《神秘岛》《朝花夕拾》《骆驼祥子》《苏东坡传》《西游记》《红岩》等多本名著，远远大于以往学生的阅读量，也远远超出课标规定的每学年两三部名著的数量。在这个长期的阅读过程中，教师依然充当了幕后导演的角色，负责讲解方法、监控进度、提高质量，而阅读的过程、过程的展示、优秀范例地提供，全部由学生来完成。同时把成果以照片、文字、视频的形式发送给家长，形成一种家校合力促成孩子阅读的氛围。现在，课外要阅读，已经成了初一1班和初一2班约定俗成的规矩，每隔一段时间，必有家长在群里问：老师，该给孩子准备哪本书了？

第三，教师的"导"更体现在作文教学中。

在作文教学中，讲空洞的理论是没有意义的，我在作文教学时主要是把鲜活的实例引入课堂，让学生通过例子自己领悟，从而逐渐参与到写作过程中。

比如在讲关于作文点题问题的教学。从第一次作文课开始，我就把点题问题放在一个重要位置。"内容要具体，结尾要点题"几乎成了口头禅，可是，相当长的时间，相当多的学生根本不会点题，往往是写到最后就变成了"王顾左右而言他"的局面。我搜寻了一下手中的资料，找到《猎枪下的母爱》和《最美的声音》这两篇文章。前者是表现一只具有强烈母爱的猴子，面对猎人的猎枪，它做了三件事：给小猴子喂奶；把小猴子转移到安全的地方；挤出乳汁放到小猴子够得着的地方。而后者则是表现人间真情的：一位大学生总是一个人默默地听一盘磁带，室友们很奇怪，就趁他不在的时候偷听那盘磁带，却发现那是一盘"空白"磁带。原来，大学生挚爱的父母都是聋哑人，那盘磁带是大学生平时录下的父母的呼吸声。两篇文章都非常感人，当我读的时候，学生的表情除了感动还是感动，但我故意把两篇文章的结尾都掐去了，要求学生根据原文自己补写出一个结尾来，必须点出题目，必须写出自己的感受，当堂完成，最后和原文对比，看看谁写的最精彩。这下，学生的热情一下高涨起来，纷纷动手去写。最后，每位学生都掌握了点题的要领，有的点题构思之巧妙在我看来甚至超出了原文。比如："猎人开枪了，母猴应声倒下。饥肠辘辘的村民们听说了这件事，非但不肯吃母猴的一口肉，反而指责猎人的残忍，并且决定，即使再饿，也不去捕杀猴子了。母猴用它在猎枪下表现出的母爱拯救了整个猴群。"再比如："听了这个故事，我再也坐不住了，我想立刻下楼去，去给我的父母打电话，去倾听世界上最美的声音。"这些即兴发挥远远超出了我的想象，一种成就感油然而生。在这样一节作文点题课上，学生全员参与，虽然点题的质量参差不齐，但他们都成为了课堂的主人，主动参与了点题的过程，教师又当了一次导演，这个"导"的过程就是搜寻鲜活而恰当的实例。

学生的潜能是无限的，只要教师运用智慧，做个高明的导演，就可以充分调动他们的思维和情感，就一定能挖掘出他们的潜能。

第四，教师的"导"还体现在综合实践活动中。

不管是参观博物馆，还是拓展实践活动，语文老师都充当了重要的角色，在这样的活动中，语文老师更应该做好幕后导演——对活动的目的、路线、活动涉及的语文知识和语文能力了如指掌，精心制定任务单，而活动的过程则完全交给学生，比如在参观圆明园时，我直截了当告诉学生：老师是个路痴，这路线图得你们来设计；老师记忆力不好，这展览馆中介绍的书法知识得由你们来记……学生很自豪地充当了老师的引路人和任务单的完成者，在展示时，更是神采奕奕。

教师的主导作用和学生的主体地位是相辅相成的，种种实践活动表明：学生的潜能是我们无法想象的，我们不要把自己想象的那么强大，适当的"示弱"，让学生担当语文教学的主人，不但不会降低语文老师的威信，反而会让语文老师变得更可爱，学生更自信，这样的语文教学才是有活力的课堂。而这样有活力的课堂更能适应当前的"双减"背景，从一句话、一个词到一个修辞、一个标点，所有细微之处，只要语文老师当起导演，仔细研读、精心设计、以点带面，就可以把一段、一篇，直至一个单元的内容都串联到一起，生成凝练而别具一格的教学内容，既吸引学生的兴趣，又达到了减负的目的。

当然，想使自己成为语文课堂的导演，让课堂、学生都在自己的掌控之下，他必须具备以下能力：第一，对教材的把握能力。想交给学生一滴水，自己就应该有一桶水，为了拥有这一桶水，教师必须不断学习，广泛涉猎不同领域的知识，做一个学识渊博的语文教师，让学生从内心折服。"亲其师，信其道"，怎样让学生"亲"和"信"？没点儿真本事是不行的。第二，对学情的了解能力。学生是什么样的性格，什么样的水平，具有哪方面的才艺，私下里关系如何，应该怎样组合才能取长补短、相得益彰。如果老师不具备这方面的能力，语文课堂这场戏是无论如何都排不好的。

参考文献

[1] 张秋玲，王彤彦，张萍萍，等．新版课程标准解析与教学指导［M］．北京：北京师范大学出版社，2012.

在历史学科教学中如何发挥学生主体性

王树东

摘要：现代教育心理学研究指出，学生的学习过程不仅是一个接受知识的过程，而且也是一个发现问题、分析问题、解决问题的过程。这个过程一方面是暴露学生产生各种疑问、困难、障碍和矛盾的过程，另一方面是展示学生发展聪明才智、形成独特个性与创新成果的过程。因此，新课程强调过程，强调在教学活动中要倡导学生主体地位，重视学生个性的发展。初中历史教学中学生主体地位的运用，可以让学生最大限度提升自己、最大限度参与历史教学。采用多媒体课件引领思考，调动学生主体参与加强合作教学性评价，让学生爱上研究历史，并掌握学习历史的方法。

关键词：初中历史；教学；学生主体性

在初中历史教学的过程中，教师要了解学生的学习心理和认知水平，根据学生的教学需求设计教学环节，让学生在教学过程中占据主体地位。教师要充分发挥学生主体作用，让学生在历史学习中主动探究，积极思考，不断提高历史学习能力。

一、精心设计引发学生思考的问题，让学生最大限度参与历史教学

（一）精心设计能够引发学生主动思考的问题

初中历史教学过程中，教师要针对学生的学习心理以及认知水平，设置学生能够积极参与思考的教学问题，让学生能够通过自己的理解、把握、分析、归纳以及总结获得解决问题的思路。

当学生在思考中出现困难的时候，教师要善于引导，帮助学生继续深入思考，让学生逐步掌握历史学习方法。例如，在部编版初中历史八年级上册第二单元教学过程中，教师可以激发学生自主学习的兴趣，设计和三维教学目标相结合的问题，让学生能够紧紧围绕中国人向西方学习，探索近代化道路以及中国民族资本主义产生与发展这一专题深入思考，能够将本单元的历史事件、重点难点通过教师问题引导深入探究，完成教学任务。

（二）优化课堂教学环节，激发学生学习兴趣

初中历史教学中学生主体地位的运用，让学生在课堂上最大限度参与思考。教师要优化课堂教学环节，激发学生学习兴趣。

教师在授课之前，需做好组内教研，探讨教学环节的设计。教师要为学生预设活动的环节，让学生能够在历史课堂上充分发挥自己的智慧，加强自身历史能力的培养。教师想办法调动学生学习的积极性，调整课堂教学方式，研究学生的学习方法，让学生逐步完善自己在历史学习过程中的不足。

二、多媒体课件引领思考，调动学生主体参与

（一）多媒体课件引领学生思考，让学生能够积极参与到课堂各项活动当中

随着信息技术的发展，多媒体辅助教学已经走进初中历史课堂。教师要利用多媒体的声音、图像、视频等，让学生多种感官参与课堂教学。首先教师要运用多媒体课件调动学生的积极性，将枯燥的历史事件通过学生感兴趣的多种方式呈现在学生面前。例如，在部编版历史七年级上册《远古的传说》的教学过程中，教师可以通过多媒体课件展示陕西黄帝陵引入课题，再展示问题让学生仔细读书寻找答案，从而在学生先学先问中进入课堂教学。学生在思考中进行下一步的学习，不但能够提高课堂效率，而且能尽快进入到探究情境。教师采用多媒体课件展示重点难点，让学生尽可能地掌握重点、突破难点。

（二）教师采用多媒体课件拓展课堂知识，让学生运用已经掌握的历史理论知识分析历史问题

多媒体课件的制作要专注重点内容，避免信息泛滥。教师在制作多媒体课件的时候，要注意选择与课堂的知识点紧密相关的材料，让学生尽快掌握教学内容。学生高效掌握教学内容之后教师可以运用多媒体课件拓展相关的教学内容让学生能够通过进一步练习将已经掌握的历史理论知识运用到解决历史实际问题中，提高学生运用历史知识的能力。

三、加强合作教学，让学生在自主、合作、探究中培养创新精神

（一）合作学习更易于学生主体地位参与教学活动

新课程改革的深入使合作学习已经走进初中历史课堂。历史教师在授课之前可以根据同组异质、异组同质的原则组建合作小组，让学生能够在小组合作中探讨、交流，在合作探究中进一步发展自己的历史思维能力。学生在合作学习中要不断发展自身的创新精神，在同学的肯定中增强学习历史的信心，在不断交流学习心得中强化合作探究的学习方式。针对不同的教学目标，教师需要精选适合合作学习的教学内容让学生多维互动，构建主体参与的历史课堂。在部编版八年级历史《鸦片战争》的教学中，教师首先让学生了解学习目标，明确学习的重点难点。在课堂伊始或者在课前，教师要精选适合学生合作学习的内容让学生探讨。教师可以预设几个能够凸显教学重点难点的问题，让学生通过授课之前的先学先问环节进行合作交流，学生通过自主探究了解了基本的教学内容。教师再在课堂上与学生共同探讨学生尚未掌握的教学内容。在难点问题上，教师再进一步组织学生进行课堂讨论，引导学生思维走向深入。这样不但提高了课堂教学效率，而且让学生主体参与，提高了学生的历史思维能力。

（二）合作学习，增强学生的活动性、参与性

合作学习作为团队学习，不仅组内有明确的分工，而且组员之间的交流促使每一个学生都能在课堂上表述自己的想法，交互性以及学生的参与性更强。学生通过个体的学习完成初步的认知，再在团队合作中进一步互动交流，实现平等互补、共同发展。对于重点难点问题，教师可以采取多种形式的合作让学生参与其中，乐此不疲。例如，在历史教学中教师可以组织学生运用合作编演历史短剧、小品的形式再现历史，这样的活动学生不但乐于参与，而且增加了对历史知识的了解，强化了情感体验。

四、鼓励性评价，让学生爱上研究历史，并掌握学习历史的方法

（一）加强鼓励性评价，让学生在学习中不断认清自我

学生学习历史的过程中渴望得到来自老师和同学的正面评价。当学生对学习历

史产生浓厚的兴趣的时候，必然会积极投入到历史学习中。教师应该努力和学生产生思维碰撞，当学生在历史学习中有所进步的时候要对学生加强鼓励性评价，让学生感知到教师对他的信任。教师要鼓励学生参加历史学习的各种活动，并让学生明白参与历史学习对于提高自身能力是非常重要的。

（二）教师需引领学生掌握学习历史的方法

学生在最初学习的历史的时候可能还处于一个懵懂的状态。教师不但要授人以鱼，而且要授人以渔，要教会学生历史思考的方法让学生在不断地学习实践中掌握学习历史的方法并在不断的探究中能够独立思考，高效学习。

五、创设调动学生思维的问题情境

初中学生年龄一般在 13 ~ 14 岁，正处在身心转型期，求知欲强，好奇心大，对事物的感知力较强，喜欢形式多样、活泼生动、贴近生活的教学模式，他们对具有故事情节及具体形象的历史事件和历史人物感兴趣，最容易掌握用直观形象做支柱特征的概念，但要对此做全面分析还有一定的困难。随着社会经济的发展，科技水平的进步，学生群体的特征也正发生着变化，他们从各种媒体获取的信息和知识越来越多、越来越新，自发地探索求知欲已经相当强烈。他们充满好奇心，对新生事物的感知能力和兴趣更大，什么知识最有价值逐渐成为一个重要的问题。因此他们对于"结论性知识"越来越持怀疑态度，面对"方法性知识"和"过程性体验"充满兴趣。教育心理学认为："学习是认知的过程，也是满足学习者心理需求的过程。"因此根据初中学生的身心特点，发展以直观形象做支柱特征培养逻辑思维的能力，创设问题情境，满足其探索求知欲，激发和保持学习兴趣，形成自学能力和探究精神。

六、让学生积极参与教学，成为课堂的主人

从知识角度讲，上课就是学生在教师指导下继承人类知识财富，并在这个过程中发展自己认识能力的活动。中学生每天学习的大部分时间都是在课堂中度过的，因此，提高课堂效率十分重要。如何提高课堂效率？关键是要发挥学生的主体作用，要让学生当课堂的主人，引导学生积极参与课堂的全部活动，不当旁观者。具体说，就是要积极思考老师提出的每一个问题，要认真观察老师的每一个言行，要大胆发表自己的看法，认真参加讨论，有选择地记笔记。为此，要注意做好以下两点：

首先是指导学生学会听课。即要会听开头、会听新知识、会听小结。其次，要求学生在原预习环节写成学案的基础上，根据教师授课内容，以及同学回答问题的思路，重点对照、审视、补充自己的学案。特别对老师授课、同学回答问题过程中与自己学案不同的地方，要深入思考，敢于提出不同意见，多问几个为什么，矫正

思路，以准确掌握本章节的基本知识、重点、难点以及各知识点之间的内在联系及历史发展线索等。

总之，初中历史教学中学生主体地位的运用，不但能够让学生在历史学习的过程中最大限度地提升自己的历史能力，而且能够让学生自主探究、自我发展，真正成为学习的主人。教师要在教学中不断发现问题、解决问题，以生为本、以学定教，选择适合学生的教学策略进行有效历史教学。

参考文献

［1］张晓庆．关于初中历史教学的思考［J］．学周刊，2018（16）：58 – 59.

［2］赵洁．初中历史教学中学生问题意识的培养［D］．苏州：苏州大学，2017.

［3］王春梅．初中历史教学中怎样发挥学生的主体地位［J］．中国校外教育，2016（36）：45.

［4］周晓燕．初中历史教学中如何让学生"主体参与"［J］．科学大众（科学教育），2016（09）：14.

［5］姜晓晗．初中生主体性教育探究［D］．锦州：渤海大学，2016.

初中音乐课堂有效教学"四步曲"

张　悦

摘要： 有效教学就是师生共同遵循教学活动的基本规律，有目的地不断优化学习的效率、效果和效益，以引导学生在知识与技能、过程与方法、情感态度与价值观的整合、协调、可持续方面的进步和发展，从而有效地实现预期的目标。有效教学是一个动态的转化过程，即把有效教学从有效的教学"理想"转化为有效的"思维"，再转变为一种有效的教学状态的过程。

初中音乐课每周只有一节课，要想达到音乐课程标准的要求的确很难，让教学有效的课题引起更多关注。中学音乐课教什么？怎样教才有效？是我时常思考的问题，带着这个问题我从四方面进行了积极地探索与实践。本文从以下四方面总结了音乐有效教学的"四步曲"的实践心得。

关键词： 音乐有效教学实践

一、课前做功课

（一）了解学情是有效教学的前提

记得音乐特级教师李桂英老师告诉我们："音乐教师的课堂教学不是教教材，而是用教材教。"这句话的意思是教材只给教师提供了教学内容的参考依据,教什么?教到什么程度?要根据课标、学情和教材的要求来确定。在《走近国粹京剧》的教学中,主要教学内容是欣赏传统京剧选段《这一封书信来得巧》《我不挂帅谁挂帅》。

为了准确确定教学目标,提高教学的针对性,我首先从小学部借来小学音乐教材、教参,了解小学教材京剧单元都涉及了哪些内容,其次是从学生那里了解他们对于京剧都知道什么?再有就是通过个别询问了解不同小学的教师关于京剧教学的深度、教学方式,了解各小学的差异。

我了解的学情是:学生在小学四年级上册和六年级上册初步学习了京剧的相关知识,学唱了传统京剧、现代京剧选段和戏歌,知道了京剧的伴奏乐器名称及分类,体验过京剧锣鼓经《急急风》、聆听过京胡曲牌《西皮小开门》。学生来自不同的小学,教师教学的侧重点有所不同,限于课时,学生们对京剧的学习只是蜻蜓点水,他们对以上内容的掌握程度参差不齐。随着时间的流逝,学习的内容有所遗忘。因此,本节课的学习需要对小学涉及的内容进行巩固与提高,加深学生对京剧艺术的感受,引导学生喜爱国粹京剧。有了真实、具体的学情分析,制定教学目标也就有的放矢了。

(二)研读教材是有效教学的保障

京剧艺术博大精深,作为一名中学音乐教师,无论是京剧知识的储备还是表演技能都是远远不够的。

京剧唱段《这一封书信来得巧》是我国首部无声电影《定军山》中的唱段,教学参考书关于背景知识虽有文字介绍但不够具体,我需要了解与教学内容相关的更详实的资料。我观看了中国电影集团公司2005年出品的电影《定军山》,观看了整部京剧《定军山》,清晰了解教学背景知识的每个细节,逐步揭开备课时产生的疑问,例如:三国时期这一封书信是谁写给谁的?是在什么情况下写的这封信?书信的内容是什么?收到信时老将黄忠的内心情感是怎样的?这些都与理解《这一封书信来得巧》的唱词、情绪密切相关。这些知识的获得是一种综合的感知,它与阅读文字资料相比更加鲜活、生动。了解了这些,讲起课来才会有底气。

除了历史背景,本节课还需其他知识与技能作为支撑:京剧的发声、上口字、尖团字的初步发音方法、京剧锣鼓经的知识与演奏法、京剧的唱腔、京剧的板式。对于这些我都查阅相关资料、请教京剧票友认真研究、学习。教师对于不太熟悉的京剧内容先"充电",才能保证课堂教学的科学性。教学内容的科学性是有效教学的前提和底线。

(三)练习技能是有效教学的支撑

如果教师在课堂上只播放音视频让学生欣赏,课堂就会缺少直接、鲜活的教学手段,教学效果自然会大打折扣。音乐教师的专业基本功可以为有效教学助力、添彩。

（1）京剧的演唱、演奏、表演都是在上大学时没有涉及的，有效教学的前提是最好学会演唱《这一封书信来得巧》《我不挂帅谁挂帅》这两个唱段，学会演奏京剧锣鼓《慢长锤》。我搜集了不同艺术家、不同版本的演唱视频资料进行对比、选择最佳版本进行学唱，通过逐字逐句模仿，合伴奏唱，录音，从录音中找出问题反复修正，练习不下百遍，我还请京剧票友指点，不断提高演唱的表现力，力争在课堂上用最直接的方式引导学生，用自己对京剧的兴趣感染学生。我利用网络观看唱段的教学视频，学习表演动作的要领，当学生聆听老师的演唱后自发地给予掌声的瞬间，我深深地感到教师的感染力发挥了作用。它有效地激发了学生对京剧的兴趣，这是有效教学。

为了教学生表演京剧锣鼓，我首先要学会单皮鼓、大锣、小锣、铙钹的演奏方法，学习锣鼓经总谱，了解四件乐器的演奏队形以及乐器间相互配合的要领，还要研究、选择最具代表性的演奏方法，力求用更专业的东西影响学生。每件乐器我都亲自练习，感受各种动作，把动作要领化难为易提炼给学生。

（2）在中国民歌《无锡景》的教学中，为了能引导学生用方言演唱歌曲，体现江南小调的韵味，我反复练习"吴方言"的发音，在网上找到《吴语有声小词典》，逐字聆听、模仿、注音，有了这样的准备，上起课来就更加自信。在一次区督导听课中，正好有一位祖籍是无锡的老师，我用方言演唱《无锡景》得到了她的肯定。

教师音乐基本功对学生的影响力是最直接的，它能唤醒学生对音乐的感悟，它能深入学生的心灵，引起学生情感上的共鸣，它是学生学习音乐的内在动力，它能为有效教学助力，它是有效教学的支撑。

二、导入讲方法

课堂导入是一节课的初始阶段，柏拉图说过"良好的开端是成功的一半"，导入环节是否成功，直接影响一节课的有效性。好的导入，能激发学生的求知欲望，能点燃学生学习的热情，还能联系师生情感。

在《唱响国歌》的教学中，为了避免学生对熟悉的歌曲失去兴趣，引起学生对学习国歌必要性的认识，我没有用教师的权威和学校的规范让学生学习，而是采用了巧妙设计导入环节，引导学生主动学习的方法：我在课前为全班学生进行录音，上课的导入从播放学生演唱的《国歌》录音开始，接下来播放标准版《国歌》，然后让学生通过对比说出演唱中存在的问题："音不准""歌词唱错了""节奏错了""没有精神""声音不洪亮"……于是我出示了《唱响国歌》的课题，从初始学情到终极目标，从同学们的脸上我看到了他们感受到的差距和学生希望改进的愿望，这节课就在这样学习动机的驱使下开始了。整堂课每位同学能在下课前通过录像检测到同学们以良好的歌唱状态较好地完成教学目标，对比初始状态，有了明显的进步，实现了有效教学。

2016年去云南支教时，我要为70人的班级上课，我与学生素不相识，怎样开始呢？我设计了用演唱云南民歌《放马山歌》导入新课，同学们听到家乡的歌感到无比亲切，师生的情感距离被拉近了，又从民歌的角度为蒙古族民歌《天鹅》的教学内容进行引入，热情洋溢的歌声激起了学生学习的热情，整堂课学生都积极配合老师，这个有效教学的例子让我深刻认识到合理、巧妙地导入就是有效教学开端。

三、课中重活动

《音乐课程标准》明确指出"音乐课的教学过程是音乐艺术的实践过程，因此所有的音乐教学过程领域都应该重视学生的艺术实践，积极引导学生参与各项音乐活动，将其作为学生走近音乐并获得音乐审美体验的基本途径。"

音乐实践活动设计的理论基础是美国教育家杜威倡导的"做中学"，音乐实践活动不仅要结合学情、教学内容、教学目标，还要作为教学突出重点、突破难点的重要手段，更要突出从音乐本体出发的学生主体参与。在《走近国粹京剧》的教学中我进行了如下尝试：

【活动案例1】

《走近国粹京剧》的课型是欣赏课，整个过程贯穿了多种音乐实践活动：演奏、聆听、演唱、表演、学习音乐知识。我的课堂导入以激发兴趣为目的，带领学生进一步学习演奏京剧锣鼓。让对京剧缺少兴趣的学生进入到学习京剧的情境中。

（1）共同观看京剧锣鼓视频《慢长锤》。

（设计意图：初步感受京剧锣鼓经。）

（2）选择四位学生（在课前稍加练习）演奏单皮鼓、大锣、铙钹、小锣，再现《慢长锤》。

（设计意图：四位学生直接体验、表现京剧锣鼓经。全体学生再次感受京剧锣鼓经。）

学生的演奏既是对全体学生的示范，也是一种引领，众多学生亲眼目睹同伴能行，我行吗？试试看？我也行！于是同学们再也不觉得京剧遥不可及，对京剧的兴趣从京剧锣鼓开始了。

（3）将学生分为四组：

单皮鼓组——两只木棒敲击六面体凳上面，模拟演奏单皮鼓。

大锣组——拍击六面体凳侧面模拟演奏大锣。

铙钹组——双手击掌模拟演奏铙钹。

小锣组——右手四指并拢向左后方向击左手掌根，模拟演奏小锣。

（4）让参与演奏的四位学生当"小老师"分别持有单皮鼓、大锣、铙钹、小锣站在每组前面带领各组学生练习，完成演奏《慢长锤》。同伴的引领是教师不能代替的，是课堂互动的重要方式。

上述教学活动的设计本质是生生互动，体现了教师的引领和学生的合作。是同组组员求同，不同组之间求合的实践过程。学生在活动中体验了合奏，体验了京剧乐器的整体性，感受到浓浓的京味儿，沉浸在学习京剧的氛围里。

【活动案例2】

（1）课题：《走近国粹京剧》。

（2）教学内容：欣赏《这一封书信来得巧》和《我不挂帅谁挂帅》两个唱段。

（3）教学目标：学生能对京剧感兴趣，感受京剧的韵味，了解京剧唱腔的吐字发音。

（4）教学重点：初步了解吐字发音的方法，感受京剧唱腔的韵味。

（5）教学难点：模仿唱腔中的"上口字"和"尖字"，模仿青衣行当的发声方式。

（6）《这一封书信来得巧》的教学环节。

（7）感受、体验一句唱腔："这一封书信来得巧，天助黄忠成功劳"。

①念一念

学生模仿第一句唱词的吐字发音，引导学生感受湖广音、中州韵在京剧唱词中的应用。

大屏幕中标出的字音，体会京剧唱腔韵味的吐字发音。

封：fōng

书：sh－ūr

信：sìn

助：zh－ùr

成：chén

②唱一唱：通过模仿，跟随老师学唱一句唱腔，唱得好的同学进行展示。

提示：

用真声演唱。

注意咬字发音，有韵味。

"这"字正拍起唱，"天"字后半拍起唱。

③做一做：模仿两个动作，表现武将的气质和人物。

动作要领：

　　脚左前右后丁字步站立，双手空攥拳，虎口对准胯骨放在其两侧外 10 厘米左右位置，肩膀大臂放松向后塌，挺胸立腰，目视前上方。左手伸出示意"1"。

唱词："这一封信来得巧"。

动作要领：

　　唱"天助黄忠"时右拳左掌，拳掌相贴，做拱手状。

唱词："天助黄忠成功劳"。

　　"念一念""唱一唱""做一做"的教学环节的设计体现了学生参与课堂音乐实践活动的过程与方法：体验、模仿、探究、合作、综合。学生参与音乐实践的时间、参与的广度、深度，决定了课堂教学的有效性。课例《走近国粹京剧》荣获教育部 2016—2017 年度"一师一优课，一课一名师"活动"优课"。

四、课后思效果

　　教学对象的不同，课堂生成的教学效果会有差异，无论怎样用心备课、上课，课堂教学总是会有遗憾，对于课堂教学的有效性每节课后教师要从教学目标的设定、教学设计、学生的参与活动的表现、教学成果几方面进行回顾与反思，思考本节课哪些环节有效、哪些环节效果不理想，如何改进？在其他班级再实践、再设计、再反思，长此以往音乐课堂教学就会越来越有效。

　　总之，在课前、课中、课后三个阶段，遵循有效教学的"四步曲"，让我受益良多，有所收获。这些探索也许很稚嫩，但它是我今后实践研究的基础和方向。

参考文献

［1］王海燕，卢暮稚．初中课堂有效教学［M］．北京：北京师范大学出版社，2015：11．

［2］中华人民共和国教育部．音乐课程标准［M］．北京：北京师范大学出版社，2012．

［3］王海燕，卢慕稚．初中课堂有效教学［M］．北京：北京师范大学出版社，2015.

［4］李磊．教师教学基本能力解读与训练中学音乐［M］．北京：北京理工大学出版社，2012：51-55.

基于平面思维塑造信息技术课堂的思考与实践

赵永行

摘要：文章从背景分析、平面思维的运用和创新课堂评价方式对当代学生的积极影响，以及结合实践总结了平面思维的应用实践。塑造信息技术课堂教学的知识结构，改变课堂教学模式，完善信息技术学科与各个学科间的融合课程体系，改变教学方法，注重课堂评价，点燃学生的学习热情，从而运用平面思维提升学生的思维品质。

关键词：平面思维；信息素养；融合

一、背景分析

正处于大数据时代的我们，当代学生对信息的获取、选择及对信息技术的掌握应用，直接影响到未来知识的产生、科研的创新、科技成果的转化。我们的学生未来在我国科学研究和创新能力甚至我国综合国力和国际影响力方面都起着举足轻重的作用。因此，运用平面思维提高学生的信息素养、自主探究和创新能力在日常的教学中很重要。

平面思维是指人的各种思维线条在平面上聚散交错，也就是哲学上的普遍联系，这种思维方式更具有跳跃性和广阔性，联系和想象是它的本质。我们通常所说的形象思维属于平面思维的范畴。联系和想象是平面思维的核心，其特点主要表现为事项之间的跳跃性和连接性。在这一思维的过程中，它受到逻辑的制约，反过来又常常受到联想的支持，否则思维的流程便会被堵塞。以联系和想象去思考问题，引申出"平面思维"，这对我们塑造信息技术课堂教学有很大帮助。

《高中信息技术课程标准》中指出："信息素养是信息时代公民必备的素养。让学生在信息的获取、加工、管理、呈现与交流的过程中，在通过交流与合作解决实际问题的过程中，掌握信息技能，感受信息文化，增强信息意识，内化信息伦理。"我们不断强调的"信息素养"，并不是孤立存在的，只是在信息技术课堂上学一些技术对于信息素养的培养也只是停留在表面。只有和实际问题结合才能体现信息素养的价值。本文通过对信息技术与学科融合的思考，让信息素养在学生的学习生活中得到培养和应用。

在日常教学中我们要善于运用平面思维，一切事物是普遍联系的，在知识层面上，各个学科之间是联系的，信息技术课是联系的，每一节课、每一个单元都是联系的；学生与学生、老师与学生、学生与家长、家长与老师也是联系的，学生不再是传统意义上的"学生"，培养其成为课堂中的创造者。

一般人会认为只有"人"才可以当"兵"用，三国时期蜀汉丞相诸葛亮，是我国杰出的政治家、发明家、文学家、军事家、外交家和书法家，擅长用兵的才能众所周知，在诸葛亮的思维模式中，水和火是"兵"，草、木皆为"兵"，更可以借东风以作"兵"用，他可以想到比"人"更多的事物来当"兵"用，事物是联系的，这便是平面思维的效果。

前苏联的斯米尔诺夫为总主编的《心理学》在《思维》这一章中，对思维品质进行了很明确的阐述。他认为思维的个别品质包括广度和深度、独立性和灵活性、顺序性和敏捷性等。结合各种理论看，教学中提升学生思维品质有广阔性、批判性、独立性、逻辑性和灵活性等特征。在朱智贤、林崇德所著的《思维发展心理学》一书中，他是这样定义思维品质，思维品质是在个体的思维活动中智力特征的表现。

二、平面思维的运用

平面思维对于学生信息素养的提升，对于学生自身的全面发展起着积极作用。

（一）创造新形式的教学模式

老师通过演示，学生进行模仿，抑或是老师讲，学生自己进行解答。这是我们传统的课堂模式，然而信息技术课堂更是如此，学生通过课堂学习到的知识在不久之后很快便忘记了。平面思维的核心是联系与想象，一是加强小学信息技术学科与初中信息技术学科之间的联系；二是培养学生的发散性思维和创造能力；三是激发学生自主学习的热情。

（二）提高课堂教学效率

平面思维让学生更加了解信息技术在学习和生活中的重要作用，同时有助于学生开阔知识边界，提升学习能力。知识是联系的，角色是联系的，全面整体的统筹和把握知识点，培养学生创造能力，从而培养社会、国家、民族的复合型人才。

（三）改变教学中的评价方式

传统的奖励方式如：个人加分、团队加分、奖励小红花、颁发奖状等，学生在某个学科中被奖励便会激发其兴趣，也会提高其参与度，但是反观学生出现偏科的问题、对有的学科活动参与程度不高的情况，需要我们在日常的教学中改变评价方式，从之前单一学科奖励到全部学科奖励，根据在每个学科中的奖励我们进行相加，最终我们进行阶段性奖励，如在某个学科没有得到奖励，我们便不予与其进行阶段性奖励，事物是联系的，学科之间是联系的，通过这样的评价方式让学生知道学习是整体的，学习是要从整体上进行把控的。

（四）信息技术课中平面思维的运用

1. 重塑造——形成信息技术课堂教学知识结构

处在大数据时代的我们，信息技术更新迭代很快，然而教材的更新速度已经被信息技术的更新远远地甩在身后。这对于身处一线教师的我们来说也是一种挑战，这便要求我们在日常的教育教学中学会取舍，做到"取其精华，去其糟粕"，对于课本中精髓的部分我们要留下来，对于社会中正在流行或是引领发展潮流的信息技术我们要加进去，不单单是培养学生使用信息技术的能力，更是要求学生将信息技术与生活联系。

2. 重融合——加强信息技术与各个学科之间的融合

格式塔心理学派认为，事物之间的关系是实现有效的学习迁移不可或缺的因素，须从事物的整个关系模式中学习事物。跨学科综合性的课题更加有利于学生信息素养和创新能力的培养。

习近平总书记提出"一带一路"倡议以来，中国与世界的联系越来越紧密，这个世界正在变得密不可分。在我们的教育教学中，各学科的知识亦是如此。资源整合便是利用信息技术营造一种全新的教学环境，该环境应能支持和实现启发思考、信息获取、自主探究、资源共享、情境创设、多重交互、协作学习等多方面要求的教学方式与学习方式，也就是在我们的教学活动中实现一种既能发挥教师主导作用又能够充分的体现以学生为主体地位的，以"自主、探究、合作"为特征的教学方式，把学生的主动性、积极性、创造性能够充分地发挥出来。

经过自身的学习和探索，个人认为在信息技术课堂中将信息技术与其他学科融合，便能营造出一种新型的开放型的教学环境，提高学生"提取信息、加工信息、管理信息"的能力。

案例1：在学习 PS 软件课时，需要有大量的图片素材，音乐课中老师正在带领学生们学唱《贝加尔湖畔》，孩子们不知道贝加尔湖长什么样子，也不知道这个美丽的国度；不会体会到作词人、作曲人关于写这首歌的背景更加不会知道演唱者对于这首歌的一些细节的歌唱技巧的处理方法。通过信息技术手段学生们知道了很多关于这首歌的故事和这首歌背后的故事和这个美丽的国度，也让学生在音乐课的演唱中充分发挥自己的情感，让这首歌变得更有意义。

案例2：在学习 WORD 软件中分栏的命令时，正是学校新一期校报编排期，为了激发学生们的学习热情，优秀作品可以直接在校报中出版，学生听到这个消息当时热情高涨，高质量的作品层出不穷，正是这么一个契机讲信息技术学科、美术学科与语文学科进行了一次美好的"牵手"，学生在目标的指引下对信息进行处理加工，在实践中解决了问题。

（五）重评价——激发学生课堂参与度，点燃学习热情

多元化的评价方式，不仅能激发学生的兴趣，而且也能促进学生的全面发展。在平面思维的前提下运用多元化的评价方式正确评价学生的价值，挖掘学生身上的闪光点，开发学生的潜能，让学生的潜能无限地放大，培养学生的创新意识。

案例1：在教育教学活动中，有位同学的日常行为习惯不是很好，需要老师们用心对待，然而一次在学习PS中我发现了他的闪光点，他十分热衷这款软件，而且每次的作业都是保质保量地完成，我把这一问题与班主任进行了沟通，之后，无论在信息技术课还是班级活动中，或是展现才能的时候我们都会给他提供机会，他在信息技术课堂上的这项才能也在各学科老师的配合下无限放大，就这样他在年级中也越来越有名气，孩子的行为习惯、课堂表现变得越来越好。

三、创新课堂评价方式，激励学生课堂参与度

（一）评价形式

平面思维下的评价形式更加积极和多样。课堂中除了运用语言、肢体语言、表情等以外，在课下老师的语言、肢体语言、文字、表情等也必不可少，老师在课下也应注重使用信息技术手段来增加评价形式的多样性。例如，微信、制作专属奖状等，从而激发学生学习的创作热情和获得感。

（二）评价标准

平面思维下老师的评价标准要更加及时和准确。事物是联系的，某个学科做到评价及时和准确必定会给其他学科评价和阶段性评价带来好处。因此，对于学生的创新能力的培养和全面发展起着积极作用。

（三）评价角度

平面思维下评价角度的多样性，课上、课下、集会时、私下里等，教师要从多方位丰富教师的评价角度。评价的目的就是鼓励和引导学生全方面发展，每一个小小的闪光点都是其未来发展的动力，我们教师做的便是让每个小的闪光点变成一颗璀璨的明日之星。

参考文献

［1］中华人民共和国教育部．普通高中信息技术课程标准［M］．北京：人民教育出版社，2017.

［2］斯米尔诺夫．心理学［M］．北京：人民教育出版社，1957.

［3］朱智贤，林崇德．思维发展心理学［M］．北京：北京师范大学出版社，2002，2.

浅谈小学英语深度学习和语言实践策略

邓欢欢

摘要： 对于小学高年级的大部分同学来说都已拥有了 5 年以上的学习经历，具备了一定的词汇、句型以及语法知识的储备，因此教师在引导此阶段的学生进行英语学习时不宜浅尝辄止地进行词汇和句型的积累，而是应该引导学生多维度地理解文本的丰富内涵，建立知识、文化、想象、经验和情感之间的内在联系。本文将结合北京版小学六年级英语课本的部分教学片段和阅读文本，阐述小学英语学习中高阶思维和语言实践训练的策略和意义。

关键词： 深度学习；语言实践；阅读策略

英语学习的主要任务是在掌握一定的英语基础知识和听、说、读、写技能，形成一定的综合语言运用能力，并在此基础上培养学生观察、记忆、思维、想象力和创新精神以及较为宽阔的国际视野，为学生的终身学习和发展奠定良好的基础。而学生观察、记忆、思维、想象力和创新精神的培养就离不开深度学习和高阶思维能力的训练。以下我将从深度学习的必要性、如何引导学生进行深度学习以及语言实践三个方面浅述小学英语学习，提升学习效率。

一、深度学习意义及必要性

美国教育学家 Marton F.（马顿）和 Saljo R.（萨尔约）在 1976 年首次明确提出教育领域里的"深度学习"概念。他们认为深度学习是一种主动的、高投入的、理解记忆的高阶思维，并且是学习结果迁移性强的学习状态和学习过程。

（一）深度学习的核心理念

深度学习的核心理念包括三个维度，即深度学习应强调知识学习的充分广度、充分深度和充分关联度。充分广度是指知识与其产生的背景相关，与个体经验相关，为理解知识提供多样性的支架；充分深度指的是知识与其表达的内在思想、认知方式和具体的思维逻辑相关，强调学习是从符号理解、符号解码到意义建构的认知过程；充分关联度指的是多维度地理解知识的丰富内涵，建立知识、文化、想象、经验、情感之间的内在联系。

（二）深度学习的主要特征

深度学习具有五个主要特征：一是联想与结构，即学生能够根据当前的学习活动调动以往的知识经验，对学习内容加以组织，构建出自己的知识结构，实现经验与知识的相互转化；二是活动与体验，即学生在学习过程中全身心地投入活动，与同伴合作沟通，成为学习主体；三是本质与变式，即学生能够抓住教学内容的本质属性和关键特征，全面把握学科知识的本质联系；四是迁移与应用，即学生能将所学习到的知识进行迁移和应用；五是价值与评价，即学习应以人的成长为宗旨，引导学生有根据地进行价值判断，养成自觉理性的精神和正确的价值观。

可见，深度学习即是一种积极主动的学习状态，又是一个需要高级思维参与，强调知识结构、广度、深度、关联度，迁移应用和价值建构，能够留下深刻痕迹的学习过程。

（三）小学高年级段小学英语语言深度学习的必要性

我们在小学英语学习阶段，常常强调兴趣的培养，注重选取吸引学生兴趣的文本进行简单的认读、感受和体验即可。这对于小学低中段的英语学习是没有问题的。但作为小学向中学过渡的高年级阶段就不适合了。首先，作为高年级学生已经具备了一定的逻辑思维能力，简单以积累为目标的学习并不能很好地吸引他们的学习兴趣，会逐渐弱化他们的学习内驱力；其次，新课标要求小学英语学习的主要任务是掌握一定的英语语言基础知识和听、说、读、写技能的基础上培养学生观察、记忆、思维、想象力等高阶思维的能力，这就要求我们在日常教学中必须进行语言的深度学习。

二、绘话类文本深度学习及语言实践常用策略

绘话类文本的特点是图文结合、构图美观、关注细节，一般我们可以在主题图中获取文本的主题信息以及对话发生的背景，在朗读对话前为学生根据已有经验对文本内容进行猜测提供了比较充分的依据。其次，绘话类文本内容主要以对话文本的形式呈现，主题突出、情节简单、句型简洁并且实用性强。依据绘话类文本的这些特点，为了引导学生进行自主地、有深度地高效学习，在日常教与学的过程我们可以选取以下几种策略。

（一）根据主题图提前预测文本内容

根据深度学习核心理念中充分广度理论，让知识与其产生的背景相关，与个体经验相关，为理解知识提供多样性的支架。根据学生已有的认知，通过仔细观察主题图，大胆猜测主题图中人物对话的主要内容，必定是一个深度思考的过程，学生将调动自己所有的认知，结合对话发生的背景以及图片中的一些细节信息，提前进行对话的创编，既可以激发学生主动积极地参与深度思考，同时还进一步激发了其急切了解文本内容的好奇心。例如，北京版小学英语教材，六年级上册 Unit 2 lesson 5 出现了如下主题图：

首先，在主题图中将细节信息圈画出来，为学生的深度思考、提前预设和理解提供各种可能性的支撑。

然后，在教学过程设计了如下教学环节：

T：Look at this picture and think about these questions.

Where are they?

What did Mike do?

He stood on his head.

What will the doctor do?

What are they saying? 提前渗透学习文本中的核心动词短语，分散难点，为文本的理解与内化逐步清理障碍。

教师引导学生分小组进行猜测，两人位一组，其中一人扮演 Mike，另一位同学则扮演 doctor。由于学生在四年级下册 Unit 2 中已经接触过就医类的话题，所以该情景下发生对话所需要的功能句型 What's wrong with you? What's the matter with you? I have a …，以及 I hurt my…等，学生都有所掌握，因此教师鼓励学生结合主题图，根据自己的想象积极主动参与对话创编，可以很好地调动已有的认知和经验，并通过感兴趣的深度思考，构建新的认知。

（二）利用表格、思维导图等不同的手段实现单元内容的有机整合

绘话类文本主要以对话的形式呈现，核心内容比较零散地出现在对话文本当中，特别是北京版英语教材是以单元为单位讨论一个主题的内容，每一课又都是一个小话题，彼此之间又相互有穿插、重叠的部分，因此我们在设计教学的过程中应注重将这部分内容进行整合，以便于学生在学习的过程中有机地、有逻辑地获取相关知识，并合理构建新的认知框架，这也就是我们区教研中所提倡的单元整合的意义，其实单元整合也就是一种深度学习的过程，只不过我们在强调单元整合的过程中，往往只强调在教师备课的过程中，要关注知识之间的横向关联，而忽略了怎样引导学生积极主动地参与到文本知识、单元知识整合的过程中，以实现学生主动参与、积极思考、深度学习，并逐步提升他们高质量的思考的能力。例如，我们在学习小学英语北京版六年级上册 Unit 5 时，所谈论的话题是奥林匹克运动会，前两课我们谈论了古代奥林匹克和现代奥林匹克运动会的不同，最后一课谈论我们国家 2008 年举办的北京奥林匹克运动会盛况，由于该单元话题远离学生的生活，学生的经验体验感相对比较薄弱，而文中又出现了很多长句和难读、不易理解的词和短语，给学生对文本的理解造成不小的障碍。讲前两课内容会比较枯燥，而且不易理解文本并进行语言输出。因此，我们在教学的过程中巧妙地利用一个表格，即简化了文本内容，解决了语言知识点零散、枯燥不易理解的问题，又通过对比的形式引导学生进行有机整合、内化难点从而形成自己特有的认知。

The difference between the Ancient and Modern Olympic Games

	Ancient Olympics	Modern Olympics
Began?	776BC	1986
Which country?	Greece	Greece
Which city?	a city of Greece Olympia	the capital city of Greece Athens
Athletes	only men	both men and women
events	less events	more events

（三）根据思维导图复述文本内容并联系生活实际创造性地应用语言

英语作为一种语言进行学习，我们始终摆脱不了其工具性的本质，即我们用自己所习得语言进行表达和交流。同时我们要实现语言自主、自由地表达和交流的前提是将文本中习得的语言知识进行有效内化，那么我们如何简单便捷地引导学生将所学新知与旧知进行碰撞后，内化构建自己新的认知，在绘话类文本教学中我们最常用的方法就是利用思维导图引导学生进行文本内容的复述并结合生活实际创造性应用语言、丰富语言，建立知识、文化、想象、经验、情感之间的内在联系，呈现深度学习语言迁移与应用的特征。例如，我们在学习小学英语北京版六年级上册Unit 5奥林匹克运动会最后一个话题Beijing Olympic Games时，在Production环节我们就采用了利用思维导图复述课文的方式：

Activity 1

T：Now boys and girls can you try to retell Beijing Olympic Games according to this mind map?

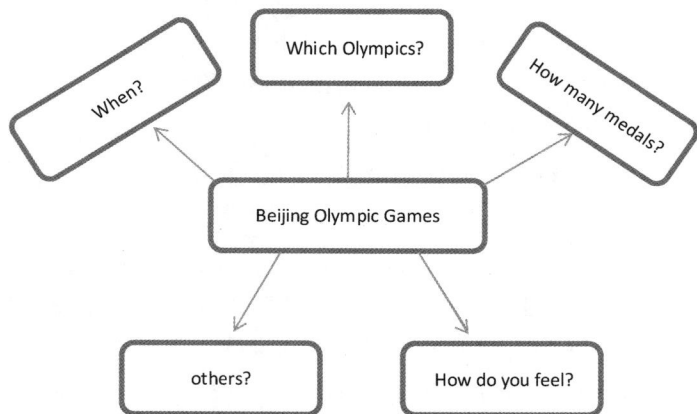

Ss：Practice in group and then make a show in the class

Learning sheet：

_____ hosted the 29th Olympics in _____ . That was a great success. Chinese athletes won _____ gold medals, _____ silver medals, and _____ bronze medals. And they won _____ medals in all. China came out number _____ in the gold medal table. I feel very _____ of our country and our city. It was a great sport _____, at that time, athletes and visitors from all over the world came to Beijing, and we can get to know _____ better.

Activity 2

T: Wow, just now you did a great job to introduce Beijing Olympic Games, now can you try to introduce the London Olympic Games and Rio Olympic Games? Here are the medal tables of these Olympics.

完全奖牌榜 截至北京时间:2012-08-13 19:21:04

排名	国家/地区	金牌	银牌	铜牌	总数
1	美国	46	29	29	104
2	中国	38	27	23	88
3	英国	29	17	19	65
4	俄罗斯	24	26	32	82
5	韩国	13	8	7	28
6	德国	11	19	14	44
7	法国	11	11	12	34
8	意大利	8	9	11	28
9	匈牙利	8	4	5	17
10	澳大利亚	7	16	12	35

Key words: Hosted; 30^{th}(31st); Won; Gold; Silver; Bronze; Medals; Number; Athletes; Visitors; Get to know; Each other.

Ss: practice in group and then make a show in class

在本拓展环节我首先通过思维导图,帮助学生构建四维框架,再以文本框架为支撑,引导学生进行语言的内化与输出,逐步实现掌握语言的教学目标。将零散的信息点借助思维导图,引导学生进行有条理、有逻辑的整合,向学生渗透深度学习的思维方法和品质。为了进一步强化学生对新获得认知的应用能力,我们设计了 activity 2,通过相对比较零散的关键词作为提示,引导学生应用已获得的思维方式组织语言,丰富表达内容,并做到知识的迁移和应用,举一反三,促进高阶思维品质的形成。

三、语篇阅读文本的深度学习和语言实践策略

小学高年级阶段常见的语篇可以分为记叙型和说明型两种文本。对于记叙型的文本来说,内容的广度经常与学生的生活实际紧密相关,学生阅读此类文本过程中生活体验感较强,容易激发学生的阅读兴趣;就说明型阅读文本而言,内容的广度常常与学生感兴趣的科普知识相关,虽然文本内容常常严谨、枯燥,但其神秘的科学性往往也可以很好地驱动学生内在的阅读、获取相关信息的欲望。因此,从充分深度的角度考量两种类型的阅读文本,就是我们引导学生深度学习记叙型和说明型

两种阅读文本内容，并进行相关语言实践的常用策略。

（一）概括提炼主题信息

当我们需要处理长篇的阅读理解，首先要思考的问题就是文章所谈论的核心话题是什么，即文本主题是什么，文本语言学习的本质是什么，而后围绕这一主题我们还可以在文章中寻找细节信息、变式信息进行整合处理。在提炼文章主题的过程中我们通常需要首先思考文本的整体结构属于什么类型，常见的有总分结构、分总结构、总分总结构等不同的形式，而文本的主题通常会隐藏在文本"总"的位置。例如，以上 How do animals stay alive? 文本就属于典型的总分结构，而文本主题就隐藏在第一自然段"总"部分。

文本主题信息是文本语言知识的本质，是学习语言变式信息的基石，是文本框架结构的支撑点，是文本的灵魂，是连接文本与学生生活经验的桥梁，是我们构建新知框架结构的关键点，是进行深度学习的入口，这就要求我们务必进行精准有效的把握。

（二）上下联系猜测文本细节信息

在深度处理文本信息的过程中，我们常常遇到的绊脚石便是文本中随时出现的陌生词汇，特别是在隐含文本主题的关键位置出现的陌生词汇，会产生一叶障目的效果，直接影响整体文本的理解和把握，那么遇到这种细节信息和障碍我们该如何处理呢？每一篇文章都是一个有机的整体，信息点之间都有勾连，因此我们可联系上下文、分析句型结构、关联词意等方法，猜测词意，把握文本主题内容。例如，在 How do animals stay alive? 阅读文本中就出现了 predators 这一词语，处在隐藏文本主题的关键位置，严重影响学生对整体文本主题的把握。

Animals must work hard to stay alive. They must watch out for predators to stay safe. Predators are animals that eat each other animals.

但是，通过仔细分析其后一句话，我们就不难发现后一句就是对 predators 的解说，即 Predators are animals that eat each other animals. 学生通过分析理解后一句的意义，大概猜测生词意义，突破难点，提纲要领而后细致分析。

（三）利用思维导图将文本内容整体化、结构化

对于篇幅较长的阅读文本，诸多信息点和知识点都分散在不同的语段中，如若我们不对文本进行整体化和结构化的处理，很难抓住文本的核心思想和中心内容，自然对关键的细节信息也不易做到真正准确、高效的理解，语篇阅读理解的充分深度就难以实现。下面以一篇说明型文本为例，说明我们如何利用思维导图简单明了地引导学生将冗长的文本整体化、结构化，以便其进行深入的思考和学习。

Animals must work hard to stay alive. They must **watch out** for **predators** to stay safe. Predators are animals that eat each other animals.

How do they stay safe? Animals can stay safe by moving away from danger. Animals move away from danger by running, flying or swimming. Land animals run away from danger. A zebra can run away from a lion. Animals with wings fly away from danger. A **mosquito** can fly away from a **bullfrog**. Animals that live in the water can swim away to **avoid** danger. A small fish can swim away from a larger fish.

Some animals hide to **escape** the danger. The bodies of these animals **blend** in with the **area** around them. Brown **toads** are hard to be seen if they are on brown ground.

Some animals fight to stay safe. These animals usually have special body parts that help them **fight**. Mountain sheep use their thick **horns** to fight.

Other animals stay safe because of hard body parts. For example, snails and turtles have hard shells to protect them.

该语篇属于说明类的阅读文本，文中的黑体字都是大纲以外的词汇，而且整体语篇篇幅较长，对于小学六年级学生来说是一篇难度较高的阅读文本。利用思维导图进行整合，归纳总结整体文本结构，便于学生把握文章的核心内容，进行深入细致的分析和思考。

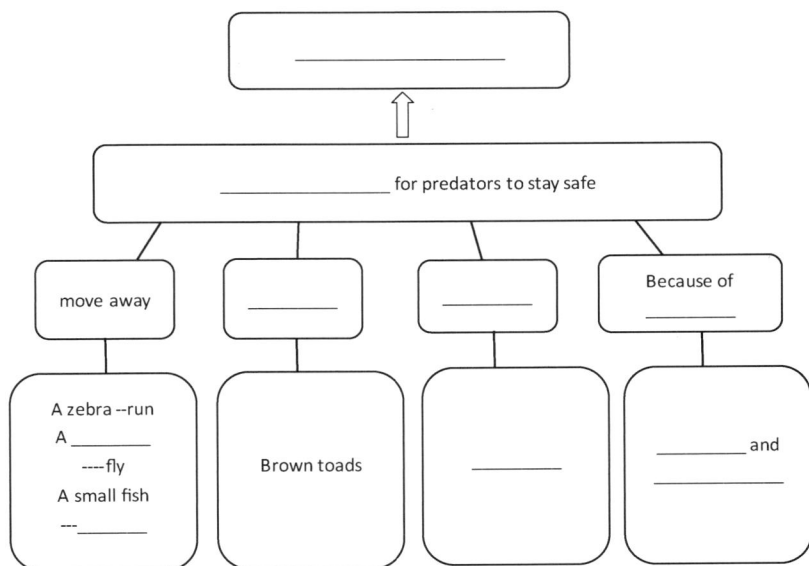

利用思维导图的整合，我们可以整体把握到文本内容的内在思想、育人价值和思维逻辑，强化对文本信息的深度提取和加工以及意义建构。就深度学习的阅读文本的充分关联度而言，我们还可以引导学生思考 How do people stay alive? 将阅读文本内容与生活经验相融通，联系生活经验，建立阅读文本、情景和个人经验、想象及情感之间的内在联系，思考人类应该应对生活中的各种危险，在语言学习的过程中，发展高阶思维品质，实现育人价值的正确引导。

（四）创造机会，结合文本进行有效语言实践

深度学习最重要的特征就是在获取新知之后认知结构的重新构建、知识的迁移应用。从深度学习核心理念的角度，深度学习的唯一出口就是多维度地理解知识的丰富内涵、建立知识、文化、想象、经验、情感之间的内在联系。因此深度阅读理解的学习，我们绝对不能停止在文本信息的深度理解，必须联系生活经验充分进行语言实践，常见的阅读理解形式有读写结合、读说结合、读讲结合。读写结合就是仿照写作方式，联系自己的生活经验、想象、情感，用文字的形式进行新的语言输出；读说结合，即教师根据文本的价值内涵引导学生，提出延伸的思考问题，引导学生结合个人的经验、想象、情感口头表述自己的观点；读讲结合，就是教师通过搭建各种平台，引导学生分享讲述自己的阅读文本中吸取到的营养，促进同伴之间交流与合作，让学生成为真正的学习主体。

英语深度学习即是一种教育理念和教育境界，渗透教学于无形，促进学生深度思维品质的提升，达成高质量的教学目标，掌握语言的灵魂，促成语言实践能力的提升。语言实践又会反作用于高阶思维能力的形成，二者会相互促进，螺旋上升。思则长智，用则长技，我们在"思"和"用"的碰撞过程中，引发深度学习，发展学生的语言应用能力和高阶思维能力，实现科学育人的价值观。

参考文献

［1］郭华. 基于深度学习的教学改进［J］. 教育科学论坛，2015，（2）：13-32.

［2］郭元祥. 深度学习：本质与理念［J］. 课程. 教材. 教法，2017，（11）25-32.

［3］张文华，王姝婷. 指向深度学习的小学英语绘本故事教学［J］. 基础外语教育，2019，21（05）：86-91＋109.

"优学"助力英语教学，提升学生综合语言运用能力

吕 培

摘要：小学英语义务教育阶段旨在强调培养学生的综合语言运用能力，而在信息化发展的今天，如果仍然采取传统方式，很难激发学生兴趣，刺激学生思维，优化英语教学。鉴于此，本文将致力于探讨如何借助"优学"平台，搭建课上课下纽带，加强学生思维活动，从而提升学生综合语言运用能力。

关键词："优学"平台；英语教学；提升综合语言运用能力

一、搭建课上课下纽带，激发学生思维兴趣

爱因斯坦说过："兴趣是最好的老师。"笔者认为任何有效地学习活动，都是由

兴趣开始并且自始至终贯穿在其中的。因此，学生语言能力的培养及形成也应该从兴趣谈起。为了激发学生英语思维的兴趣，笔者采用了一些简单而又快乐的活动。

例如，在学习完衣服搭配话题之后，主要功能句型：It will go with…. It won't go with…. 仅仅只是课文中的搭配和不搭配，学生们的思维被禁锢在文本中，还是无法真正运用。于是笔者充分利用"优学"平台，发布了任务，让学生给玩偶打扮一下，并用英语进行表述。学生们积极参与，迅速完成任务，有的同学甚至将书中的玩偶复印，涂上自己喜欢的颜色进行搭配。在学生完成的视频中，可以看出他们真的是喜欢此项活动，并把自己的想法展现出来。有的同学不仅将衣服颜色、类型进行搭配，甚至还联系到前一课所学的鞋类知识，将自己的玩偶从上到下搭配一番，甚是精彩。在活动中，学生品尝到用英语做事情的喜悦。

在学习完楼层以及房间方位单词以及语句之后，笔者开展了小小设计师活动，学生们可以设计自己理想中的学校，并且将设计图用英语表达出来。"能够自己设计学校"学生们都异常兴奋，在课堂中与小组成员进行讨论，并画出学校楼层方案，回家再进行完善。教师利用"优学"平台，激励学生积极介绍自己的新学校，并且评选出最佳设计师。学生们在活动中复现语言、发挥想象、发散思维。

这些活动的展示，如果仅仅是课堂 40 分钟是很难实现的，每节课只有很少的几位学生能够表达，更多的学生成了课堂的看客，

因此将教学内容延伸到课后，学生利用网络录制视频或者拍照，分享自己的成果，班中的每位学生都能参与其中，借助优学平台，搭建起课上和课下的纽带，激发兴趣的同时，提高学生语言综合运用能力。

二、创设真实语言情景，促进学生思维发展

在教学中能否创造生活化的、真实的语言环境是学好语言的关键所在。因此，英语教学必须从交际的情境出发，根据教材内容，创设生动有趣的情景，学生在真实的话语情景中展开思维和语言学习，其效果事半功倍。课堂中我们可以借助多媒体创设情景，课堂之外充分利用"优学平台"创设语境尤为重要了，借助平台将教学情境与学生生活紧密联系起来，让学生亲自体验，培养学生的观察能力和解决问题的能力。

例如，四年级学习完相关标志的话题，笔者改变以往抄写标志的作业，而是将它与生活紧密联系起来，借助优学平台发布任务，让学生设置场景以及一些标志，其他同学进行选择，同学之间进行正误判断，激发学生兴趣的同时，发挥了学生的主体作用，将所学知识运用到生活中，促进学生思维的发展。

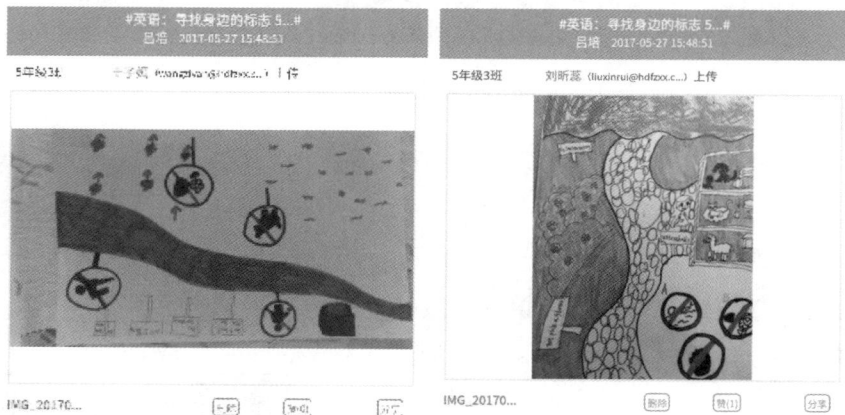

三、改变学生学习方式，提升综合语言运用能力

华盛顿的图书馆贴着这样三句话："我听见了，就忘记了；我看见了，就记住了；我去做了，就理解了。"这三句话说明了学生主动参与的重要性。让学生成为学习主体，参与其中，这一过程，学生的学习习惯、学习方法、综合能力都会得到提高。

例如，三年级上册第七单元 holiday 复习课中，需要复习相关的节日名称以及日期表达，如果仅仅局限于名称和日期的表达，那我们的复习就显得非常零散，没有

将知识进行线性串联，让复习课变成了少量单词和语句的累积，也没有帮助学生很好地形成知识网络，难以获取新知。

因此，笔者深入研究教材，从以下几个方面帮助学生梳理，从节日的时间？节日吃什么？节日的特色活动？节日中会做什么？该节日喜欢与否？为什么？等与学生展开讨论，学生在课堂上积极思考，充分利用所学语言进行表达，但是一段文字的表述对于三年级孩子来说，还是非常困难的，许多学生对于语段的表达产生了为难情绪，鉴于学生的反应，笔者将课堂练习延伸到了课后。

在优学上布置如下任务。

任务标题：My favorite holiday。

任务说明：阐述一个你喜欢的节日，可以从 date，eat，do，special，why 等方面进行介绍，要求①表达流畅、自然；②加入肢体和表情；③英语学习程度较好的学生可以使用更多语言进行表达；④每个学生至少给三个人进行评价，要求客观、公正。

从以上案例，笔者不难发现在以往的教学中，教师只是在课堂上以 PPT 的形式，帮助学生进行梳理和总结，然后以小组合作的方式进行展示，学生的学习是非常被动的，是老师带着孩子们一起实施、操练。但如果将学习材料放到网络上，学生可以先进行浏览，然后再进行操练，这样就可以大大激发学生学习英语的兴趣，把学习从被动变为主动。学生的学习方式改变了，也就最大限度地提高了学生的学习效率。学生们积极参与评价，在学习中不断学习进步。

布鲁姆说："成功的外语课堂教学应当在课内创设更多的情境，让学生有机会运用已学的语言材料。"本次教师发布的任务是经过单元系列知识点的再现、重组和拓展操练后，让学生在新的情景中进行知识的深层次内化，只有这样，才能真正

提升学生的英语运用能力，才能真正引领学生进入快乐、自由的英语世界。

四、关注学生个体差异，分层提升语用能力

分层教学就是要承认学生的层次差别，根据不同层次实际实施教学，这样，不同层次的学生都能在教师的指导下，愉快地学习，从而提高学生的学习自觉性，使学生获得最大限度的发展。

在我们的课堂中，由于每个学生存在着个体差异，同一时间、同一内容、同一评价标准，对于不同能力的学生完成起来的效果截然不同，尤其是英语的运用练习，大概有三分之一的学生能够在课堂上流畅表达，还有三分之一的学生能够表达但不流畅，另外三分之一的孩子就还需要练习才能进行表达。如果按照传统课堂，我们还需要2~3节课来进行训练，最后反馈效果也不是很理想。如果有效借助"优学"平台，根据学生的"最近发展区"，实行分层任务布置，可逐步提高学生语言运用的能力。

例如，在优学平台布置"自我介绍"任务时，笔者让学生从姓名、年龄、最喜欢的食物、最喜欢的颜色、最喜欢的音乐、宠物等进行描述。要求：

（1）自我介绍语言流畅，适当加入肢体语言；

（2）学生可以根据自己的实际情况进行完成，可以拓展更多的语言进行表达，如果程度有限，也可以选择把任务中布置的方面练习熟练；

（3）学生们可以先四个人一个小组，相互学习，互相评价。

本次任务布置中，让学习程度较好的学生运用更多的语言进行表达，调动其知

识储备，将语言学以致用，从而不断提升他们的语言表达能力。而对于学习有困难的学生，布置一些基础的任务，让他们很容易就能触碰到，从而建立他们的自信心，这样的一种循环，始终激励和保持着他们的信心和兴趣，每个学生在分层任务的布置下，都在不同程度上提升自己的表达能力。

借助"优学"平台，将其融入英语教学中，激发了学生兴趣，拓宽了学习内容，优化了教学环节，架起课上与课下沟通的纽带，逐步让学生掌握英语知识和技能。在真实语言交际中，通过有趣的实践活动，提高学生的综合语言运用能力。在运用"优学"平台过程中，我们还在不断研究，让它能与课堂更好结合，从课前、课中到课后，都能服务于我们的课堂，并不断改进，达到信息化资源应用的最优化，让我们的课堂更加高效！

参考文献

［1］皮亚杰 . 教育科学与儿童心理学［M］. 北京：北京文化教育出版社，1982.
［2］钟小平 . PEP 小学英语 Let's Learn 学习方法研究［J］. 现代教育科学，2010.

小学语文实践学习中发展学生自主表达能力策略研究

裴　煜

摘要：新课程实施前，"少慢差费"突出表现在以教师讲授为主、满堂灌、基础知识的死记硬背、刻板训练上。语文课堂教学效率不高，根源在于学生的自主语文实践活动太少。传统课堂教学往往是一种"静听"式教学，学生在课堂上往往处于被动的"静听"状态，他们几乎没有自主学习实践的时间、空间。"自主"是新课标倡导的学习方式之一，而学生养成这种学习方式关键在于教师的引导。

关键词：语文教学；实践活动；自主表达

一、问题提出

课堂上以教师为中心"以讲为主、以牵为主"。学生学习被动，"他主"学习仍占据教学舞台。课堂上教师包办代替多，学生自主学习实践少。课堂中教师问，学生答，学生表达能力低下。

二、理论依据、原则及概念界定

（一）理论依据

以皮亚杰为代表的现代建构主义学习理论认为，人的知识、情感、道德与行为策略，都是个体在与环境相互作用中逐步能动建构的结果。在建构中儿童一方面受兴趣、需要、动机和环境的影响，表现为主动的选择性。

（二）原则

1. 主体性原则

学生是学习的主体也是实验研究的主体，实验教师只有切实发挥好儿童学习中的主体作用，同时又充分发挥教师的主导作用，使教为学服务，才能提高教学质量的实效性。

2. 活动性原则

马克思主义认为，儿童的发展与能力的培养都离不开活动，儿童学习能力的开发也是如此。

3. 合作性原则

鼓励学生之间的相互合作，相互启发，相互借鉴，自主表达。

（三）概念界定

自主实践学习是以学生自己作为学习的主体，通过学生自己独立的分析、实践、探索、质疑、创造等方式来实现学习目标。从学习过程来看，是学习主体主导自己的学习，它是在学习目标、过程及效果等诸多方面进行自我设计、自我管理、自我调节、自我检测、自我评价和自我转化的主动建构过程。表达是将思维所得的成果用语言、表情、行为等方式反映出来的一种行为。

自主表达是学生完全自发的、自主的，将思维所得的成果用语言、表情、行为等方式反映出来的一种行为。

三、给予学生自主实践学习空间，促自主表达能力提升

古人云："授之以鱼，仅供一餐之需；授之以渔，则终身受益无穷。"这句话说明了方法的重要。语文知识学习对于现在的小学生来说也是这样，他们需要的不只是教师教给他们多少知识，更重要的是要学会学习的方法，进行终身学习，提高自身能力。

教学实践中发现，语文课本里的文章就相当于数学课本里的例题，课堂上学习课文，就像给学生讲例题，是教给学生学习的方法，使学生从被动学习到主动学习。

（一）创设自主实践学习情景，激发学生自主表达兴趣

著名心理学家盖兹说："没有什么东西比成功更能增加满足的感觉，也没有什么东西让每个学生更能体验到成功的喜悦，更能引发学生的求知欲。"

我充分利用网络构建自主实践学习环境，突破教师和书本是知识主要来源的限制，用丰富的资源打开封闭的、孤立的课堂教学，极大扩充教学知识量，充分调动

学生学习语文的积极性。

在讲授《饮湖上初晴后雨》一课时，我把学习古诗的基本方法上传"优学"平台，学生以小组为单位查找资料、合作学习，合作学习完成任务的时间为一周，学生在这一周内依据方法分工合作，把自学过程中不明白的问题和查找的相关资料上传"优学"平台，然后同学们可以在网上互相沟通、交流、解决问题。

通过网上的学情调研，我欣喜地看到学生由家长、老师看管下的被动学习转变为主动、自觉的自主学习，更为欣喜的是学生在自主实践学习过程中能主动提出问题，并通过小组合作解决问题。

这样的实践与研究打破了以教材为中心的备课方式，转变为既关注教材又依据课前学生的真学情，确定本节课的教学目标、教学重难点、教学方式以及教学流程，又改变了知识从头讲授，课堂零起点的教学模式，使学生在最近发展区内学习，激发了浓厚的学习兴趣，学生通过互联网的方式自主表达。

（二）拓展自主实践学习资源，增强学生自主表达内在动机

《语文课程标准》要求："鼓励学生自由表达和有创意的表达。"在新课程理念下，教师角色发生根本性变化，教师是学生学习的合作者、学习活动的指导者、学习发展的促进者，是学生成长的高级伙伴。

课堂上，我没有着急向学生介绍诗人，而是通过"优学"平台让学生自主介绍诗人（从作者生平、生活背景、文学史上的地位、写作风格等多方面介绍），这样既深入了解了诗人又激发了学生自主表达的内在动机。

在学生自主介绍诗人的基础上，我根据学情调研学生出现的问题，"诗人对西湖的情感认识"，学生只停留于表面。因此，在学习单上我设计了一道检测题，"诗人对西湖是怎样的情感?"引导学生通过翻阅"优学"平台深入了解古诗的精妙之处。

资料一

春秋战国时期，越国有一个叫西施的女子，西施与王昭君、貂蝉、杨玉环并称为中国古代四大美女，其中西施居首。有一次，西施在河边浣纱时，清澈的河水映照她俊俏的身影，使他显得更加美丽，这时，鱼儿看见她的倒影，忘记了游水，渐渐地沉到河底。从此，"沉鱼"便成了西施的代称。

资料二

西子生活在古代越国，西湖地处现在的杭州，而杭州就在古代越国一带，西子和西湖同处越国境地。每个人的眼中西湖是不一样的，读读诗句，说说你有什么感受? 艾青："月宫里的明镜，不幸失落人间。"周起渭："若把西湖比明月，湖心亭似广寒宫。"白居易："湖上春来似图画，乱峰围绕水平铺。"苏轼："欲把西湖比西子，淡妆浓抹总相宜。"

资料三

（1）《六月二十七日望湖楼醉书五绝》我本无家更安往，故乡无此好湖山。

（2）西施与王昭君、貂蝉、杨玉环并称为中国古代四位美女，其中西施居首，是美的化身和代名词。传说西施在河边洗衣，鱼儿看到西施的美貌以后都忘记了游动，沉了下去。

看完资料，学生跃跃欲试。一个小男孩慷慨激昂地说："诗人把西湖比作美丽的西施姑娘，我感受到西湖无论晴天还是雨天，景色都很美丽，令人陶醉。"班中平时最不爱发言的小姑娘缓缓地举起小手说："她们都具有天然美的姿质，不用借助外物，不必依靠人为的修饰，随时都能展现美的风致。西施无论浓施粉黛还是淡描娥眉，都美妙无比，令人神往。"另一个小姑娘说："老师我感受到的不仅仅是诗人对西湖的喜爱之情，而是一种钟爱之情。"话音未落，一个小男孩接着他的话说："苏轼特别喜爱杭州的西湖，那里几乎成了他的第二故乡。"

学生们通过了解资料，在沟通交流中提升了苏轼对西湖的情感的理解，在实践学习中理解、感悟、自主、快乐表达。

（三）在读与写的自主实践学习中，促学生自主表达能力提升

景色描写因为诗句的引用更为精彩！借助课前上传的资料说一说读前两段话时有什么感受？并试着在作文里用上诗句。

风轻悄悄的，草软绵绵的。桃树，杏树，梨树，你不让我，我不让你，都开满了花赶趟儿。红的像火，粉的像霞，白的像雪。花里带着甜味；闭了眼，树上仿佛已经满是桃儿，杏儿，梨儿。花下成千成百的蜜蜂嗡嗡地闹着，大小的蝴蝶飞来飞去。真是淡妆浓抹总相宜！（选自朱自清：《春》）

面若中秋之月，色如春晓之花，眉如墨画，面如桃瓣，闲静时如姣花照水，行动处似弱柳扶风。天下真有这样标致的人物！真是淡妆浓抹总相宜！（选自曹雪芹：《红楼梦》）

盛夏来到颐和园，昆明湖水在阳光的照射下，碧波荡漾。一只只游船在湖面上穿梭着，像一支支画笔画出了湖光山色的美，游人五颜六色的遮阳伞像绽开的花朵，游动的彩带构成了一幅色彩斑斓的画。冬日里的昆明湖更别有一番景致。湖面冻上了一层厚厚的冰，没有了往日的热闹，却多了一分宁静。不同的季节，不同的风景，颐和园都带给人们的美的享受，美的陶醉。

整节课借助丰富的语文资源和良好的语文环境将课堂教学与课外阅读、学习与生活的联系起来，变封闭的语文教学为开放的语文教学，学生在课堂自主实践学习中，提高了自主表达兴趣，提升了自主表达能力。

四、研究取得的成绩及存在问题

（一）研究成果

经过一段时间的探索研究，学生对语文课的兴趣迅速提高，并掌握了行之有效的学习方法，自主探究能力、自主表达能力进一步提高。

	喜欢上语文课学生占全班人数的百分比	具有自学能力人数占全班的百分比	具有自主探究能力人数占全班的百分比	自主表达能力人数占全班的百分比
研究前	52%	25%	10%	15%
研究后	100%	97%	97%	100%
提高度	48%	92.5%	87%	85%

（二）存在的问题

教师的教育理念，操作方法理解不深入，一些具体操作还缺乏理性提炼，一些规律性认识还有待进一步验证，这些是今后待解决的问题。

参考文献

［1］中华人民共和国教育部制定. 义务教育语文课程标准［S］. 北京：北京师范大学出版社，2012.

英语情感朗读促进学生主体性作用发挥

——口头评价对小学英语情感朗读的正作用力

王 波

摘要：本文针对小学英语教学中，部分学校外地借读生所占比例较大，或农村校学生英语基础较为薄弱，学生缺乏自主学习和主动探究能力的现状，尝试在引导学生有感情地朗读课文之后，通过采取及时、具体、准确、高效的口头评价与反馈，促进学生主动体验教学内容中人物的真实情感。在此基础上，学生结合自身知识结构，自由选择交流表达的方式，在较为真实的语境中综合运用语言体验学习英语的快乐，从而达到充分激发学生英语学习能动性的目的。

关键词：基础薄弱；情感朗读；口头评价；学生主体性作用

小学英语课程的目的是培养学生学习英语的积极情感，引导学生形成初步的英语语感，最终具备初步使用所学英语进行交流的能力。其实，小学英语课程不仅是知识的载体，也是师生共同探求新知、形成能力、体验情感、感受文化的过程。针对部分学校外地借读生所占比例较大，或农村校学生英语基础较为薄弱，很难在课上开展较为丰富的拓展活动这一现象，有些教师正在努力尝试着如何有效地引导学生进行情感朗读。教师针对学生朗读的情况进行具体高效评价，使学生学会分析自己不足，帮助他们反思和调控自己的学习过程，明确努力的方向，从而促进学生深层次的理解课文，体验情感，激发探究的欲望，促进语言能力的不断发展。

在教学中，有些课文非常适合情感朗读，那么教师如何引导学生进行情感朗读？随之，在此基础之上的口头评价又是如何激励学生更深层次的进行体验情感，加深对课文的理解，触发自由表达的能动性呢？

第一，保证英语课堂教学内容的音频输入量是学生情感朗读的前提。只有在输入大量原版录音情况下，学生才能在教师的引导下主动关注听力材料的语音语调，连读及重读等现象，为后续的情感朗读做好准备。如何保证听力材料内容输入的有效性，以下将结合一位教师指导学生情感朗读的教学片段，进行分析说明。

［教学内容］北京版《小学英语》六年级上第九册 Unit 2 lesson 5 listen and say I didn't sleep well last night. 文本内容如下：

Doctor：You look so tired，young man.

Baobao：Yes，doctor. I didn't sleep well last night. My head aches.

Doctor：When did you go to bed？

Baobao：I went to bed at 11：30. I played the computer games.

Doctor：If you don't get enough sleep，you'll sick. Go to bed early tonight.

［教学片段］

朗读课文环节，教师第一遍逐句播放录音，学生跟读。在播放第二遍录音时，教师要求学生在边听边读的基础上注意录音的语音语调，在书上做出升降调、重读的标记，试着体会 Baobao 和医生的情感。随后教师留给学生两分钟的时间，两人一组自由地、有感情地朗读课文。学生自由朗读之后，教师并没有急着让学生进行朗读展示，而是要求学生再仔细听录音，模仿录音进行第三遍跟读。随后，教师请学生两人一组用半分钟练习朗读课文的前半部分后，在全班面前朗读。细看该部分的教学环节，教师让学生非连续性听课文录音三次，每一次都有明确的要求。长此以往，学生就会养成这样的听力习惯。

第二，对学生情感朗读的效果进行及时具体有效的评价是促进学生主体性作用发挥的重要手段。评价语言不能只拘泥于good，very good，excellent 等，而是要让学生感觉到自己的朗读究竟好在哪里，哪方面还需改进。由于学生知识体系不够完善，因此教师的评价语言既要具体还要简单易懂。参看如下教学片段。

Doctor：You look tired，young man.

Baobao：Yes，Doctor. I didn't sleep well last night. My head aches.

在学生朗读完后，教师评价，I think this doctor is very kind but very serious. This Baobao doesn't have a terrible headache. He is very hungry and his voice is very low. We know the doctor is very kind and mild. Baobao has a terrible headache. He is pained and uncomfortable. How to read it? 教师在做出具体评价和引导时，配合着一些有利于学生理解的肢体语言。

教师此次只播放该部分，学生练习后，再请该组两名学生朗读。

教师评价说，The doctor is so kind and patient. This Baobao just has a bit headache. But this time is better than last time. Now please look at me.

教师大胆的示范朗读，并加之肢体语言和痛苦的面部表情，声音和语言的完美配合让每一位学生都切实体会到 Baobao 非常头疼，教师又让学生两人一组进行朗读，提示学生声音、动作、表情都要到位。展示时，教师还让刚才那组学生朗读。出乎教师的预料，两个学生不仅仅在朗读，确切地说是在情景再现。一个学生面容和蔼可亲地坐在原位，另外一个学生轻抚着额头，一脸痛苦模样倾诉着自己的病因。两个学生不仅声音、动作到位，更可贵的是，两个学生可以通过眼神进行交流，完全是在体验生活中两个活生生的角色。教师评价到，Your performance is much better than the listening. Baobao, you really have a terrible headache. 随后教师请不同小组的学生进行朗读，给予具体有针对性的评价，让学生知道自己朗读的优点和不足，促使他们进行自我反思。

第三，课堂上跟踪式情感朗读评价指导是促进学生持续发展的有力保障。这样的指导会让学生切身感觉到在一节课的努力下，对学习内容的理解和朗读达到新的高度，同时也为其他学生树立了学习的榜样并起到朗读示范作用。教学活动设计的每个环节都旨在逐步激发学生的能动性，发挥学生的主体性作用。贯穿这个课堂，来细数一下教师的跟踪指导。例如，教师播放第一遍录音的目的是确保每一名学生都能识读对话中的每个单词，在识读的基础上，让学生在进行第二遍跟读时注意语音语调，目的在于让学生初步的整体感知对话的情感。紧接着教师放手让学生在两分钟内两人一组进行练习，目的是让学生在前两遍朗读和理解的基础上尝试着用自己的情感朗读。两分钟过后，教师知晓学生急于表现，却偏偏不让他们朗读，而是又让学生逐句跟读，深层次的体会情感，将学生之前的朗读与刚刚播放的录音形成对比，让学生意识到自己的朗读还存在哪些问题，再给时间练习。在第一组展示完对话的前半部分后，教师给出了具体有针对性的评价，学生通过评价能够很清楚地知道自己的朗读还存在哪些不足但也得到了充分的肯定。教师之所以会把对话分成三个部分，原因有两三个。第一，完整播放录音，整体感知对话的情感。第二，学生不能同时关注所有的朗读要点，第三，这三部分的朗读语气也有很大的不同，降低了学生学习和朗读的难度。分层如下：

1. $\begin{cases} \text{Doctor：You look so tired, young man.} \\ \text{Baobao：Yes, doctor. I didn't sleep well last night. My head aches.} \end{cases}$

2. $\begin{cases} \text{Doctor：When did you go to bed?} \\ \text{Baobao：I went to bed at 11：30. I played the computer games.} \end{cases}$

3. Doctor：If you don't get enough sleep, you'll sick. Go to bed early tonight.

第一部分，医生关切的询问 Baobao 的病症，Baobao 头痛难忍地说明病症。

第二部分，医生详细耐心地询问病因，Baobao 阐述病因，自己也知道病因何在，有些自责。

第三部分，医生的警告和恳切的建议。

教师采取了跟踪式的指导，只播放对话前半部分后，又留给学生练习的时间，还请刚才的那一组学生再次朗读。这时，其他学生有些不满和纳闷，为什么老师只叫他们俩呀？老师明白学生的心思。待这两名学生较好的朗读完后，教师又给予了细致的点评。紧接着，教师起到很好的示范作用，运用肢体语言和面部表情更好地诠释对话的感情，一下子让对话中的人物鲜活起来，富有感染力。学生练习后，教师执着地还请那两名学生朗读，学生在老师一步步引导下，朗读的效果远远超出了老师的想象。跟踪式的指导和评价，让每一名学生都能够感受到自己与别人的差距，明确了自己存在的不足，更提供了同伴间学习的机会。

最后，坚持长期有效的情感朗读指导是促进学生主体作用的发挥的永动力。我们知道没有任何事情是一蹴而就的。凡事都只有经历过量变才能达到质的飞跃。因此在这样的教学中，经过一段时间的指导和训练，情感朗读所占课堂的时间将大大缩短，学生对于语音语调将会信手拈来。因此，教师则要将重点转移到学生自主体验学习的层面上。鼓励学生结合自身的知识结构，自由选择交流表达的方式，逐步摆脱课文的束缚，进行真实有效的语言交流。最初可以是课本内容的表演，之后就可以是所学内容的再加工创造。最高境界就是学生依据课时主题，开展真实有效的交流。因此教师要为学生营造一个宽松自由的环境，发挥学生主体性作用，将讲台让给学生，让学生逐渐乐读、善演、爱交流。除了教师高效的口头评价外，可以鼓励学生进行生生间的评价。学习、交流、互动，相得益彰。

当前英语教学中普遍强调的全英教学和交际法，对多数英语基础较为薄弱的小学生来说存在较大的实施难度，因此，根据小学生的身心健康特点，将英语教学基本规律作为出发点，加强对朗读技巧的学习和指导，及时进行具体的口头评价，从而唤起学生对朗读的"愉悦"情绪，以教学带朗读，以朗读促效果，通过朗读来促进学生英语综合素质、语感等方面的培养，促进学生主体性作用的充分发挥，增强其对英语的内在感知能力，提高学生英语综合运用的能力无疑具有十分重要的现实意义。

参考文献

[1] 北京市义务教育课改实验教材·英语六年级上册（供一年级起始用，学生用书）[M]. 北京：北京出版社，2009.

浅析小学高年级语文教师如何进行单元整合备课

王　雷

摘要： 小学高年级语文老师在进行单元备课时，要以《语文课程标准》为依托，在整个单元备课之前，明确这个单元要落实的语文要素，提升学生的哪种能力，明确每组课文的单元主题，还要制定思维导图，明确本组课文之间的内在联系，并进行准确的学生情况的分析。教师要了解学生学习心理、认知水平、基础知识与技能的掌握程度、学习起点的能力与学习特点等。最后设计整个单元的教学目标。

关键词： 高年级；语文教师；单元整体备课

在进行单元整合备课之前，首先我们要解决两个问题：

第一个问题：什么是"单元整体教学"？

2019 年教育部审定的义务教育教科书开始在小学阶段教学中全面使用，不同于以往的人教版教材，它的教育理念强调学生要形成积极主动的学习态度，使获得基本知识和基本技能的同时成为学生学会学习和形成正确价值观的过程。在此前提下，新教材在引导学生向自主学习、合作学习、探究式学习方面发展做出许多有益的探索，其中，"主题单元"的编排方式就是一个让人耳目一新的举措。另外，新教材主张"用教材教"，这也给我们的教学提供了一个新的思路。有鉴于新教材的灵活性、开放性较强，而我们的教学时间相对较少的特点，我在教学实践中进行了"单元整合教学"，希望在较短的课堂教学时间里，充分利用教材提供的学习资源，拓宽学生的学习领域，使他们在不增加课业负担的前提下，得到更好的学习效果，达到全面提高语文素养的目的，同时也为终身学习打下基础。

第二个问题：为什么要进行"单元整合备课"？

各个年级的语文教材之间存在着知识间的密切联系，每个单元间的知识更是层层深入展开的，引导学生在知识的根本处弄透弄明白，也就是找准了学生学习本单元知识的起点，有利于学生学习其他的有关知识，是遵循生本的教学理念，是遵循学生学习知识的规律，有利于学生对知识技能的意义建构。就像充分灌溉大树的根部，枝叶就能长得茂盛。根本之处学透了，每个单元课文之间的内在联系搞明白了，这个单元的知识就能够更加扎实，这样学生才能做到一课一得；这个单元的课文学完了，才能够落实整个单元的学习要求。

弄明白这两个问题，我结合实例来谈谈，小学高年级语文老师如何进行单元备课的。

首先，要以《语文课程标准》为依托，在整个单元备课之前，明确这个单元要落实的语文要素，提升学生的哪种能力。明确每组课文的单元主题。

例如，部编版五年级下册第一单元，以"童年往事"为主题，安排了四篇课文以及口语交际、习作、语文园地等项教学内容。四篇课文有展示古代儿童生活画面的《古诗三首》；有著名作家萧红回忆祖父的园子，给童年带来快乐的《祖父的园子》；有著名作家季羡林的《月是故乡明》；还有陈慧瑛描写一位华侨老人眷恋祖国的《梅花魂》。语文要素有两个：一个是体会课文表达的思想感情，另一个是把一件事的重点部分写具体。《义务教育语文课程标准（2011年版）》"学段目标与内容"中提出了阅读的要求：在阅读中揣摩文章的表达顺序，体会作者的思想感情，初步领悟文章基本的表达方法。在交流和讨论中，敢于提出自己的看法，作出自己的判断。这样我们就能够知道在本组课文中，我们要解决的语文要素是什么；也知道相应的知识点的渗透点在哪里；还能够知道之前教学中的承接点；我们要为今后的教学打下哪些基础。基于这样的分析在本单元的学习中，要指导学生体会课文表达的思想感情。同时提升学生把一件事重点部分写具体的能力。

再比如部编版五年级下册第五组课文，突破了传统语文教科书的编写体例，以习作能力发展为主线，突出习作能力的重点，编写独立的习作单元内容。因此就应该对标《语文课程标准》中与习作有关的内容。《语文课程标准》中以下内容与写作有关。《语文课程标准》一直倡导"真实"表达："要求学生说真话、实话、心里话，不说假话、空话、套话，并且抵制抄袭行为""热爱生活、积极向上、表达真情实感"。要让儿童以本真的状态面对写作，以真切的文字书写自己的故事，习作教学就应当设身处地、感同身受地直面每一个儿童的个体生命：每个习作话题，都要考虑到儿童是否有这样的生活体验；每个指导环节，都要考量是否能激起儿童言说的欲求；每次习作评价，都要意在将儿童引向更加敞亮开阔的天地。本单元既然是习作单元，要求学生写人，平时教学中就要先教给学生写人的方法，通过每一课的教学，使学生观察身边的人，最后写出身边人的特点。

只有找到了《语文课程标准》中相对应的语文要素，我们才能有的放矢地进行相应的语文能力的训练，才能真正地把握一个单元的语文要素训练点，才能对整个单元的训练点做到心中有数。

其次，我们要制定思维导图，明确本组课文之间的内在联系。

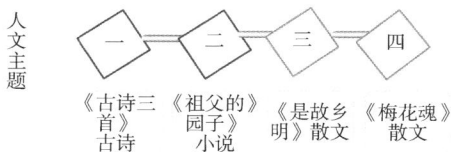

人文主题

《古诗三首》古诗 — 《祖父的园子》小说 — 《月是故乡明》散文 — 《梅花魂》散文

例如，五年级下册第一组课文，既有古诗、小说又有散文。因此在教学中要让学生感受到童年生活，因为无忧无虑而快乐、因为有了梦想而精彩。透过一篇篇风格各异的课文，让学生看到童年生活的多姿多彩。同时也要不断渗透本组课文培养学生体会文章感情能力的提升，在《祖父的园子》这篇课文教给学生方法，在《月是故乡明》课文的教学中扶着学生体会，在《梅花魂》一课中要放开，让学生自己深入体会。我们明确了每一篇课文的教授重点，明白了课文之间的内在联系，这样在教学中才能够循序渐进，有的放矢地突破本组课文的语文要素。

再来看五年级下册第五组课文：

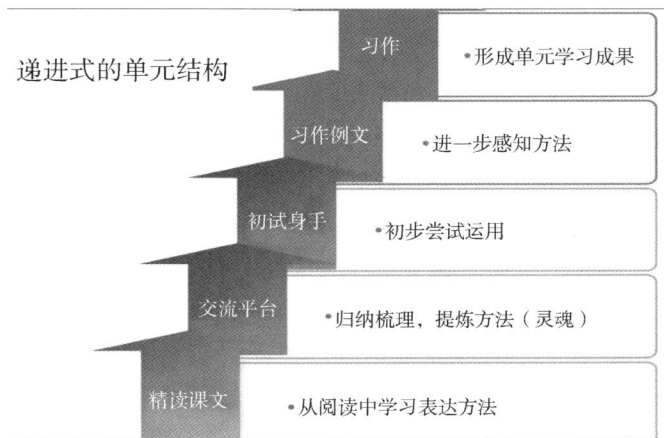

递进式的单元结构

- 习作 ·形成单元学习成果
- 习作例文 ·进一步感知方法
- 初试身手 ·初步尝试运用
- 交流平台 ·归纳梳理，提炼方法（灵魂）
- 精读课文 ·从阅读中学习表达方法

通过思维导图，我们不难发现，在学习本组课文时要指导学生学习写人的基本方法：选用典型事例，写具体；多种方法表现人物特点；描写周围人的反应，间接写出人物特点。同时指导学生在实际写作中对这些方法加以运用。在自己习作中体现这些方法的使用，并不断完善自己的写作。通过思维导图，我们也知道了课文之间的内在联系，那就是通过课文的学习，学习表达方法，逐渐掌握写作方法，通过习作例文的学习，进一步感知写作技巧，最终完成习作练习。

再次要进行学生情况的准确分析。教师要了解学生学习心理，认知水平，基础知识与技能的掌握程度，学习起点的能力与学习特点等。包括：①学生已有的知识背景（包括知识技能和方法）；②学生的生活经验和学习经验；③学生学习该单元内容可能的困难；④学生学习的兴趣、积极性、学习习惯和学法分析。需要注意的是，学生分析应该有"前测"作为科学依据，不能仅凭经验判断。学生分析是个性化的工作，不能由他人的结果简单代替自己的学生分析。生活经验和学习经验的"前测"往往可以通过访谈实现，可以是抽样，也可以是有针对性的，如对于学困生做特别的访谈，可能会发现他们身上所具有的学习要素。学生分析应体现在教学目标和教学过程的设计上。

最后，就是要设计整个单元的教学目标。

例如，五年级下册第一组课文的教学目标：

（1）通过自主学习生字、词语，不断激发学生学习汉字的兴趣，掌握汉字的书写规律，书写美观。

（2）有感情地朗读课文，明确文章的主要内容，感受不同文体作者所表达的思想感情。

（3）在习作中，试着把一件事的重点部分写具体。

通过以上教学目标，不难发现教学目标的设计应该包括：①知识与技能；②过程与方法；③情感态度价值观、重点、难点。教学目标是为学生的"学"所设计，教师的"教"是为学生教学目标的达成服务的。教学目标是个性化的，又是尊重数学学科发展需要和学生未来学习需要的。同时，教学目标的制定应从以上几个方面进行思考，但具体形式不一定逐条对应。教材分析和学生分析是教学目标制定的依据和前提。特别值得指出的是，教学目标在学生分析之前和之后往往存在差异。如果对教材分析的要求越透彻，对学生分析的要求越科学和规范，教学目标的设计就越不是一件简单而迅速的工作。教学目标应该在后期的教学活动中得到实在的落实，不能只写不做，特别是设计意图中应该逐步阐释活动是如何通过组织与实施在为达成目标服务的。

之后才是我们每一节课的教学设计，通过单元主题的确立，学生学习情况的分析，单元目标的确立，最后到教学设计的撰写，相信，大家一定能够做好以单元为主题的备课。

参考文献

［1］中华人民共和国教育部．义务教育语文课程标准（2011年版）［M］．北京：北京师范大学出版社，2012.

"1＋1"拓展阅读，沟通课堂内外，培养自主阅读能力

张国萍

摘要：《义务教育语文课堂标准》指出学生"在阅读方面要有较丰富的积累，形成良好的语感。""语感的形成重在'感'，必须有丰富的积累。"所以新课标中规定：要求学生9年阅读总量达到400万字。小学语文课堂"1＋1"有效阅读，丰富了学生的阅读量，巩固了阅读知识，培养了学生的语感和阅读能力。我这里的"1"分别指课本中的文章和相应的整本书，是立足课堂，指导课外，在有限的时间里，将教材文本进行拓展的一种有效阅读，是对教材篇章的一种巩固和深化。这样的阅读方式形成了课内教学与课外阅读紧密结合的新局面。从教材出发，由一篇文章，到一本经典著作；由一本经典，再到认识一位作家。学生的阅读视野和阅读能力都逐渐得到有效的提升。《小学语文新课程教学法》一书中提到："儿童的阅读能力的发展与培养，只有通过阅读进行，除此之外无捷径可走。""1＋1"拓展阅读主要以小组合作学习为主要教学模式，以分享感悟为核心，以提升学生的欣赏评价能力为重点，提升学生的阅读质量。

关键词： 拓展阅读；合作学习；自主阅读能力

　　小学生阅读习惯的培养不仅仅限制于课文和课堂，要将课文中学到的阅读知识，培养的阅读能力牵引到课外阅读。小学语文课本中有很多的名家名篇、名著选篇，这就为课内的迁移、阅读的延伸提供了很好的契机，如人教版五年级下册有《三国演义》中的《草船借箭》，《水浒传》中的《景阳冈》等名著选篇；六年级下册有《鲁滨逊漂流记》《汤姆·索亚历险记》等外国长篇小说的梗概阅读等，这些课文中的经典篇目都可以引导学生由篇章的阅读拓展到整本书的阅读。

　　小学高年级语文阅读作出评价是阅读理解的重点之一，之前孩子们在《草船借箭》一课中已经学习了抓住人物的细节描写来评价人物的方法，在这一课中孩子们认识了忠厚老实的鲁肃、谨慎多疑的曹操、妒贤嫉能的周瑜以及神机妙算的诸葛亮。可以说本课就好比是一扇门，孩子们了解了人物的一个方面，习得了一种阅读方法，由课文这一扇门引导学生进入《三国演义》这部经典读本的大花园，就水到渠成了。所以在进行《三国演义》整本书的阅读过程中，对于阅读这本书的教学目标之一同样是评价人物，引导学生抓住主要事件，细节描写更全面地了解人物特征，对人物进行多元评价；其次是引导学生走进经典，激发其阅读名著的兴趣，陶冶情操。

一、在教学过程中主要是以活动为载体，调动学生的阅读兴趣

首先利用"优学"平台发布学习任务，让每一个孩子讲一个《三国》中最感兴趣的故事，然后小组间对同学们讲的故事进行互评。孩子们在读故事、讲故事、听故事、评故事的过程中逐渐走进故事情节，人物形象也逐渐在孩子们的头脑中丰满起来，这样的活动既激发了学生的阅读兴趣又尊重了学生的个性化阅读。学生在交流、分享的过程中使学习真实发生，提升了自我的效能感，获得了一种成功体验、阅读的愉悦感。前期的网络平台分享为后期课堂的深入交流、组内探讨奠定了基础，让更多的孩子成为课堂学习的参与者而非旁观者。

其次在课堂教学的导学环节通过出示三国中主要人物的外貌描写，让孩子们猜一猜相应人物，激活学生的知识储备，在游戏的轻松氛围中感受阅读的乐趣。例如，通过外貌描写判断三国人物。一位学生在进行阅读后找出了描写人物特点的语句，然后其他同学通过自己的积累判断出对应的三国人物。学生找到了这些句子：

"身长七尺五寸，两耳垂肩，目能自顾其耳，面若冠玉，唇若涂脂（刘备）。

身长九尺，髯长二尺，面如重枣，唇若涂丹，丹凤眼，卧蚕眉，相貌堂堂，威风凛凛（关羽）。

治世之能臣，乱世之奸雄（曹操）。

身长八尺，面如冠玉，头戴纶巾，纶巾羽扇，身披鹤氅，飘飘然有神仙之概。（诸葛亮）"

有趣的活动调动了学生学习的主动性，激发了对文本阅读、探究的兴趣，积累丰富了语言。

二、以自主阅读为主要阅读方式，激发学生的自主探究意识

首先课前布置预习任务，在上课伊始，让孩子们分享自己所了解的关于这本书的内容，或作者，或梗概，或简谈对其中人物的了解，孩子们畅所欲言，不拘内容的表达，初步打开了孩子们对这本书的初步认知。

其次在课堂教学中利用学习单引导学生自主学习，由课前的多点阅读聚焦课中的人物评价，对接课标中高年级阅读能力的培养点，有的放矢地指导学生进行阅读，提升学生的欣赏评价能力。《语文课程标准》积极倡导自主、合作、探究的学习方式，在组织教学中主要利用小组合作的教学模式，由组长组织小组活动，分配任务，使每个孩子充分参与其中，为交流分享做充分准备。

学习单如下。

《三国演义》阅读单

三国故事	主要人物	细节描写	人物个性特征

第三，在分享过程中不拘泥于交流的形式。其中有一个小组以表演的形式为大家呈现了桃园三结义的故事，并与大家分享了自己选择扮演这个人物的原因，孩子在扮演过程中除了了解故事情节，更重要的是需要揣摩人物的性格特征，这本身就是对人物形象的理解。朱永新教授的《中国著名特级教师教学思想录》一书这样说道："这种表演式阅读符合孩子的阅读规律。当阅读者被作品深深打动时，内心的情绪常会情不自禁地通过自己的体态显露，所谓情动于中而形于外。这一过程是孩子想象、体验、内化的过程。"通过对故事情节的把握、参与、体验、创造，让学生在未知的世界遇见了更好的自己。

孩子们在课前预习，课中交流探讨演绎的过程中完成自主阅读，阅读积极性增强了，语文课堂真正变成了学生们的课堂。

三、以阅读方法的迁移为重点，提升学生的自主参与能力

现在的学习已经不再是单一知识的学习，而是重在学会学习方法。在进行阅读能力的迁移中，课堂上对人物的评价贯穿始终。首先孩子们利用手中的学习单通过一个故事，运用抓住人物主要事件、细节描写的方式对人物进行评价。在小组合作学习中孩子们合理分工，有的讲故事，有的抓细节描写评价人物，有的进行补充，有的分享精彩段落。阅读方法得以巩固，语言得以积累、能力得以提升。

当然在强调以学为中心过程中，教师要注意发挥自己的导学作用，在孩子们进行自学时，我了解到有两到三组聚焦的故事主人公都是关羽，分别是"刮骨疗伤"和"华容道义释曹操"，孩子们从这两个故事中看到了一个重情重义、感恩图报、意志坚强、勇敢无畏的关羽。这时我引导孩子们想一想你还知道哪些关于关羽的故事。孩子们在分享的过程中提到了"大意失荆州，败走麦城"，又看到了一个骄傲自负的关羽，在孩子们分享一个人物的多个故事中使人物形象逐渐变得丰满，这时教师帮助学生进行阅读方法的梳理，只有对一个人物的所有事件有所了解，才能对人物做出全面客观的评价。学法的迁移、小组合作的教学模式、教师的有效引导，为孩子搭建了自主学习的平台，这样的课堂是属于学生们思考的课堂。

四、以文学经典为滋养，提升阅读品位，引导其热爱阅读

小学阅读教学主要任务有"培养学生独立阅读能力、丰富学生的情感体验与精神世界和培养学生的文化理解力。"整本书有着深厚的人文底蕴，承载着民族智慧，

孩子在阅读的过程中，自然就会受到美好情感和优秀文化的熏染。在进行《三国演义》整本书的阅读过程中，很多孩子可以流畅地讲出其中的故事，孩子们积累了语言，增加了阅读量，习得了一种阅读方法，表达能力也得到锻炼。课后孩子们还在不停地交换自己的读书所得，"关心作品中人物的命运和喜怒哀乐"，这也是《课标》中第二学段的阅读要求。由一篇文章到一部经典著作，孩子们浸泡在丰富的语言文字之中，潜移默化地涤荡着孩子们的心灵。孩子们轻轻翻开书页，嗅着油墨散发出的阵阵芬芳，欣赏着方块字的刚劲端庄与秀美，触摸着文字灵动的脉搏，感受着语言丰富的情感表现，聆听着文字智慧的讲述，"受到优秀作品的感染和激励，追求美好的理想"，孩子们与经典为伴，驶向生活更加广阔的海洋。

叶圣陶先生曾说："课文只是个例子。"依托文本，进行课堂阅读教学的有效延伸，是对文本的有效巩固与拓展，是提高学生阅读能力的有效方法，是培养学生美好情操的重要途径。文章不是无情物，"如果在小学阶段，让孩子通过阅读名家经典作品，与一个名家相识、相约、相伴一生，拥有一笔流畅的文字，拥有一颗柔软的心。足矣。"

阅读教学是小学语文教学的重要内容，除了阅读能力的发展通过阅读进行，学生习作能力的提升，表达能力的培养都有赖于学生的阅读质量。"1＋1"拓展阅读，引导学生阅读量的积累，得法于课内、得益于课外，培养了学生的自主阅读能力，对于学生语文素养的培养起到重要作用。

参考文献

［1］中华人民共和国教育部．义务教育语文课堂标准（2011年版）［S］．北京：北京师范大学出版社2012.1.

［2］朱永新．中国著名特级教师教学思想录［M］．上海：华东师范大学出版社，2016.3［3］.

［3］倪问锦．小学语文新课程教学法［M］．北京：高等教育出版社，2003.7［4］.

［4］刘发建．怎么引导学生"多读书，好读书，读好书，读整本书"？［Z］．中国教育报官方微信2017.11.

组织开展"Ta改变了我"主题征文活动 激发教师主体发展

陈 磊

摘要： 2021年是中国共产党成立100周年。为深入学习贯彻习近平新时代中国特色社会主义思想，北京化工大学附属中学党总支组织四校区党支部组织参与"学习强国"学习平台开展的"Ta 改变了我"主题征文活动，进一步通过组织党员、教职工回顾、书写自身的教育故事、成长经历，将个人的成长与时代的发展有机融合，坚持正面引领，以真实的教育故事、精彩的教育案例，发挥先进典型的示范作用，进一步引领全体教职工不忘初心，牢记使命，立足本职，群策群力，从党的百年历程中汲取智慧和力量，努力推进学校在"十四五"时期优质、特色、健康发展，努力办好人民满意的教育。

一、案例背景

2021 年是中国共产党成立 100 周年。为深入学习贯彻习近平新时代中国特色社会主义思想，从党的百年奋斗历程中汲取智慧和力量，巩固深化"不忘初心、牢记使命"主题教育成果，根据中央、市、区以及区教工委的统一部署，在学校党总支的领导下，学校制定了《党史学习教育方案》，突出学党史、悟思想、办实事、开新局，注重融入日常、抓在经常，精心组织、落实责任、扎实推进党史学习教育。

2021 年 5 月 14 日，朝阳区委教育工委党史学习教育领导小组办公室下发了《关于深入准进党史学习教育的通知》，《通知》明确提出基层学校要积极组织参与"学习强国"学习平台开展的"Ta 改变了我"主题征文活动……

二、案例描述

作为学校党总支书记，2021 年 5 月 17 日，我结合学校实际，牵头制定了《学校开展"Ta 改变了我"主题征文活动工作方案》，紧扣"学习强国"学习平台"Ta 改变了我"这一主题，坚持从我做起，以小见大，确定了学校"从我做起，为办人民满意教育而不懈努力"的征文工作主题。

5 月 18 日，我组织所属四校区党支部书记召开"Ta 改变了我"主题征文活动专题会，解读《学校开展"Ta 改变了我"主题征文活动工作方案》，进一步定主题、清思路、明任务、抓重点，做好主题征文活动工作部署。

由四校区党支部书记分别牵头，在校区层面组织党员、教职工回顾、书写自己的教育故事、成长经历，认真组织做好线索收集、故事挖掘、讲稿撰写、推荐上报等工作，截至 2021 年 6 月 11 日，四校区党支部分别组织上报高中部、初中部、小学部高年级部、小学部低年级部的四位教职工（3 名党员，1 名群众）的主题征文：《党和部队改变了我》《教师职业改变了我》《班主任工作改变了我》《他改变了我》。

四校区党支部分别将四位教职工教育故事、成长经历在校区进行宣传，四位教职工结合自身的教育故事、成长经历，自己写、写自己、写真事、写过程、写感受、写价值，让全体教职工进一步感受到四位教职工坚持"不忘初心，牢记使命"的教育使命感，落实"立德树人"根本任务的职业责任感。四位教职工教育故事、成长经历，也集中体现了学校全体教职工立足本职、爱岗敬业、实践探索、无私奉献的精神风貌。同时，大家将个体成长经历与时代发展背景紧密结合，有利于进一步从党的百年历程中汲取智慧和力量，并转化为推动学校在"十四五"时期优质、特色、健康发展的实际行动，从而坚定信念，立足本职，强化担当，群策群力，全面贯彻党的教育方针，落实立德树人根本任务，不断提升学生、家长、社会对学校的满意度，为办人民满意教育而不懈努力。

三、案例分析

（一）提升政治站位，加强思想引领

习近平总书记在党史学习教育动员大会上指出，扎实开展党史学习教育，要做到学史明理、学史增信、学史崇德、学史力行，实现学党史、悟思想、办实事、开新局。

学校党总支坚持以习近平新时代中国特色社会主义思想为指导，领导所属四校区党支部精心组织、落实责任、扎实推进党史学习教育。结合学校实际，积极组织参与"学习强国"学习平台开展的"Ta改变了我"主题征文活动，定方案、清思路、明主题、抓重点，努力把从党史中汲取的智慧和力量转化为办人民满意教育的务实举措。所属四校区党支部推荐的四位教职工通过书写真实的教育故事，精彩的教育案例，并将个体成长经历与时代发展背景紧密结合，立足真实性、突出典型性、体现时代性，弘扬时代精神，唱响时代主旋律，从而强化正面引领，提升宣传的引导力、影响力，有利于增强"四个意识"、坚定"四个自信"、做到"两个维护"，不断提高政治判断力、政治领悟力、政治执行力。

（二）坚持立德树人，牢记初心使命

党的十九大报告提出："要全面贯彻党的教育方针，落实立德树人根本任务，发展素质教育，推进教育公平，培养德智体美全面发展的社会主义建设者和接班人。"习近平总书记强调，要把立德树人作为教育的根本任务。教育系统要坚持社会主义办学方向，把立德树人成效作为检验一切工作的根本标准，促进学生全面发展、生动活泼发展。

学校党总支坚持党建引领，全面落实习近平总书记关于教育的重要论述和中央、市、区以及区教工委的决策部署，引领党员、教职工牢记为党育人的初心、为国育才的使命，围绕"培养什么人""怎样培养人""为谁培养人"这个根本问题，带领党员、教职工积极投身教育教学一线，坚定理想信念、强化责任担当、提升服务

本领，进一步发挥基层党组织的战斗堡垒作用、党建文化的正面引领作用、联系群众的凝心聚力作用，从而全面贯彻党的教育方针，落实立德树人根本任务，牢记初心使命，培养学生全面健康成长。

（三）创新师德教育，加强队伍建设

中共中央 国务院《关于全面深化新时代教师队伍建设改革的意见》提出："要创新师德教育，完善师德规范，引导广大教师以德立身、以德立学、以德施教、以德育德。"

学校党组织积极加强师德师风建设，引领党员、干部以新姿态进入新时代，立师德、明大德、守公德、严私德，争做"四有好老师""四个引路人"，进一步调动和激发党员、教职工的积极性和创造性，努力造就一支师德高尚、素质优良、人民满意的高质量教师队伍，为推动学校在"十四五"时期的优质、特色、健康发展，为办好人民满意的教育提供人才支撑，从而进一步充分发挥党组织的政治核心作用和共产党员的先锋模范作用。

参考文献

［1］习近平．习近平在党史学习教育动员大会上的讲话（2021 年 2 月 20 日）［M］．北京：人民出版社，2021.

［2］国家行政学院编写组．〈提高党的建设科学化水平〉学习参考［M］．北京：国家行政学院出版社，2015.

新高考背景下提高高中生物教学实效性的研究 *

高晓阳　　解　静

摘要：新高考背景下，课标将知识、能力和情感态度价值观的三维目标凝练成为四个维度的生物学学科核心素养，在高中生物教学过程中，真实情境创设下的实验教学、文本阅读及热点关联的有效性，既利于学生生物核心素养的能力提升，也有助于高效课堂的实现。

关键词：新高考；高中生物；实效性

《普通高中生物学课程标准（2017 年版）》最重要的变化是将知识、能力和情感态度价值观等三维目标凝练成为生物学科核心素养的四个维度，即生命观念、科

＊基金项目：北京市教育科学"十三五"规划 2018 年一般课题"新高考背景下提高高中生物教学实效性的研究"，CDDB18215。

学思维、科学探究、社会责任。核心素养的提出反映了生物学课程的新理念和新要求，高中生物教学要围绕着培养和提高学生的生物学科核心素养展开，使学生逐步形成具有生物学科特征的关键能力、必备品格与价值观念。

本文以现代教育理念、现代教学设计理论及有效学习理论等为指导，通过激发学生生物学习兴趣、提高学生的科学思维和科学探究等生物学科核心素养的发展水平，进行生物教学实效性相关策略的探索与创新，总结出应用于生物课堂实效性的教学模式和策略，推动生物课程教学改革，提高教学质量和效益。

一、情境创设的有效性，促进生命观念的建构

生物学概念的生成与建构过程，需要教师创设一个能激发学生探究兴趣的情境，促进学生积极建构核心概念。

案例分析：（2021年基础教育精品课比赛解静老师教学实录）构建"细胞周期"的概念，结合实验观察，收集整理观察的电镜图片，创设情境，引入细胞周期的概念。

二、实验教学的有效性，提升科学探究的能力

美国教育家杜威说过："教学绝不仅仅是简单地告诉，教学应该是一种过程的经历，一种体验，一种感悟。"新高考背景下，高中生物实验探究教学，可以实践教育教学理论，扩展教学思路，还为一线的教学实践工作提供一定的参考。教学实效性包括了三个方面的内容：第一，学科教育要素的有效性；第二，整个学科教育过程的有效性；第三，学科教育结果的有效性。提高生物教学的实效性就是要把握新课程标准、坚持以学生为教学主体，整合教材的内容、注重反思并关注教学细节，注重探究活动的设计、加强科学研究方法的教育，合理应用多媒体、注意吸收借鉴传统方法，挖掘教学的资源、激发学生的求知欲。

案例分析：

1. 建构细胞周期的概念

教师创设情境或采用问题串引发学生思考，并进一步提出问题。

2. 提出假设：遗传物质是先复制还是先平分？

教师引导学生思考确定探究问题，提出问题并作出假设。

3. 合作探究

教师组织学生小组合作共同实施探究计划，制定计划、实施计划、得出结论、信息处理、合作与交流。

4. 构建概念图，总结概念

教师引导学生相互讨论表达观点，得出结论、合作与交流。

5. 应用迁移

策略分析：在生物学教学中，运用整体联系的观点分析事物并进行推理和预测，进而揭示事物的本质，是思维进阶的表现，以整体性的教学思路设计问题，将相关的知识点串联起来，聚点成线、连接成网，组成完整的解决策略，研究过程如图1。

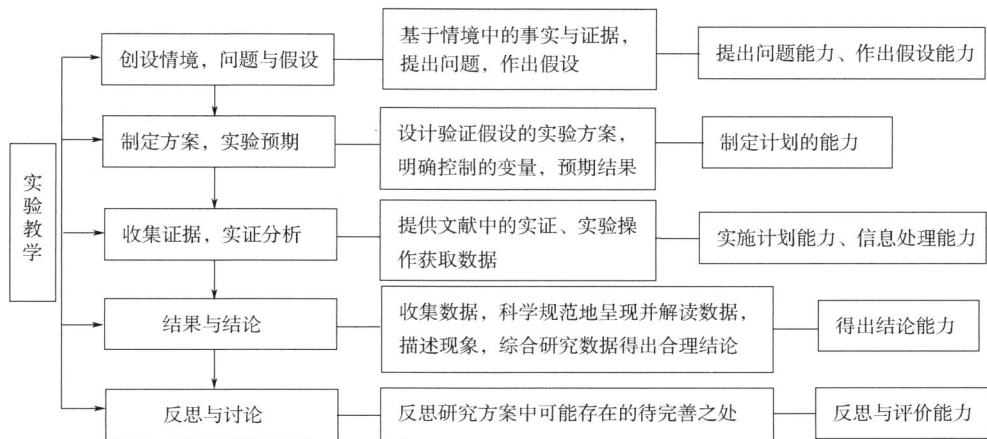

图1 实验教学流程设计

三、文本阅读的有效性，发展科学思维的品质

生物新高考突出对学科核心素养的全方位综合考察，试题语言精练，信息量大，呈现方式多样。越发注重考察学生的读图、解图、绘图能力，以及读文、找文、解文能力。提升文本阅读能力有两个关键的环节。

一方面是信息获取与转化的环节。有些学生认为生物学材料中的文字较为抽象，而对抽象的文本感到阅读兴趣不高，或因缺乏阅读方法，无法从图文中准确地理解概念内涵或提取重要信息。在阅读过程中，即使具有一定的知识基础，依然存在因缺少良好的阅读习惯，出现信息漏读的情况。

另一方面是信息表达的环节。老师反应学生在完整表述生物学观点方面存在问题，难在以口述或书面形式进行表述。将想法转化为表述，需要经过逻辑的梳理和语言的加工。将思维过程外显化，需要调动多个大脑区域参与。因此从"想明白"到"说通顺"，再到"写完整"，将科学思维外显表达，是需要在日常教学中系统训练的，是提高学生在课堂中的获得感、提高课堂实效性的方法之一。

案例分析：以流式细胞仪检测细胞周期的数据分析为例（如图2），DNA的含量何时加倍？在哪个时期DNA的数量最多？

策略分析：结合文本信息，加强对学生数据处理能力的训练，具体的实例总结归纳具体的研究策略如图3。

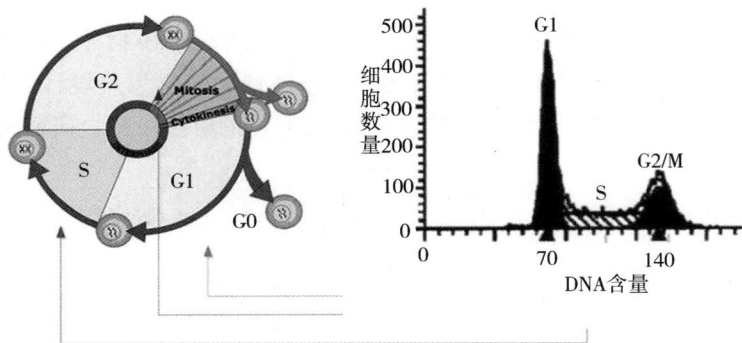

图 2　流式细胞仪检测细胞周期

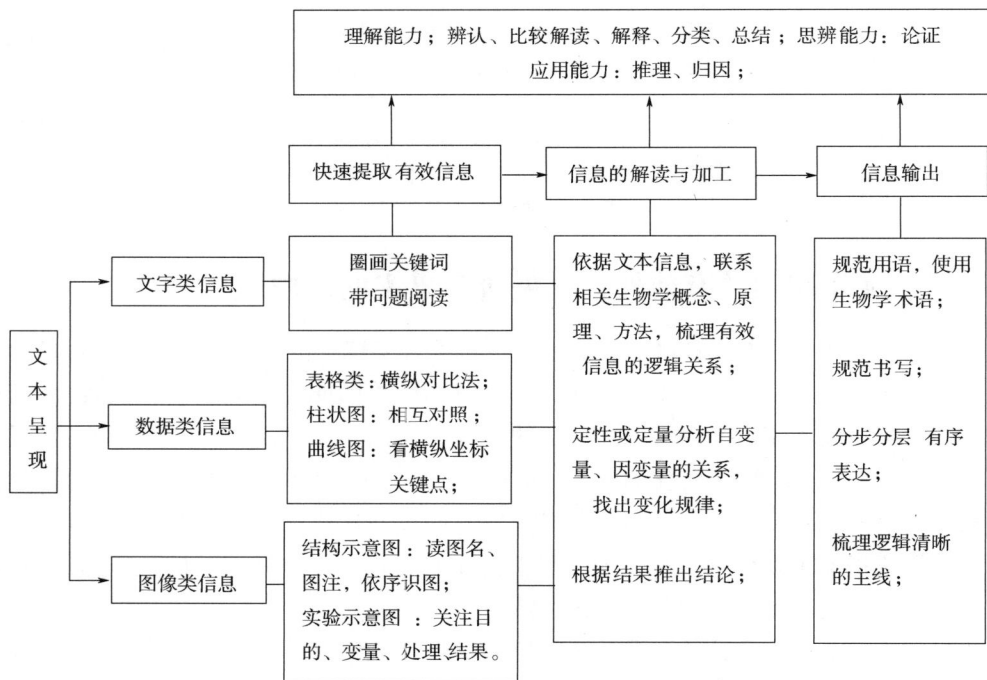

图 3　文本阅读的教学实施示意图

四、热点关联的有效性，培养社会责任的素养

社会责任的建立需要科学探究的支撑和解释，需要科学思维的分析与判断。任何社会责任的建立，都是在一定的生命观念的基础之上，社会责任的落实基于真实情境的创设，关注社会热点话题，做出理性解释和判断，解决实际问题。

案例分析：教师提供生物学事实，虫瘿危害后，虫瘿周围略有皱缩，促使叶面积减少，光合作用减弱，叶片退绿变黄，生长衰弱，提早落叶，影响到苗木的成长，且虫瘿内寄生着大量的瘤蚜，将会严重影响苗木质量。

可组织学习讨论：结合本节课细胞周期内容的学习，你能否从分子水平上，提出治疗虫瘿现象发生的合理思路？

通过以上内容的学习，使学生意识到细胞的结构与功能相适应的生物学观念，局部与整体的作用与关系，了解保护环境，健康生活的生物学依据，切实担当起社会责任。

探究式的教学课，遵循教材，但不拘泥于教材，在学生已有知识的基础上，通过问题贯穿，结合探究实验构建模型，再抛出问题，引导学生继续进行实验的文本阅读，结合实际热点问题，既深化了概念也培养了学生的核心素养，达到有效教学的目的。

参考文献

[1] 郑艺．影响高中政治课教学实效性的主要因素及对策［D］．大连：辽宁师范大学，2018．

[2] 赵永学．新课程教学中如何提高生物教学的实效性［J］．读与写杂志，2017，14（11）：111．

审美篇

中小学美育的实践与反思

全疆发

摘要： 美育是将美学原理渗透各学科教学后的教育形态，艺术教育也在其中。中小学教育中的美育途径，可以是艺术课程从鉴赏走向实践、艺术社团从兴趣走向专业、艺术展示从表演走向绽放；更表现为审美融入校园文化、课程建设、学科教学和教育评价的常态校园生活；通过以美育人，实现立德树人。

关键词： 审美教育；艺术课程；审美融入

中小学美育的概念，我比较认同：美育即将美学原理渗透各学科教学后的教育形态。这个广义的概念当然也将艺术教育涵盖其中。教育界也有审美教育之说。其基本任务是培养学生感受、理解、欣赏、创造现实美和艺术美的兴趣与能力。

一个人审美修养的培养，关键就在中小学时期，譬如小学时期的艺术教育环境、中学时代的艺术活动等，都可能让人获得一辈子都随身的素养，以及伴随的快乐、友谊和力量。换个角度理解，美育也可能是一种理念、一种工具、一种认知世界的方式、一种对待世界的态度。

蔡元培先生是我国美育的早期倡导者。他的美育观点与席勒"审美教育是人性回归、道德完善、社会变革的途径"的观点一脉相承。他提出了"美育是应用美学理论于教育，以陶冶感情为目的。"他认为："美育可以使人在高尚的情感享受过程中，实现了人性完美，成为人格健全的人，也就是实现了人的全面发展。所以，美育旨在改造国民性，造就新人。"蔡元培先生非常重视美育与教育的结合，史无前例地把美育提升到人格教育、全民教育、终身教育的地位。

广义的美，可以理解为人类对事物的一种愉悦感。美首先应该是感性的而非理性的，是潜在于人类情感领域的。当人类的审美情趣遇到恰当的客观事物、环境时，引起了情感上的感动、愉悦、快乐、欣赏，美就产生了。人类被感动的时刻，正是其善良的时刻，孩子们从小接受的美育，更像是人生初期形成价值观的重要过程。通过审美教育可以促进学生的全面发展，提高人的生活品质和生命质量，并从以美育人实现立德树人。

中小学美育的内涵，既包括艺术课程、艺术社团、艺术演出活动中的审美体验与创造，也表现为师生在常态的学科教学互动过程中，引人向善、求真的一种潜在无形的追求。譬如教育教学过程中的人性关怀之美、觉悟自然与社会规律之美、师生共同成长与成功之美等。只是后者更以常态的、隐形的、潜在的方式存在于更宽广的人群、时间与空间之中。

近 5 年来，北京化工大学附属中学在积极探索学校教育中的美育方法与途径，取得了初步的经验与反思，主要表现为以下 7 个方面。

一、艺术课程从鉴赏走向实践

中小学目前的音乐、美术课程，从目标、内容、任务来讲，偏重于"鉴赏"。比如高一的《音乐》教材，从"学会聆听音乐"开始，依次分别是中国音乐、西方音乐、中国民族民间音乐、外国民族民间音乐、中外流行音乐、音乐与姊妹艺术等7 个单元。教学的内容与形式基本是聆听"典型的代表音乐"，谈感受与见解，偶尔可能有"试唱"。不足之处是"务虚多、务实少"，学生的审美情趣、体验、能力并没有得到最大化地开发。

学校鼓励音乐、美术老师进行教学改革，加强实践环节的学习与实践。比如，一方面教学删繁去简，增强实践环节，除重点曲目的鉴赏以外，要求学生在"试唱""试奏"的过程中，加强对音乐的体验和理解；另一方面，结合一年一度班级合唱比赛，音乐课除学唱、练习校歌外，还需自选曲目一首学唱。这一过程促使全体同学在唱歌实践体验中提升了审美能力。美术教学也增加了每位同学制作一件陶艺作品的新要求。小学部还利用音乐课全员普及葫芦丝演奏，笔者还零起点跟着孩子们一起学并登台表演。

北京化工大学附属中学的校训是"习与智长，化与心成"，取自于朱熹《小学》。它特别明示了学习活动的训练、实践对知识与技能的提升，以及人的价值观、人格形成中的潜移默化作用。艺术实践环节的增加，改变了"听说不练"的艺术学习状态，从整体上提升了学生在音乐、美术的学习中认识、感受、欣赏、创造美的能力，也让部分同学发现了自己在某些艺术方面的兴趣、爱好、天赋，从而转向对相关艺术社团的参与，甚至高水平艺术的专业追求。

二、艺术社团从兴趣走向专业

中小学特别是小学的艺术社团，同学们的参与，开始都仅仅是朦胧的兴趣而已。着眼点也就是培养一些兴趣、爱好和技能，并不意味着向专业方向发展。长时间的坚持训练，老师、家长及学生本人就会发现原本潜在的天赋，就会产生一批好苗子，向着一些艺术的专业领域发展，为培养一些高水平的艺术人才奠定了良好的基础。

譬如，小学部开始组建民乐团的一段时间内，低年级段孩子们训练时拉二胡"吱吱嘎嘎"的不规范甚至刺耳的声音曾让我怀疑，甚至有打退堂鼓的想法。平常老百姓的孩子可能没有这方面的天赋！为什么要浪费时间让孩子进行这种训练呢？

三年后，小学部在北京剧院的一次包场演出，特别是 80 名孩子组成的"海棠民乐团"的演奏的"北京喜讯到边寨"等曲目，让我当场湿目、灵魂震撼，重新认识了艺术教育对学生个性发展、全面发展、个人修养的影响。那些平时在教室里走廊上打打闹闹，让老师觉得不听话的孩子，登上舞台表演是那样的专注、那样的专业、那样的顾盼、那样的优雅。原来艺术教育不但让孩子们学会了用肢体演奏乐器去表达他们的情感，而且学会了团队之间的沟通、协调、合作能力。艺术训练不仅仅提升了一门艺术技能，更主要是培养的一种对世界、对他人的态度，在审美的追求中完善了人格。类似的还有小学部的"海棠"京剧社和打击乐社。中小学的艺术社团，孩子在参加市区组织的比赛活动中获奖当然有意义，但更有意义是过程中孩子们获得了一辈子都难以忘记的成长、成功、快乐和友谊。

更可喜的是，有部分同学短时间的训练进步迅速，京剧社和打击乐都有同学参与了中央电视台有关艺术节目的选拔赛后，顺利进入了中央电视台的表演。部分学生把原本属于爱好的艺术训练，转变成专业的艺术追求，并通过个性发展带动全面的发展，找到了适合自己的人才成长模式与道路。

三、艺术展示从表演走向绽放

学校每年一度的艺术节、海棠诗会、绘画比赛等可以说是孩子们最期待、最快乐的节日，盛况空前。这种展演活动的美育作用表现在准备过程中的潜移默化。为了表现得更完美，必须刻苦训练，培养的不仅是技能而且还是意志。为了表现得更完美，必须学会站在观众的角度去换位思考，培养了关心他人的意识与情怀。为了表现得更完美，可能需要团队之间的合作，培养的是沟通与协调能力。这似乎是人的潜在意识的开发，或者说天性的解放，乃至人格的完善与完美过程。笔者每次品味民乐团表演时拍摄的镜头尤其是特写镜头时，感觉到每一个孩子洋溢着自信与优雅的脸庞，都像一颗绽放的花朵。

以 2021 年"迎冬奥"绘画大赛为例，两个小学部和初中部的学生全面参与其中。利用美术课首先从了解、认识、理解"冬奥"，到如何用彩笔表现、创造、讴歌"冬奥"，从课堂延展到课外，从个人创作延展到集体创作。整个过程不断有学习创新，最后竟然有 60 幅作品入选"奥运博物馆"，极大地提升了同学们对美术的爱好、能力与自信。又比如高中部每年一度的"海棠诗会"，语文老师精心规划与引导，高一年级全员参与。从诗的选择与原创，或吟诵的模仿到创新，或者个人背诵与当众表演，或者服装设计与造型艺术，孩子们的语言、肢体表演能力，沟通协调能力，与观众的互动能力等，都得到了前所未有的提升。这种艺术展演活动不仅仅是艺术技能的表现与提升，更多的是同学们在表演实践中的审美体验，让人的潜能得到了开发，让人的天性得到了解放，让人的灵魂得到了洗礼，让人学会了去追求人生的美好。这一过程也是北京化工大学附属中学办学思想"美的教育，美好人生"的集中体现。

四、审美融入校园文化

学校努力构建以臻美德育、博美课程、智美教学、偲美社团、和美管理和怡美校园等6个要素组成的校园文化体系（图1）。比如初中部的走廊文化，就是以"语言美、行为美、心灵美"主题来布局，并由师生结合学校生活来共同来充实栏目、更新内容。入口大厅，则是以72个不同字体的"美"字拼图，从"孔子培养了72贤人"来暗喻和表达"各美其美，美人之美"的学校育人精神。

再以臻美德育为例，将审美融入学校各种主题活动之中，在活动中有审美情感领域的感动和感悟，才可能有人生观、价值观方面的觉悟。譬如，高三成人礼仪式中，安排了父母和孩子当场交换信件并阅读的环节。十几年才这样第一次当面的深度交流，我们看到了许多孩子和父母泪流满面的场面。孩子们可能是第一次知道父母生活的艰辛与爱心付出，在感动和内疚之时才会产生感恩之心，才想起或下决心在高三最后阶段应该奋发努力，重新树立为人生目标奋斗的雄心壮志。

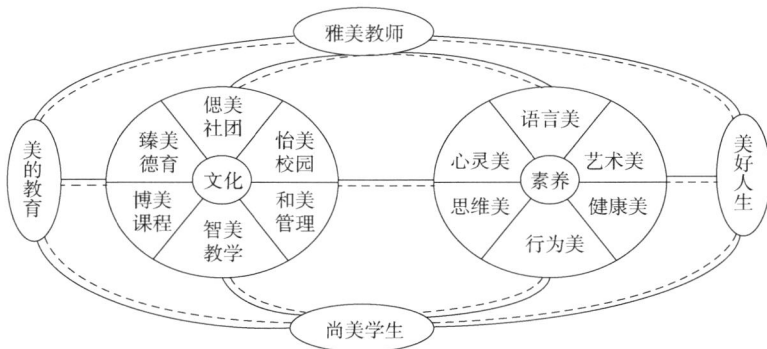

北京化工大学附属中学办学思想、文化与课程体系图

注：1. 一个椭圆，两个焦点；师生互动，主动绕着两个焦点转
　　2. ——为习，-----为化，"习"为表，"化"为里，因表生里，表里如一
　　3. 心灵美（品德与价值观）、语言类（语言与文学）、思维美（科学与技术）、
　　　　行为美（综合与实践）、艺术美（审美与艺术）、健康美（体育与健康）

五、审美融入课程建设

学校以审美融入为切入点，将国家规定的必修的十余门课程重新划分为语言美、心灵美、思维美、行为美、艺术美、健康美等6大模块（图1），通过审美融入实现校本化。比如，语言美就包括语文和英语两门主要必修课程，我们要求在课程设计与教学实施的过程中，要善于发掘审美元素，创造审美情境，让学生体悟到情境美、语言美、情感美和人格美。

又比如思维美包括数学、物理、化学、生物等理科课程。科学领域对自然规律的探索是不带有主观色彩的理性活动。自然科学中的内容、结构、逻辑，充满着美感，但需要老师善于发掘。比如数学中的逻辑与图形的简洁与和谐，植物茎上的叶子、花瓣的排列，物理中力学的受力分析图，化学中的原子结构、工艺流程……都可以让学生感觉到自然界的结构美、规律美，以及逻辑推理过程中的思维之美。同时，学生在理科学习中的发现、觉悟自然规律的过程，本身就是一种成长走向成功，自我价值实现和审美愉悦的过程。这种思维过程，伴随着一种对真理追求的崇高情感体验，也是一种人格自我完善的过程。

六、审美融入学科教学

教学要讲究科学也要讲究艺术。一堂高效的课堂，一定是讲究教学艺术的，一定是有审美情感体验的。学校要求教师在教学设计与实施的过程中，一定要站在学生的角度去换位思考。即如何围绕学习主题变换不同的教学形式，让学生学有兴趣、学有方法、学有成效。在具体操作上，一方面要从过去立足于"教"的逻辑课标、教材分析，转变为立足于"学"的逻辑学情、学法分析。过去是老师揣着知识进课堂告诉学生，转变为课堂上老师带的学生一起探究知识。另一方面要求教师把"主从与重点""节奏与韵律""对称与均衡""过渡与呼应""统一与变化"等审美原理融合在教学内容、方法、过程的设计与实践之中。

譬如，高一地理"气象灾害"一节的教学过程可以是，一序曲，通过观看一段"湖北特大暴雨"的简短视频，让学生对气象灾害有感知；二主题，让学生带着"自然灾害是如何形成的""对人类造成什么影响""主要的防灾减灾措施有哪些"等问题，自主阅读并笔记或划书；三呈现，让学生回答问题讲学习结果，教师及时点评与点拨；四变奏，呈现东南沿海台风路径图，小组合作学习并推荐代表说出台风的源地、路线、危害性、防灾减灾措施；五尾声，观短视频说出"信息技术在防灾减灾中的作用"。显然，将"艺术原理"隐形于教学设计与实施过程，一节课围绕学习主题，不断地变换学习形式，有利于激活学习兴趣，培养思维能力，提高学习效率。

七、审美融入教育评价

学校发动教师、学生、家长讨论制定了"尚美学生公约"，涉及 12 个学年段，计 120 条，内容主要是围绕着理想、道德、礼仪、守纪、学习、思维、健体、艺术、责任等方面。通过"尚美学生公约"的引领和"尚美学生"的多元综合评价，不仅改变了过去"智育导向"的分数评价，形成了面向全体、自荐加他荐、体现个性与多元的积极性综合评价体系。同时，将社会主义核心价值观教育、传统文化教育、法制教育、习惯养成教育等落在实处。试想，一个学习成绩没有优势的同学，他可以有机会通过努力获得孝心美、助人美、劳动美、运动美、才艺美等体现个性的荣誉，何乐不为呢？反过来又会认可学校。学校对他的肯定，是发掘潜能，弘扬正能量，借扬长来补短，通过学校的美好生活、美好体验，树立人生的美好理想。

教师应该是文化人，有较高的文化底蕴。教书育人是一项高尚的职业，审美是不可或缺的。学校发动教师讨论制定了"雅美教师公约"，每年一度举行"雅美教师"评比并隆重颁奖。学校购买了《教育美学十讲》等书籍，主办读书沙龙，目的是提升老师们对教育、美育认识与觉悟。学校有意识的聘请一些专家，就教育艺术、语言艺术、摄影艺术、日常淡妆、插花艺术等举办讲座，鼓励师生一年一度同台文艺表演展示才艺美。一方面是普及一些审美的知识与技能，提升审美的情趣与能力。另一方面是激活老师们潜在地对美好生活的向往和追求，并在工作中通过审美融入教学实践，用审美原理去丰富教育美，让学生体验到教育教学过程中的愉悦和美好，从而实现"美人之美，各美其美"。

柏拉图说：美具有引人向善的作用和力量。康德认为：教育的最大秘密就是促进人性的完美。康德有个观点与席勒相似。他认为人具有动物性，有追求个人功利的"求真"，服从因果律；人在社会上又有追求道德与自由的"求善"，服从道德律；凡是在情感领域"求美"的人，在道德和功利的两难选择中，往往能牺牲功利而选择道德行为。有研究表明，艺术修养较高的人群，犯罪率总体是偏低的。换句话说，审美教育有助于正确价值观及核心素养的形成，以美育人有助于立德树人。

参考文献

[1] 朱光潜. 谈美书简 [M]. 长沙：湖南文艺出版社，2018.

[2] 叶朗. 美学原理 [M]. 北京：北京大学出版社，2009.

[3] 杨斌. 教育美学十讲 [M]. 上海：华东师范大学出版社，2015.

几何画板在小学数学教学中的使用

李 萌

摘要： 小学生思维发展的一般特点是从以具体形象思维为主要形式向以抽象逻辑思维为主要形式过渡，抽象逻辑思维发展不平衡，从不自觉到自觉，辩证逻辑思维初步发展。当辩证思维能力得不到有效提高，没有打好基础，会在逻辑思维发展的转折期造成逻辑思维能力较弱，如何确保逻辑思维能力从小打下良好的基础，结合这些思维发展特点，我们应当在教学设计时既要注意有思维的发展点，也要注意梯度。我们可以在教学当中采用几何画板进行教学，利用软件让学生们直观地看到，进而帮助抽象思维的形成。

关键词：小学数学；教学；几何画板

随着教学改革的不断深入，素质教育理念的全面普及，教师逐渐认识到数学教学的本质应是"数学思维活动过程"的教学，而不是传统的知识灌输过程。在小学教育中，我们要尤其注意学生思维能力的培养，因为提高思维能力是提高学生解题能力的主要途径。

从小学数学教学过程来说，数学知识和技能的掌握与思维能力的发展是同等重要的。现代教学论认为，教学过程不是单纯的传授和学习知识的过程，而是促进学生全面发展（包括思维能力的发展）的过程。教材的编写也在有意识的依据学生思维发散能力与特点进行编写。例如教材上的主题图会展现与单元知识相匹配的内容，并且提出问题，而问题的答案正是学生现有知识解决不了的，需要从旧知识出发引出新知识。这正是思维迁移的过程。不管是基于学生已有的生活经验，或是对结果的一种推测，这都是学生思维发展的痕迹。苏霍姆林斯基指出："使你的学生看出和感到有不理解的东西，使他们面临着问题。如果你能做到这一点，就成功了一半"。如果不注意这一点，教材没有意识地加以编排，教法违背激发学生思考的原则，不仅不能促进学生思维能力的发展，相反地还有可能逐步养成学生死记硬背的不良习惯。

1985 年以前，小学数学教学坚持的是一种传统的应试理念，所以一直停留在过于注重知识传授的教学模式上，过于强调对数学各种计算方法的灌输，而忽视对这些知识的揭示与探究，未能将知识中蕴藏的丰富的思想方法展露出来。而这些思想方法正是学生思维发展的途径。

所以从 20 世纪 80 年代开始提出素质教育，开始注重培养学生的能力。那时的素质教育常被称作"素质教育是个筐，什么都往里装"，其实那是对素质教育一些扭曲做法的定义。但是素质教育又确实起着一个"筐"的用途，对学生"双基"、能力、智力、非智力因素都有要求。而素质就包括了这些内涵。但是具体应当怎么做，这么多的要求突然都加入教育当中，使得当时的教育者有些混乱，常有老师回忆那个时候都反映不知道如何去教。不知道如何去教就是不知道如何提高学生各方面的能力。而数学事实上对于动手操作能力的要求是比较低的，所以说到能力主要指的就是逻辑思维能力。但是那时教师受到的都是应试教育，自己的思维能力都很受局限，如何让学生受到素质教育呢？

于是素质教育就走了一段歧路，开始了一种新型的"应试教育"，需要掌握的知识增多了，考试的内容范围变广了，于是学生的负担更重了，更像是知识的容器，这与素质教育本身的目的是相违背的，素质教育本身是为了促进学生身心的全面发展，以提高全国人民的思想道德、文化科学、劳动技能等各方面素养。所以如果素质教育没有做好，只注重知识的积累，而不强调应用以及其他各种技能的均衡发展，是行不通的。创建全球家电第一品牌海尔的张瑞敏说过智力比知识重要，素质比智力重要，觉悟比素质重要。教师在教学中应当多结合生活实际，来引入课堂内容，出一些动手操作的题，或者从学生中取材现场出题。这样学生会真正参与到课堂当中，活跃课堂气氛，带动学生积极性，也让触觉型学生能有更适合对新知识的认知方式。适当地在教学当中采用几何画板进行教学，利用软件让学生们直观地看到，可以帮助学生理解，促进抽象思维的形成。以下将就几何画板的功能、优点、如何使用进行说明。

一、几何画板的功能

（一）绘制基本几何图形

利用几何画板可以绘制各种基本的几何图形，例如点、线段、射线、直线、圆、垂线、平行线等。其中点、线段、射线、直线、圆，可以直接利用几何画板的尺规作图构造出来，而垂线、平行线等则需要借助一些数学知识做出来，利用图形的性质可以直接绘制出所需图形。例如线段的中垂线，可以以线段的两个端点做圆心，线段长度做半径各画一圆，然后两个圆会产生两个交点，把交点相连即可得到线段的中垂线。这是利用中垂线"到线段两端点距离相等的点一定在此线段的垂直平分线上"的性质，再把得到的两个点连接确定一条直线即可得到线段的中垂线。

（二）构造几何关系

利用几何画板的构造功能，可以直接构造交点、中点、平行线、垂线、角平分线等。只需要选中基本图形，再选择要构造的几何关系。例如平行线，只需要选中一条线段或直线，再选中线外一点，点击"构造平行线"按钮，线段或直线的平行线就构造出来了。

（三）测量和计算

几何画板的度量功能，可以度量长度、距离、周长、圆周长、角度、面积、弧度等。选中对象，点击"度量"按钮，就可以进行度量。而且几何画板可以选择数个测量值，编写公式进行计算，并且随着测量值的改变，计算结果也会随之变化。

（四）动　画

几何画板有制作动画的功能，选中对象，然后点击"动画"按钮，就可以形成动画图像。虽然复杂的动画不能直接制作，但几何画板能将较简单的动画和运动通过定义、构造和变换，得到所需的复杂运动。使用便捷的轨迹跟踪功能，能清晰地了解目标的运动轨迹。

二、几何画板的优点

（一）由静到动，揭示几何精髓

几何的精髓是什么？就是在不断变化的图形中，研究不变的几何规律。如三角形的位置、大小、方向、形状无论如何变化，它的三条中线、高线、内角平分线、边的垂直平分线总分别相交于一点，这四点即重心、垂心、内心、外心。但是用圆规、直尺等传统教具在黑板上画出的永远是静止不变的图形，具有一定的局限性，并且画出的图很容易掩盖极重要的几何规律。使用几何画板作图，可以根据记录的画法抽象出一个几何系统。当播放这个图形记录时，可以研究它各部分的关系和特殊情况，动态地观察其正确或不正确。利用几何画板，我们可以方便地在变化的几何图形中，发现恒定不变的几何规律。

（二）形象直观地揭示知识之间的内在联系

静态的图形、图像使原本相互联系的知识割裂开来，失去知识之间的内在联系，会使学生只注意事物的局部而忽视整体。几何画板能形象直观地揭示知识之间的关系，便于学生用联系的、整体的观念把握问题。人们通过研究发现学生对数学概念进行理解记忆时，常常要借助直观形象。而数学的一大特点是抽象性，抽象就不便于理解，借助于几何画板则可形象生动地进行教学。例如为了揭示平行四边形和三角形之间的内在联系，用几何画板制作一个三角形拼成平行四边形，平行四边形裂成三角形的运动的课件，并相应地给出其面积、周长公式之间的变化。

（三）提供操作环境使在学生参与发现数学问题的过程并获得数学经验

教师在教学中，不能忽视学生的实践过程，只重结果而偏废过程，把结论机械地灌输给学生，这样获取的知识是不牢靠的。应遵循让学生观察理解、探索研究、发现问题的规律，给学生一个思维活动的空间，让学生参与包括发现、探索在内地获得知识的全过程。而教会学生使用几何画板就可以实现这一过程。学习数学的一个重要环节是了解数学背景、获得数学经验。怎样学习数学？数学经验是如何获得和发展的？学习数学的历程往往要重演整个人类数学的发展过程，教师要设法让学生获得经验，这其中一定要有操作过程。再者学习数学重要的是关系的把握，而关系是在变化中把握的。但我们现在传统的教学没有变化的过程，没有数学操作的过程。几何画板恰恰提供了这样两个过程。它是可操作的，能在变化的过程中揭示恒定不变的规律。学生可以任意搬动图形、观察图形，做出猜测并验证，在观察、探索、发现的过程中增加对各种图形的感性认识，形成丰富的几何经验背景。显然这有利于学生的理解和证明，在操作过程中也能充分发挥学生的主动性、积极性和探索欲。

三、几何画板在教学中的注意事项

(一)讲究步骤和方法,适时适量,符合学生的认识规律

运用几何画板教学,可以减少教师的讲解,也有助于教师的教学。但教师的讲解要与演示紧密结合,无论采用何种方式讲解,都应抓住教学内容的重点和难点,抓住教学内容的内在联系进行讲解。在使用课件之前,应告诉学生看什么,要达到什么目的,使学生有明确的目标,以便集中精力。教学中,先看什么、后看什么、怎样演示(如先拖动还是先动画)、是否重复演示,都要十分讲究,缜密考虑。教师在演示过程中边看边讲,补充说明,将传统的教学方法与几何画板教学相结合,发挥各自优势。

有的数学课件把教案搬上屏幕,以“电子板书”代替“黑板图书”,教师上课只需点击鼠标,对其他教学手段置之不理。从课堂教学效益角度讲,并非所有的教学内容都适合几何画板等计算机教学用具进行讲授,有些可以用传统的教学手段可以讲得清清楚楚的知识点,教师就没有必要花费大量的时间制作课件。从学生身体健康角度讲,过多过滥的电子板书,有损学生的视力,容易产生眼睛疲劳,反而影响学习效率,降低学习兴趣,减弱学习动机。

(二)学好数学基础知识

教师在上课时,应尽量自己做课件。一般来说,做一个课件并不难,但做一个好课件却并不容易。如何做一个好课件呢?里面有很多技巧。首先,应掌握几何画板的基本操作,能很快地画出常见的图形,善于用记录画常见的图形。其次,要善于运用操作按钮里面的操作,如移动、动画等。另外,如果经常使用平移、旋转等变换也会方便很多。其实,最重要的是学好数学基础知识。因为制作课件时,一般先利用所学的知识思考如何操作,然后才利用几何画板进行制作,如果数学知识掌握不好,就很难做出好的课件来。

(三)课件制作

课件的制作要简洁、美观、清楚,具有创意,新颖有趣,有吸引力。要充分利用几何画板的操作类按钮和线条粗细、颜色等功能,该隐藏的要隐藏,该注释的要注释,尽量美化最后结果,使课件具有观赏性,激发学生的兴趣。

四、综　述

综上所述,几何画板可以在数学教学中起到很大的作用,用它制作的课件可以更直观地展现几何图形的内在联系,降低数学抽象性带来的理解难度。而作为教师,我们制作课件要讲究步骤和方法,适时适量,符合学生的认识规律,要学好数学基础知识,和课件贴合的紧密,才能让学生更好地理解。另外课件的制作要简洁、美

观、清楚，具有创意，新颖有趣，有吸引力，只要注意以上几点，几何画板就能更好地为我们所用，成为教学的得力助手。

参考文献

[1] 人民教育出版社．数学六年级下册 [M]．北京：人民教育出版社，2014：18．

[2]（苏联）瓦·阿·苏霍姆林斯基．给教师的建议 [M]．杜殿坤，编译．北京：教育科学出版社，1981．

教与学策略
——用兴趣激活学生的思维

张继东

创造性或者说创新能力既不是知识也不是技能，而是一种个性心理品质。数学是基础教育的主要内容，数学是"思维的体操"，在培养创造性人才方面有着不可替代的作用，理应成为学生创造性思维能力培养的最前沿学科。在数学教学中如何才能培养学生的创造性思维呢？

为了培养学习兴趣、激活创造性思维，在数学教学中我们应当充分尊重学生的独立思考精神，尽量鼓励他们探索问题，自己得出结论，支持他们大胆怀疑，勇于创新。以学生为本，贴近学生，贴近实际，贴近生活，主动把教育教学改革的新思想、新观念、新方法创造性地运用到教学实践中，努力营造和谐、宽松、乐学、民主平等、互相信任、心情愉悦的学习氛围。

一、教学案例

在提倡素质教育的今天，学生没有经过筛选，其智商的发展本身就存在着差异，在教学中要理论联系实际，让学生去观察、去思考、去动手操作，培养他们的数学学习兴趣，激发他们的数学学习热情，让他们感觉到生活中处处有数学知识，学习数学知识充满无穷的乐趣。

在平时的课堂教学中，我的做法是让平等、民主、合作的师生关系贯穿教育教学的始终。"亲其师，信其道。"只有师生情感融洽，学生才会敢想、敢问、敢说。在我的课堂教学中，我总是微笑地面对学生，从不板着脸上课，更不对学生大声训斥，力求做到尊重每一位学生，平时教学中，尽量运用感官总动员，尽量让学生学懂、学透，能够做到举一反三，知一晓十，还要能够用"联想"去学习。

例如：我在教长度单位之间的进率时，让学生伸出大拇指说千米，伸出食指时说米，伸出中指时说分米，伸出无名指时说厘米，伸出小指时说毫米。而且还依次说出他们之间的进率：1 千米＝1000 米，1 米＝10 分米＝100 厘米＝1000 毫米，1 分米＝10 厘米＝100 毫米，1 厘米＝10 毫米。随着时间的推移同学们就学会了长度单位之间的进率和单位之间的互化。在之后学习面积单位、质量单位、人民币单位、体积单位时，只要掌握单位之间的进率，就能够"联想"到长度单位的手法和长度单位进率以及单位之间的互化，这样学生学起来就非常容易了。

例如：在教学生认方位时，让学生伸出右手向上指表示北，嘴里同时说出上北；向下指表示向南，嘴里同时说出下南；左手向左放平表示向西，嘴里同时说出左西；右手向右放平表示向东，嘴里同时说出右东……用手势立即就可以表示出 8 个方向，学生们学的就既轻松又愉快。在教学中还联系现实生活中的东南西北等 8 个方向来认识方位。在教位置与方向时，我也要求学生用手势来表示任意方向，如东偏北 30 度 600 米处……这样一来课堂气氛十分活跃，学生学得有趣，对知识点掌握得又快又好，学生学习兴趣浓厚，学的数学知识扎实，喜欢学习数学知识，并自觉地运用感官总动员。这时，我都会及时进行鼓励。一位学生说："上了张老师的数学课，很有趣味性，我越来越喜欢做数学题了。"我听了，觉得他对数学知识产生了浓厚的求知欲望，已经爱上数学课了，心里非常高兴，为我的创新教学而高兴。

二、兴趣的培养、思维创造的策略

（一）注重发展学生的观察力，是培养学生创造性思维的基础

观察是收集信息的基础，是思维的前哨，是启动思维的按钮。观察得深刻与否，决定着创造性思维能否形成。因此，引导学生明白对一个问题不要急于按想的套路求解，而要深刻观察，去伪存真，这不但为最终解决问题奠定基础，而且，也可能有创见性的寻找到解决问题的契机。

（二）提高学生的猜想能力，是培养学生创造性思维的关键

许多伟大的理论和发明都始于猜想，没有猜想就不可能有创造。因此在数学教学中应该鼓励学生大胆猜想，激发学生的想象能力，发展创造性思维。

（三）练就学生的质疑思维能力，是培养学生创造性思维的重点

会质疑的学生才是有发展的学生。墨守成规、死啃书本，对前人的见解不假思索全盘接受，理论还如何发展，社会还如何进步？因此，在数学教学中必须重点培养学生的质疑思维能力。

（四）训练学生的统摄能力，是培养学生创造性思维的保证

思维的统摄能力，即辩证思维能力。这是学生创造性思维能力培养与形成的最高层次。在具体教学中，我们一定要引导学生认识到数学作为一门科学，也是

不断变化和发展的，它在否定、变化、发展中筛选出最经得住考验的东西，努力使他们形成较强的辩证思维能力。也就是说，在数学教学中，我们要密切联系时间、空间等多种可能的条件，将构想的主体与其运动的持续性、顺序性和广延性等存在形式统一起来做多方探讨，经常教育学生思考问题时不能顾此失彼，挂一漏万，做到"兼权熟计"。这里，特别是在数学解题教学中，我们要教育学生不能单纯地依靠定义、定理，而是吸收另一些习题的启示，拓宽思维的广度；在教学中启发学生逐步完成某个单元、章节或某些解题方法规律的总结，培养学生的思维统摄能力。

教师不能代替学生思考，同时要充分利用好教学中的各种素材，尽可能让学生自己探索、发现数学结论，让学生体验学习和创造的过程，培养学生正确的数学观，激发学生学习数学的兴趣。培养学习兴趣、激活创造性思维，让课堂教学绽放出创新的火花。

自信的音符，谱写出最动听的歌声

洪　蕊

一、主题与背景

自我信任，相信自己的力量能够实现一定目标的心理状态，建立在对自我正确认识、正确评价的基础之上。培养学生的自信心既是他们当前学习的需要，也是将来走向社会的需要。在音乐教学中，我们常发现学生上台表演时会面红耳赤，声音发抖，手脚无处安放，这是因为他们缺少胆量，缺乏自信。为此，我们在音乐教学中应该培养学生对音乐学科的兴趣，培养他们在歌唱艺术中的自信心。

爱因斯坦曾说过："兴趣是最好的老师。"要树立学生的自信心，我觉得首先要激发学生的兴趣。只有具备浓厚的学习兴趣，学生才会自信的歌唱，将心中的感受用歌声表达出来。

《音乐课程标准》明确指出"音乐教学活动应该是过程与结果并重，教师作为教学的组织者和指导者，是沟通学生与音乐的桥梁。教师应在教学过程中建立民主、平等的师生交流互动关系。"也就是说，在课堂上教师不再是高高在上的"统治者"而是和学生平起平坐的，可以相互学习、倾诉的朋友。在课堂中，教师要用微笑面对每一个学生，消除学生对教师的恐惧感；和学生亲切的交谈，拉近和学生之间的距离。这样学生可以在一种轻松的氛围内学习，使他们喜欢上音乐课，爱上唱歌。相反，如果学生在课堂上总是觉得心情不愉快、很紧张，甚至觉得有些恐惧，他们能积极的、主动的进行学习吗？只有建立和谐、民主、平等的课堂氛围，学生才会积极、主动地参与学习，激发了兴趣，自信心也会随之产生。

二、情景描述

音乐学科期末考试中，学生甲自选歌曲《我是草原小骑手》作为期末考试汇报。从进考场那一刻开始，甲的情绪就很激动，不停地翻开书，告诉周围的同学他要唱的考试曲目。

学生一个接一个的上台独唱，20 分钟后，终于轮到了学生甲。他兴奋地抱着书，跑到讲台前来，大声地对我说："老师，我要唱这首歌！"我微笑点头，表示允许。然后他转向台下的同学，又大声说："我要唱的曲目是《我是草原小骑手》！"话音刚落，甲生便兴高采烈地唱了起来。

学生甲是个学习成绩优异的孩子，在班里的人缘也非常好。他迫不及待地张开口，发出第一个音……全班同学的表情一下子变得狰狞起来。坐在一旁的我，也是稍稍愣了一下。甲生的歌唱没有一个音在调儿上，"五音"在他的表演唱过程中，消失得无影无踪。接下来我最担心的事还是发生了，学生甲完全沉浸在音乐中，开心、兴奋地唱着。可是台下的学生已经笑得前仰后合，纪律已经无法控制。我既不想打断学生甲的考试，又着急想让台下的孩子安静。

在矛盾中，在有些混乱的环境下，学生甲完成了考试曲目的演唱。在他唱歌的 1 分钟里，调儿虽然跑了，可是他歌唱的情绪却丝毫没有跑。整整 60 秒里，他始终保持着一个兴奋的歌唱状态，完成了考试。

三、讨论思考

在音乐教学过程中，不是每个孩子都可以像学生甲，即使自身条件不完美，也可以拥有一个自信的信念，拥有完整的歌唱状态。从站在台上的那一刻，直到离开舞台。

从撰写大学毕业论文，我们就开始研究，音乐课到底要给孩子一个怎样的学习氛围？最后让他们达到一个怎样的学习结果？在音乐教学的过程中，我们到底应该教给或者给予学生什么？尤其是在面对天生音准和节奏较差的学生时，一节对于他们也许不太感兴趣的音乐课，我们这些专业的音乐老师，到底应该怎样上课？教给他们什么？怎么教？我们在不停地翻阅着资料，向老师们探寻，然后站在属于自己的讲台前亲自去尝试。

我们终于感觉到，一节好的音乐课似乎并不是教会学生一首歌，更多的应该是给予孩子美好的体验，培养他们对音乐的兴趣，从而增强他们的学习热情和那份属于自己的信心。

在我刚接手学生甲这个班的时候，学生甲是个对音乐毫无兴趣的孩子。他经常在课堂上开小差，别人在唱歌的时候，他喜欢望着一个地方发呆。虽然不扰乱课堂纪律，可是自己却完全没有融入课堂，融入音乐。经过一段时间的相处，我发现学生甲并非对音乐毫无兴趣，在欣赏课上，他总是聚精会神的竖起耳朵，聆听着音响中的音乐。可是到了学唱歌，尤其是"唱一唱"环节的时候，他的注意力就完全不再和音乐有关了。慢慢地，我了解到学生甲其实是个对音乐有着浓厚兴趣的孩子，他经常会和大家一起讨论音乐的情绪和自己听完一段音乐后的心情。只是，他天生音准和节奏不太好，在唱歌的时候，没有自信，不敢张嘴，怕被其他同学嘲笑。

学生甲可以从一个不敢张口唱歌的孩子，转变成今天这个即使唱跑调，也可以大胆地、自信地站在台前，完整的完成演唱曲目。这需要一个过程，在这个过程中，我们教师本身一定要有信心，也更要对孩子有信心。这世上没有完美无瑕的人，每个人都有各自的优缺点。某一方面弱一些是很正常的事情，我们要树立正确的认识观，帮助、指引孩子。也许有一天，这无色的暗淡，会成为孩子头顶上最闪亮的光环呢！我们可以利用创设情境，吸引学生，使他先爱上这门课程，然后通过游戏，激发他对这个学科的兴趣。当然，我们更要注意因材施教，我们都知道人的 10 个手指不是一样长短的，那么学生对音乐的领悟也是有差异的。那就要求教师要根据学生的个性差异，制定不同的层次要求，做到因材施教、因人施教，只有这样才能让每一个学生都能体验到音乐所带来的美，体验成功的乐趣，大胆自信的歌唱。我们可以通过正确的方法引导孩子去歌唱，提醒孩子唱歌不能漏气，要体会横膈膜的力量和声带的闭合力，以及两者之间的有机配合；在演唱过程中，提醒学生要避免颤声，即小抖。要控制好喉头位置，注意发声的准确性；同时喉结不要上提，胸部放松，稳定地活动喉结；演唱时，更要将字咬清。我们要让学生明白，科学的发声方法能够使各发声器官动作协调，使其形成一个整体动作。这样，不仅可以为我们带来优美动听的歌声，更重要的是能够保护我们的嗓子，延长艺术的生命。除此之外，以情感为支撑点，树立学生的自信心。情感是人对事物所持态度的体验，情感是一种对智力活动起显著影响的非智力因素，积极的情感可以提高学习的效率，起正向的推动作用。教育教学过程是教师与学生情感交流的过程，在教学过程中，情感直接影响学生对教学活动的参与。可以说情感是教育教学活动的催化剂，教师要充分发挥情感的作用，用情感人，帮助学生树立自信心。

音乐是人们抒发感情、表现感情、寄托感情的艺术。音乐课堂应该给予学生一个轻松的学习氛围，使每一个参与到课堂活动中的孩子都能够在音乐审美过程中，通过情感的抒发和感受，产生道德与自信的力量。身为一名教师，我要记住我所讲的每节音乐课对于孩子们都是第一次，也将会成为他们的最后一次。我要对得起这宝贵的"第一次"和"最后一次"，用最大的努力，争取多给孩子们一些，因为我对他们的影响将会是一生。

给予学生一份自信，就是给予自己一份欣慰。用爱教海，用心培养每一个孩子，这是我们身为人民教师的职责。我会始终坚定这个信念，做一名合格的、被学生喜欢的音乐老师。引用《小王子》中一段我最喜欢的话来表达我的教育理想——"如果你想造一艘船，不要抓一批人来搜集材料，不要指挥他们做这个做那个。你只需要教他们如何渴望大海就够了。"对于我的音乐教学，我会始终保持着这样的态度，带领一个个小音符们，遨游在音乐的海洋中，创造出属于我们的那艘载着音乐的梦想游轮！我坚信：自信的音符，定会谱写出最动听的歌声！

小学高段语文教学中的美育教育

张海青

摘要： 现阶段小学语文美育教育中存在轻人文性重工具性、缺乏明确统一标准等问题，如何落实语文人文性和工具性的统一呢？阅读教学在小学语文课堂中所占比重最大，耗时最长，同时也是培养审美能力的重要途径。语文教材中有许多文章感情真挚，文质兼美，恰当的教学模式能在不忽视双基提高的同时，兼顾审美能力的培养。

关键词： 审美；阅读；核心素养

一、小学高段教学中进行美育教育的原因

语文教学中进行美育教育在我国已有很长时间的历史，教育家孔子就很注重美育，到了近代，我国学者蔡元培先生积极传播西方的美育思想，成为美育教育的奠基人。陶行知是倡导和实践美育教育的先驱，他在教育中一直把美育放在重要地位，因此，美育成为学校教育的重要组成部分。

2011版语文新课标指出：语文课程应重视提高学生的思德修养和审美情趣，使他们逐步形成良好的个性和健全的人格，促进德、智、体、美和谐发展。这是说语文课是具有浓郁的美育特色的学科，语文教学与美育有着非常密切的关系。培养学生健康的审美情趣，是小学语文核心素养的重要组成部分，语文学科在履行培养学生热爱祖国情感的同时，也不能忽视培育审美情趣的功能和任务。新版语文教材向老师和学生们提供了各种文体的文章可以作为美育学习的范例。随着小学生认知水平的提高，到中高年级，他们对具体形象的依赖性会越来越小，创造想象开始发展起来。小学生的思维从以具体形象思维为主要形式逐步向以抽象逻辑思维为主要形

式过渡，但他们的抽象逻辑思维在很大程度上仍是直接与感性经验相联系的，这就更需要教师在课堂上给予审美的正确引导。

二、现阶段小学语文美育教育中存在的问题

（一）轻人文性重工具性

由于小学阶段存在着一定的考试压力，以及家长对于学生超前的学习规划，导致语文学习在一定程度上工具性占主体地位，学生每天陷在大量默写、题海中，随着网络课程的普及，枯燥繁多的题目接踵而来。学校老师、家长、学生被迫卷入机械地学习，不能在学习中感受语文的人文之美。

（二）美育教育成果缺乏外显化的评价体系

语文会用大量工具性的检测检验其学习效果，在美育教育中缺少对应的评价体系，这就导致了课堂上的美育教育不能很好地渗透，结果也不能直接可视化，会让一小部分教师对美育教育缺乏重视。

三、培养学生审美意识、提高学生鉴赏美的能力

如何落实语文人文性和工具性的统一呢？阅读教学在小学语文课堂中所占比重最大，耗时最长，同时也是培养审美能力的重要途径。语文教材中有许多文章感情真挚，文质兼美，恰当的教学模式能在不忽视双基提高的同时，兼顾审美能力的培养。下面我将以执教的四年级下册《王戎不取道旁李》具体讲述如何在课堂中进行美育教育：

本节课根据学情和学段要求制定的教学目标如下：

（1）正确认读、会写生字，正确、流利地朗读课文，背诵课文；

（2）借助注释理解课文内容，能用自己的话讲述这个故事；

（3）围绕故事内容谈感受，体会王戎仔细观察，善于动脑，能根据有关现象进行合理推断的品质。

教学重难点：

（1）借助注释理解文章内容，能用自己的话讲故事；

（2）体会王戎仔细观察，善于动脑筋的人物品质。

为了达成目标突破重难点设计如下教学环节：

（1）谈话导入，明要求，知作者，激兴趣；

（2）整体感知，学生字，读课文；

（3）借方法，明文意，理情节，晓人物；

（4）明要求，用情节，讲故事；

（5）总结本课，引出《世说新语》。

（一）在理解背景人物中感受文化之美

王戎被称为"竹林七贤"之一，课上学生分享王戎的资料。通过了解主人公、理解题目，激发学习兴趣，为学习跨越历史的故事做好情感共鸣，为感受文化之美做好铺垫。

结合注释讲故事是本文教学的重点，这一环节的讲故事，与理解课文内容时的讲故事大意有所不同，不仅要求能将文言词汇转化为现代语言，还要按一定顺序完整讲述。这是文言文讲故事要过的第一关。注释的代入，让文章翻译起来意思大体能明白，但是缺少语文的美，在此我将采用看画面讲故事的方式将文字中的直白感丰满起来。语言优美的故事情节更能反衬出文言文的凝练之美。

（二）在理清逻辑框架中领悟思维之美

课上讲故事进行思维框架的搭建，在充分理解文章内容和理解人物的基础上梳理情景，让学生在脑中建构基本的故事框架，为思维的输出做准备。在随文的学习中，将故事 4 个情景中的信息点有意识地进行梳理，让学生讲的故事更加完整。学生在讲的时候会有意识讲清楚情景，让讲的过程更有条理性。在脑中搭建思维框架时，做到与古人思维一致，用旁观者的角度和创作者的角度体会主人公的聪慧。进一步体会古文的逻辑思维之美。

（三）展示自信表达的美

通过学生自主讨论讲故事外在表现力的标准，结合课上学习到的内在逻辑的要求，让学生在练习后讲好故事。讲故事时择机指导故事的流利性、悬念性、互动性。自信流利的表达是课堂美育成果的最终展示，也是这节课学生的显性获得。

（四）深化主题，体会人物形象美

体会王戎的仔细观察，善于动脑的人物品质是第二教学重点。在学生充分理解文章内容的基础上，让学生自主思考提问内容上不理解的部分。引导学生理解"树在路旁而多子，此必苦李"的原因。再追问"只要我们细心观察，认真思考就能得出和王戎一样的结论吗？"引发学生的思辨能力，体会王戎 7 岁时的聪慧。学生充分理解了人物，理解了这篇文章历久弥新的原因。

四、落实学生畅快自主表达心中的美

阅读与习作密不可分，相辅相成。在实际习作教学中，首先要做到课前预学，学有目标，在课上进行读写结合的训练，课后，学生在进行单元作文写作时，学会运用课上所学的方法进行习作练笔，用我手表我心。在这样的学习模式下，孩子拓宽了学习的时间维度，把习作的难度——进行分解，学习进程做到了循序渐进，由易到难。在实际学习中，通过一次又一次的习作实践，孩子们的习作学习进入到一个个完整有效的闭环学习模式。只有在学会方法的基础上学生的主体性发挥才有质量的保证。

经过两年习作教学的研究，学生从一开始的遍地开花，处处重点，到后来的习作教学模式，我们边摸索边实践，梳理出自己的习作讲授思路。在小学语文课每单元伊始，我们会让学生明确单元导读要求，提前了解习作要求，在正式学习课文之前，做到学有目标。此处我们将每单元的习作要求提前学习，并没有按常规习惯学完课文再按顺序学习习作，因为在实际教学中我们发现，许多孩子学完课文后并不知道学课文的目的是什么，导致课文中的写作点和孩子的实际写作是两张皮。基于此，我们让孩子做到课前预学，学有目标。

阅读是小学语文学习的基础，是提高学生写作能力的重要途径，而阅读教学是小学小学语文教学的重要内容。传统的灌输式阅读教学模式已经不能满足小学生阅读能力培养的需要，小学语文课堂必须要做到学有所得，得到阅读的方法也能为广阔的课外阅读打好基础，让孩子终身受益。在这，我只是浅谈了孩子阅读与习作的一个小衔接点，小学语文知识体系庞大驳杂，与生活密不可分，不脱离生活实际，细心观察热爱生活才是学好阅读与习作的一切源头。小学语文阅读与习作能力促进学生生活中自由表达能力的研究还在继续，我衷心希望这项研究能够让学生爱上语文，爱上习作，将语文课堂的所得用于生活！

五、总 结

总之，实际教学中例子不少，举不胜举。教学的艺术，不仅在于传授知识本领，更在于鼓动、唤醒、鼓舞。所以，教师要善于启发学生自己思考，要给学生留有想象的余地。我们要真正认识到作为现代人，如果不懂得美，不追求美，不会欣赏和创造美，那么可以说在精神气质或在能力上是有着严重缺陷的人。美与文明、美与人类幸福是密切相关的。所以我们必须把在语文教学中对学生进行审美教育看成自己义不容辞的责任，自觉地担负起这一历史重任，利用这些好教材，对学生进行"熏陶渐染、潜移默化"的美学教育，为祖国未来培养有智慧、感情丰富的一代新人。

参考文献

[1] 李英杰. 义务教育阶段学业标准与评价：小学语文 [M]. 北京：北京师范大学，2017.

[2] 中华人民共和国教育部. 义务教育语文课堂标准 [M]. 北京：北京师范大学出版社，2011.

[3] 吴小英. 小学语文课堂上如何培养学生的阅读能力 [J]. 文理导航（下旬），2014（05）.

为学生的生命成熟点灯

——语文教学渗透美的教育的几种方法及思考

李月红

现代社会关于"健康"的概念已超越了传统的医学观点，不仅包括躯体、生理健康，而且还包括精神、心理健康。当今社会竞争激烈，造成人们心理压力大，在校中学生在这样的社会大环境下生存，面临升学压力，心理脆弱，心理压抑得不到一定的宣泄；再者，我国独生子女以自我为中心的问题也显得越来越严重；更甚者，由于家庭的残缺，如父母离异、丧父或丧母的单亲家庭，隔代抚养孩子等现象，都使孩子缺乏良好的生活和教育环境。有关研究表明：心理发生变化的高发区在青春期，中学生存在的问题令人触目惊心，学校里学生各种不良现象屡禁不止，各种失控越轨行为时有发生，原因固然是多方面的，但与学生心理健康水平不高，心理素质较差有极大的关系。我们如果只重视学生生理健康的教育，而不重视心理健康的教育，对学生的健康成长极为不利。就目前状况而言，对学生进行心理健康教育尤为重要。

语文学科《课程标准》明确提出"在语文学习过程中，培养爱国主义感情、社会主义道德品质，逐步形成积极的人生态度和正确的价值观，提高文化品位和审美情趣。"从语文学科课程本身的心理健康教育资源看，语文课不仅涉及丰富的观察、想象、直觉、形象思维、逻辑推理等心理能力，而且蕴涵着丰富的社会认知和鲜明的人文精神。

无论是语文学科课程本身还是语文学科教学过程，都蕴含着十分丰富的心理健康教育资源，这为学科教学渗透心理健康教育提供了空间支持和物质基础。在初中语文教学工作中，根据初中学生的特点，从实际出发，选择并采取了一些途径和方法，有意识地将意志品质的培养、良好个性的形成、思维能力的锻炼与学科学习紧密联系起来，将心理健康教育渗透到语文学科教学中去。下面谈谈工作中的一些方法和思考。

一、优化语文教学，利用现有教材，激发学生潜在的学习动机

课堂教学是学校教育过程的主渠道，在教学目标的确定、教学方法手段的选择、教学过程的实施等方面，充分挖掘教材中蕴含的心理健康教育因素，注入心理健康教育的内容，创设"尊重、信任、理解、关爱、激励、愉快"的课堂气氛，达到"润物细无声"的教育效果，使课堂教学成为学生潜能发掘和展示的好场所。

（一）充分挖掘语文教材中的情感因素

语文学科是语言工具训练和人文教育的综合。无论是从工具性还是从人文角度考虑，语文教学都离不开情感教育。因此，在这些文字作品中，我们不能仅仅传授语文知识，更要进行情感传递和情感教育。在自然界中，无论是动物还是植物，都是充满着生机和活力的个体。朱自清的《春》所描绘的嫩嫩的小草、绿绿的树叶、牛毛似的雨，写出了早春时节，一场春雨滋润了大地，春草芽破土而出，展示出勃勃的生命力。远远望去，朦朦胧胧。这种情形无疑让人们心里顿时充满欣欣然的生命，让学生通过这如画的文句，体味春天生机盎然、万物复苏的大自然中生命的涌动，以及作者积极向上、乐观的人生态度，引导学生感受、欣赏充满生命力的意象，从自然生物旺盛顽强的生命力中获取生命力量，认识生命意义。学生在反复诵读中体味到生命的真实存在。通过杏林子《生命 生命》的学习，使学生感知到在险境中不断挣扎的飞蛾，在墙缝中不断生长的瓜苗，在听诊器里不断传出的心脏的搏动声；让学生体认到"红杏枝头春意闹"下生命的涌动。

同时，语文教材中不论文学作品，还是议论文，甚至说明文，都饱含着各种积极的自我意识的教育素材。课本中有关"自尊、自信、自爱、自强、自立"的事例，是对学生进行自我意识培养的重要资源。如《谈骨气》中"不食嗟来之食"者的自尊；《最后一次讲演》中闻一多面对敌人枪口，不畏不惧、拍案而起的自信；鲁迅"我以我血荐轩辕"和周恩来"为中华之崛起而读书"的自强。在品味和思索中引发比照，即使学生是心不在焉的，只要有这样教学因素的围绕与浸润，也会使学生在无声无息之中获得自我认识上的改变。完善自我意识，学会自我控制，培养自我发展能力。将心理教育与语文学科紧密地结合起来，就能激发和培养学生的道德感、理智感和美感，陶冶学生的情操，净化学生的心灵，从而使学生在潜移默化中得到心理教育。

（二）多种手段激发学生的学习兴趣

教学内容中蕴含着大量的兴趣因素。教师在认真钻研教材、备好课的基础上，运用幽默的语言，生动的比喻，有趣的举例，借助多媒体手段，用别开生面的课堂情境去激发学生的学习兴趣，提高学生学习的自觉性和持久性。

教师在新课开始时精心设计导语，引发学生的阅读兴趣。别具艺术魅力的导语对于活跃课堂气氛、激发学习兴趣、激活学生的思维乃至提高整堂课的教学效率无疑都具有十分重要的作用。例如，教《沁园春·雪》一词，老师先播放朗读录音，让学生边听边想，使他们驰骋想象，联想诗中北国壮丽的图景、作者豪迈的情怀，学生的情感、态度和价值观也就在这个时候得到挑动、感染和熏陶。这样，学生就自然而然地感受到诗中的美，进入了词中的艺术境界。

同时注意提出问题的难易程度及提出问题的方式，激发学生独立思考或小组探讨，加强对学生学习过程和学习结果的合理评价，激起学生的学习成就感。

（三）倡导"自主、合作、探究"的学习方式

心理健康教育讲究的是主体参与性原则，不再是教师在讲台前一味地讲授，而是教师和学生一起在活动中自己去体验、去感知。师生互动教学模式以学生为主体，鼓励学生大胆设疑提问，提倡学生自己动手实践。学生学习方式的这一转变，使得课堂教学在整体上发生了根本性变革。学生在发展认知能力的同时，不仅自信心、团队协作精神、竞争意识、情绪控制力和坚强勇敢等意志品质均得到不同程度的发展，同时也增强了学科魅力，使课堂教学更加贴近学生心理，容易为学生所接纳。为此，大力倡导"自主、合作、探究"的学习方式，重视师生之间的平等对话和心灵沟通。以合作的理念，科学定位教师与学生、学生与学生之间互动的民主合作关系；以互动的理念，科学促进教与学之间的"教学合一"关系。以教导学，以学促教，使不同的学生在各自不同的层次上得到相应的发展。

在教学方法的使用中，应多创造机会让不同学习能力或者看法不同的学生能互相帮助、互相学习。通过分组合作，培养学生合作学习的意识和集体解决问题的能力。

二、营造良好的课堂教学氛围，增强学生的归属感和自主性

随着身体的发育和智力的发展，中学生的个性逐步形成，很多同学的自觉程度、兴趣程度、毅力强度等方面有待教师引导和培养。语文学科渗透心理健康教育，不仅要在思想内容上的渗透，而且还应在营造良好的课堂教学氛围上下功夫。通过教育，使学生在情感、意志、性格和品德以及审美情趣等方面得到和谐的、完美的发展。

（一）营造平等、民主、合作氛围，缩短师生之间的心理距离

尊重学生的价值和尊严，关心理解学生，站在他们的立场上去感受学生内心世界，并用学生的内在参照标准去感知他们看到的外在世界，还要能传达出学生的感受，即用一份童心去领会他们，而不是用成人的思想。语文教师在运用心理学知识将心理健康教育与语文学科教育进行良好渗透的同时，还必须运用心理学知识与学生进行心理交流，注意倾听学生的心声，尊重并鼓励他们。此外，教师还应本着教师是教育者而不是命令者的原则，在人格、权利上与学生享有同等地位，自己的观点不能强加给学生。这样，才能创造更加和谐良好的课堂气氛，使学生在学习语文知识的同时得到良好的心理教育。

（二）精心组织教学内容，积极改进教学方法

在课堂教学中，教师应在坚持愉悦性、激励性、差异性、支援性等课堂教学的心理卫生原则的前提下，着力于通过精心组织教学内容，积极改进教学方法、精心

设置问题情境等引发学生的兴趣，寓教于乐，鼓励成功，通过平等、民主、合作的师生关系来带动课堂的良好氛围，促进学生良好的心理素质和良好的人际关系的培养和建立。

三、结合自身学科特点，灵活采取一定的方法

学科教学中渗透心理健康教育应该说没有固定方法。单从教学设计取向看，学科渗透心理健康教育可以学生为中心，重视学生的人格塑造，促进学生的心理发展；可以问题为中心，理论联系实际，帮助学生解决心理问题；也可以活动为中心，加强心理训练，塑造学生良好的心理品质。

（一）阅读渗透

这种方法主要是对学生课外阅读进行一定的调控，在指导学生课外阅读时，有意识地编印一些心理阅读资料，向学生推荐一些心理健康教育的阅读刊物，达到渗透心理健康教育的目的。如语文课在选取阅读练习的文章、作文的材料、试题素材时，针对学生的实际，选取有心理健康教育意义的文章或片段，使学生在训练中受到教育。

（二）背景渗透

学习某些课文，需要了解时代背景，包括作品反映的时代背景和作者写作的时代背景。在介绍背景时，可运用正确的立场、观点、方法，进行心理健康教育的渗透。在讲苏轼的《赤壁赋》一文背景时，让学生体会作者遇到挫折后体现出来的超脱的人生态度和乐观的情怀。让学生学习苏轼在面对困难和挫折时保持乐观的生活态度。《岳阳楼记》《醉翁亭记》《记承天寺夜游》这些作品，也都是作者仕途失意、遭遇挫折时的作品，然而学生们读到的却是宽阔的胸襟、旷达的心境、乐观的人生态度、远大的政治抱负。所以，面对仅有一次的生命，我们应灌输给学生的是"善待"，我们无力决定生命的长度，但我们可以努力提升生命的高度。从心底对挫折有正确的认识，从而可以勇敢地面对困难，解决困难。

（三）主题渗透

主题是文章或作品表现出来的主要思想，包含着丰富的心理健康教育内容，只要运用正确的观点和方法来探讨主题，就能对学生产生心理健康教育作用。例如，讲《邹忌讽齐王纳谏》一课时，在完成人物和结构的分析后，学生归纳的主题为"赞扬了邹忌善于讽谏"。可顺势发问："为什么说'善于'？"同学们的讨论转入到邹忌的劝谏技巧上，并认为是邹忌的"善于"使齐王悦纳了邹忌。接着提问："怎样使别人悦纳自己？"于是展开了一次有关人际交往的小讨论。

（四）人物渗透

人物形象，无论是正面还是反面的，只要运用正确的观点和方法来分析，都能

对学生产生教育作用。例如在与同学们阅读补充材料《装在套子里的人》一文时，通过讨论别里科夫这个人物形象，让同学们从性格方面来分析这个人物。同学们对别里科夫是怎样的一个人进行探讨后，认识到性格缺陷对人身心健康的危害，同时加强了他们在人格和人际关系方面自我改善的意识。

（五）辅导渗透

在学习辅导的过程中，教师的心理健康教育作用尤其不可忽视，老师对学生的心理问题，要善于发现，及时引导。要充满关怀，循循善诱，促使学生的心理状态向健康的方向发展。通过学习的辅导与学生积极沟通，体现平等性和理解性。所谓"食补"不若"心补"，教师的正确诱导能促进学生积极健康的发展。至于如何进行学习辅导中的心理诱导，我们认为作为观念层面的心理诱导，其技术和方式是不一而足的，也就是随机性的正面牵引，不能变成简单的定义和程序。

（六）作文渗透

在作文教学中给学生设置一个大胆写、大胆问、喜说乐写的平台，让他们尽情倾诉内心感受，这样不但能对学习作文大有帮助，而且对学生也有良好的心理健康教育，可谓相得益彰。

1. 自我反思

例如，学生在命题作文《这就是我》的习作中，要勇敢地介绍自己，一方面大胆地写出自己的才能和优点，另一方面也要客观地剖析自己的不足，寻找以后努力的方向，在反思中逐渐成长。同学之间在相互修改作文和班级作文小报中增进了了解，融洽了关系，相互鼓励，体会到相互尊重和自尊的重要，在习作中体验了自立，增强了自信。又如在习作课《圆圆和方方》引导学生理解"人各有长处和短处"，并让学生自由剖析自身的情况。有的学生用《两个有趣的我》的童话故事，"一个自私，一个高洁"，以文学的想象手法让现实的自我与理想的自我进行了深刻的对话，在对话中在肯定人性必然有缺点的基础上，自我否定了自私。深入地自我解剖，使学生自我体验达到了另一高度的平衡，增强了自信，同时也自己树立了明确的前进目标。再如写《我的家庭》《我的父母》等习作中，也借作文的机会充分展露自己对亲人、对世界的看法，深切体会自己在周围人心中的形象，从而获得更为真切的自我体验。因此语文专题习作，也是让学生增强学生自我体验的有效途径。

2. 明理导行

例如，《谈中学生早恋》《上网弊大于利吗》等作文所涉及的问题，几乎每个学生都关注过，思考过，这类问题不单单是作文问题，而且还关系到他们怎样成长、怎样成功的切身利益。这些作文，适应学生日趋强烈的参与意识，为他们表现自己的才干创造了机会。

3. 爱国教育

例如，《天下兴亡，匹夫有责》《先天下之忧而忧，后天下之乐而乐》等，这类作文有利于开阔学生的胸襟，树立"以天下为己任"的责任感。

作为一名语文教师，要充分挖掘文学作品中充满智慧、洋溢着人性光芒的内涵，让学生领悟"人生自古谁无死，留取丹心照汗青"的爱国热情，品味"出淤泥而不染，濯清涟而不妖"的高洁品质，欣赏"沉舟侧畔千帆过，病树前头万木春"的乐观情怀，领略"不以物喜不以己悲"的豁达人生。语文教材作为培养学生健康心理和健全人格的宝库，只要教师引导得法，学生就会在阅读、品味文学作品的过程中，有所感悟，有所触动，从而使学生的心理品质得到无声的陶冶。

文随境生，美自悦读
——记叙文阅读教学的实践探索

汪　烨

摘要：记叙文阅读教学是初中语文课堂的一个难点。在课堂阅读教学中，很多时候学生不能实现真实阅读，学生阅读思维不能得到真正的发展。本文论述了在实践教学中，通过教师教学理念的转变，多种教学行为的实施，让学生在阅读中感悟语言文字的魅力，获得审美感受，激发学生学习兴趣、培养学生问题意识，让学生经历研究问题和解决问题的过程，体验知识发展与扩展的过程。

关键词：阅读教学；兴趣培养；审美感受

语文学科核心素养是学生在积极的语言实践活动中积累与构建起来，并在真实的语言运用情境中表现出来的语言能力及其品质；是学生在语文学习中获得的语言知识与语言能力，思维方法与思维品质，情感、态度与价值观的综合体现。主要包括"语言建构与运用""思维发展与提升""审美鉴赏与创造""文化传承与理解"4个方面。高中语文新课标要求通过审美体验、评价等活动形成正确的审美意识、健康向上的审美情趣与鉴赏品位，并在此过程中逐步掌握表现美、创造美的方法。

"中学属于基础教育阶段。在这一阶段，让学生学习各种知识，训练各种技能，固不可少，但更重要的还在于使他们学会学习。"在阅读教学中渗透审美教育不仅可以帮助学生认识现实，认识历史，同时可以发展他们的观察能力、想象能力、形象思维能力和创造能力。

新时代的教育要求教师不再是纯粹的教书先生，而是要求在教书的同时用科学的方法育人，老师要用自己的学识和丰富的人生阅历，做学生成长路上的知心朋友和引路人。既要传授知识，又要使学生感悟知识给生活带来的感受。一种愉悦、一种心动。

一、初读时，发现美

环境是无声的老师，创设良好的阅读环境，可以提高阅读的有效性；同时，舒适、安静、轻松的氛围，是激发学生阅读兴趣，培养学生阅读习惯，促使学生自主阅读的有效保障。

课堂上，根据学生身心发展和语文学习的特点，对不同类型的课文我认真地设计了不同模式的授课方式，以此来激发学生的主动意识和进取精神，在学生感兴趣的自主活动中全面提高语文素养。以前是教师带着知识走向学生，现在是教师带着学生走向知识。培养学生良好的学习习惯，使他们学会学习。在语文教学中渗透情感、管理与评价、认知、调控、交际、资源等学习策略的培养，有利于学生的终身学习和持续发展，符合"以生为本"的教育理念。

依托"以学生发展为本"的教学理念，提升学生核心素养，是语文教学应该承担的责任。世界著名教学专家马克斯·范梅南说："教育学就是迷恋他人成长的学问。"我们的教育教学活动应关心孩子的自身及其发展。今天的教育不仅要向学生传授知识，更重要的是在教学过程中培养学生从事终身学习"可持续发展"的意识和能力。语文教学应在这一前提下致力于学生语文素养的形成与发展。

《语文课程标准》里写到"阅读教学是学生、教师、文本之间对话的过程。""阅读是学生的个性化行为，不应以教师的分析来代替学生的阅读实践。""要珍视学生独特的感受、体验和理解。"这些提法，要求语文教师要让学生作为阅读的主体，用心灵去体验文本，从而发现美、欣赏美、创造美，丰富自己的精神世界。

语文教学的终极目标，就是要培养学生的自主习惯，提升学生的自主学习能力。从而使他们尽快达到"展卷自能通解，下笔自能合度"的自学水平。故在课堂教学中，让学生学会学习，无疑是十分重要的。而培养学生的创造思维能力是使学生获得这种能力的主要方法之一。

（一）细致描绘课文的图画美

语文学科，每一篇课文本身就是文学作品。文学与艺术有着密切的联系。

众所周知，语言文字作为符号系统是抽象的、枯燥的。因此，语文教师需要借助艺术使语文教学生动活泼，于是我用图画创设授课情境。预习作业不再是以前的单一读书，扫除生字障碍等内容，而是改用"画"课文的方法，使他们对要讲的课文产生浓厚的兴趣，发现字里行间的美，并用画笔描绘出来。那么，要想完成绘画任务就必须了解课文，读懂课文。这样，在完成这项工作过程中，同学们就主动地把课文通读了若干遍，从而达到了预习课文的目的。在课堂上，同学们再向全班介绍自己的作品，这又顺利地完成了复述课文这一环节。用图画强化记忆，这也有利于完成背诵课文的工作。这种抽象到具象，由文字符号到表意图象的变化过程正是激发学生主观能动性的渠道。他们由兴趣指引主动地阅读课文，用他们活跃的思维创造出图画，所以说"画课文"是一种中介手段，是使学生对语文学科发生兴趣的重要手段。

（二）精致雕琢课文的形象美

加德纳强调说："每个个体都以不同的学习方式学习，表现不同的智能特点和智能组合。毫无疑问，如果我们忽略这些差异，坚持要所有的学生用同样的方法学习相同的内容，就破坏了多元智能理论的全部基础。"

语文学科，每一篇课文本身就是文学作品。它可以激发学生的阅读期待，促进学生的阅读反思；引领学生多角度的阅读；启发学生有创意的阅读；让学生充满愉悦地进行阅读与成长。

对于有些同学来说预习是走过场的事，而教师适时地创设情境为学生搭设了台阶，使学生能够产生对所学课文的兴趣。爱因斯坦说过："兴趣是最好的老师"。从问题的解决方式看，对于这一过程学生会作出自己的选择，也许有的人会选择读书或聆听别人进行研究的对话，有的人选择视频图像，观察图片，研究图表。有的学生安静而少动，而有的则一直动个没完。可见问题的解决不是一蹴而就的，而是需要长时间、多渠道地进行探究。

激发学生走进课文的兴趣，让学生乐意接受。教师设计导语将学生的注意力引导到课题的内容上来，要使学生尽快进入角色，使学生在主体范围内自行发现与主题相关的综合性问题，并自行提出解决方案，进而解决问题。

讲授《核舟记》这一课。之前的预习作业我要求学生自购粉笔，并在粉笔的笔身刻小船。同学们非常奇怪语文课怎么改劳技课了。看到同学们的兴趣上来了我非常得意。第二天同学们叫苦连天地来到学校。"粉笔太小""一刻就断"，等等。接着我拿了一根粉笔和一个桃核进行体积大小的对比，并告知这个桃核就是我们这篇文章要介绍的物件。许多同学立刻明白了我的用意。这样一节令同学们头疼的古文课以这样的一个良好的导入开始。而且出于好奇心学生们会迫不及待地到课文中去找到答案。

《课程标准》中指出："学生是学习和发展的主体，语文教学必须根据学生的身心发展和语文学习的特点，关注学生的主体差异和不同的学习需要，爱护学生的好奇心、求知欲，充分激发学生的主动意识和进取精神，倡导自主、合作、探究的学习方式。"因此在教学中我们可以采取多种形式，放手让学生自主学习，尽情发挥想象，释放自己的情感。

二、阅读中，感悟美

传统的启发式教学，教师为学生搭好台阶，一步一步，学生只需拾级而上，看似热闹，但是留给学生思考和探索的空间实际上已经很小，许多问题的潜在功能和价值都大被削弱。进入新课程改革阶段，我们就要重新思考如何能够激发学生的主观能动性。为了很好地利用课堂发挥学生的潜能，我们要对不同学生提出不同层面的问题，这样设计既给学生留下充分的思考和探索的空间，问题的潜在功能和价值也得到充分体现。我们在设计教案时应尽可能做到以下三点：

（一）斟词酌句感悟哲理美

审美教育表现为一种感性活动过程，在客体的感性形式中溶解着理性的社会内容，在主体的感性直观中积淀着人类的理性能力，它以一种独特的方式进行德智体美的全面教育。

爱因斯坦说过：提出一个问题比解决一个问题更重要。同学们认真诵读课文后小组讨论出本课存在的不懂的问题，进行自主探究式学习。然后再由老师筛选出普遍的、有价值的问题板书并进行指导性讨论。所谓指导性就是教师依据本堂课的教学思路，引导学生进行讨论，因为我们的课堂教学总是有一定目标的，毕竟要做到"万变不离其宗"。

《斑羚飞渡》这篇文章是沈石溪先生的作品，文章通过猎人追杀走投无路的羚羊，而羚羊用牺牲一半种族羚羊的方法，将种族延续。这虽说是一篇动物小说，但是折射出了人性的丑恶和动物世界的美好。在讲授《斑羚飞渡》这篇课文时我从题目中的"飞"字入手提出了一系列的问题构建了一节课的脊梁。

问题一：斑羚会飞吗？

问题二：斑羚为什么要飞？

问题三：它们是怎样飞的？

问题四：飞的结果怎样？

问题五：飞的意义何在？

学生们带着这5个问题去读书，去思考，去感悟。问题五的解决也是此节课的核心。不同的学生会有不同的体验和感悟，他们可以从不同的角度和问题来阐述自己的感受。

我们可以看到正因为这样联系紧密，层层深入的问题的出现才使得学生能够充分挖掘自己的潜能。而老师也在适当的时候完成了本课书的教学目标。总之，无论采取哪种方式进行教学，最终目的都是使课堂成为学生驰骋的天地，使他们在课堂学习中体现自我、挖掘自我、完善自我。

（二）情感体悟真挚的人情美

审美教育可以促进学生的德智体美全面发展。它可以提高学生思想，发展学生道德情操。

我们常说："文章如酒"，酒能深入人的肌体和血液，春风化雨，润物无声，滋润学生心田的正是文中作者那浓浓的情。作为教学活动组织者和引导者的教师，要有一种创设作品情境，借助实际情况适时唤起学生的情感。

有一次，那是在讲胡适的《我的母亲》的时候。为了使同学们能够了解胡适对母亲的感激之情，我请每一位同学都回忆一下自己的母亲，回忆过去生活的点点滴滴。没想到看似平常的一个举动却受到了比我预期还要好的效果。同学们先沉默了几分钟，之后同学"w"站了起来。它是我班有名的捣蛋分子，他的发言使我们感触不小，他对母亲的感激之情胜过我们每个人。他的妈妈是个残疾人，一个残疾人抚养一个不听话的孩子付出的要比常人多得多。开始他很平静，可说着说着他的声音颤抖了，他的眼圈红了，堂堂七尺男儿竟能这样动情，说明了他的入情。借助情境，学生的情感体验自然转移到对课文的体验上。真正实现了学生与文本的对话，学生自己与自己的对话。而此时我抓住时机及时对班内的同学进行引导，使他们拥有一颗爱人的心，爱社会的心，爱国家的心。我趁热打铁肯定他的学习成绩，然后再指出他的不足以及同学和老师对他期望。他的转变尽管成效不算太快但他每天都在变。一份辛劳，一份收获。他的学习成绩有了明显的提高。

语文教材中的文章大都是赞美人间的美好情感，无论是哪一种情感，都体现了人世间炽热的真情，必然会震撼学生的心灵，让学生细细品味，进行阅读，学生们也会珍惜身边的真情。一个个文字构成了一篇篇文章，它同时也串联起我们对家人的爱慕之情，让我们实现了真挚的情感体悟，体悟到了人间的真善美。

三、品读中，创造美

研究表明，每一个人都有一定的创造潜能，创新教育正是以培养人的创新精神和创新能力为基本价值取向的教育。我们对学生们施以教育和影响，使他们作为独立的个体，能够善于发现和认识有意义的新知识、新事物、新方法，掌握其中蕴含的基本规律，并具备相应的能力，为将来成为创造型人才奠定全面的素质基础。

知晓学生们平日的关注点，能够使我们和学生彼此拉近距离。拉近距离可以使学生们乐学，从而善学，最终好学。我利用每日早读之前的15分钟进行语文学科的拓展学习活动。

周一，每周新闻播报（主持人模仿新闻主播，向同学们播报校内外重要新闻）；

周二，听写实践（通过听音乐想象画面，用文字表达出来）；

周三，听读赏析（美文赏析，由组员选文推荐，并引导同学们进行赏析）；

周四，唱响全班（通过歌曲，昂扬斗志，渲染氛围，促班级向上）；

周五，静读品味（品读美文，静心感悟）。

这样的安排，是从语文最基本的4项能力"听""说""读""写"入手，通过学生们最关注的视角入手，学习语文。每天内容的安排都是由合作小组来完成。

一个合作小组承担一周的内容。所有素材都是学生们亲力亲为。这样在准备过程中既提升了学生们的语文素养，又考验了同学们的团队合作精神。这样，在兴趣爱好中进行语文的学习，真正体现了语文学科"人文性"和"工具性"的有机结合。

创新使学生们的自身潜能得到发展，学生们由于教师的充分信任受到重用，自身就会释放能量，随之带来的还有学习气氛的愉悦。有了这些方便之门的开启难道我们通向罗马的大路还会少吗？在工作中，我们一定要有理、有方、还要创新。不断挖掘适应时代发展的育人招数。

我坚信每个学生都有天赋，我们应当为学生提供探索和发展智能的机会。引导学生发表独特的见解，不断探索问题，培养学生求异的思维能力，鼓励学生发现别人没有注意到的问题。爱因斯坦曾说："提出一个问题，往往比解决一个问题更重要。"无论怎样只要适时、适度、适量地进行教学，把提问的作用从有效获得正确的答案过渡到深入挖掘问题的实质，就能使学生的思维能力得到实际的培养和发展，收到良好的教学效果，教师的工作是托起明天的太阳。我们的最终目的就是使学生获得更多的财富，成为最大的受益者，最后的胜利者。

罗丹说过："美是处处都有的，对于我们的眼睛，不是缺少美，而是缺少发现。"语文教材中到处都有美的呈现，只要引导学生进行阅读，将审美渗透进我们的阅读教学中，就会发现美的真谛。在挖掘美的过程中，学生必然会在美的环境中陶冶情操，净化心灵，获得丰富的审美感受，提高自己的审美素养。

总之，我们的教育教学就是让学生通过自主学习获得学习讯息，感悟学习的内涵，尤其在阅读教学中，能够有自己的语言来诠释阅读感受，用自己的感悟来体现审美的内涵，以达到对阅读内容的理解。让学生作为阅读的主体，不但可以让我们获得自信，更重要的是从文章中，我们体悟到人性美、哲理美，捕捉到人世间那美好的存在。用心灵去体验文本，从而发现美、欣赏美、创造美，丰富自己的精神世界。

参考文献

［1］张秋玲，王彤彦，张萍萍等．新版课程标准解析与教学指导［M］．北京：北京师范大学出版社，2012.

［2］钟祖荣，伍芳辉．多元智能理论解读［M］．北京：开明出版社，2003.

［3］余映潮．从"新"来研究记叙文阅读教学［M］．2006

［4］陈铮，田良臣．阅读教学改革新途径——阅读策略教学［M］．2004.

［5］王文静．创新的教育研究范式［M］．上海：华东师范大学出版社，2011.

［6］周军．教学策略［M］．北京：教育科学出版社，2003.

［7］王丽娜．初中语文阅读教学中的情感教育研究［D］．哈尔滨师范大学，2016.

审美渗透融入学校德育

郝 成

我们经常谈三个问题：培养什么人？为谁培养人？如何培养人？它引起我们对教育去向问题的思考，而教育中德育的最终目标可以说是塑造一个人灵魂。人的情感世界是复杂、丰富、多变的，所谓塑造灵魂其实就是建立价值观的过程。

人是多元化的生物，而学生更是处于一个不稳定的年龄阶段，所以帮助学生建立价值观或者说学生德育是一项非常困难和复杂的过程，简单死板的传统说教方法是低效的，甚至是无效的。

一、审美融入教育的必要性

生活离不开美，缺少美，生活单调乏味，没有活力。学生团体应该是一个社会中最具有活力的群体了。学生对美的追求也很大程度反映对美的认知和需求。学生群体对美的事物的追求，体现在他们学校生活、家庭生活、集体生活之中，同时也伴随于每个高中学生的成长教育中。

审美过程的融入可以看作是现代美学教育、劳动教育、思政教育尤其是德育的一个重要载体。审美与美德，或者更确切地说，德与美是紧密联系在一起的。从这个角度看，美育其实也能归类到道德教育之中。美德，这个词有两个部分构成，美和德，也呈现出了两者的关系。

二、学校教育审美融入的关键途径

在学校的美育与德育上应该寻求一种有机的结合，不是这二者简单的堆叠到一起，也不是哪一方可以替代另一方的关系。注重培养学生对美的认识，追求学生德育的效果，就必须要利用好审美融入手段，这其中包括感知美、理解美、鉴赏美、融汇美等能力。

能够引发德育认同的关键点是能否使学生收到感动，所以德育应该作用于一个学生的情感。人们常说的晓之以理是德育过程中常见的手法，而动之以情是德育追求目标的具体体现。过于理性的思想政治说教对需要道德教育的学生来说没有太大帮助，学校教育、家庭教育应该在不断地探寻新的更适合于未成年人的教育手段。

在这种需求的促使下，我们应该尝试也应该相信审美融入教育过程的力量和作用。美的人和事都可以在生活中感化人，凡是生活中能够引起情感共鸣的事情、物品多少都有美的特征。这种美的特征不局限在外表优美，而是一种多方位的认同。所以，在一段行之有效的德育行为实施的过程中，其方式极具美的特点：随风潜入夜，润物细无声。

三、通过情感沟通完善学生情感体验并建立价值观

德育是通过人与人之间感情沟通的方式来实现的，情感的作用是感化。这种感化是如何发生的？这是因为有德行的人感受到这种情感的高尚。无论是社会公德的普及宣传还是学生个人的道德提升，只有当学生认为它能感动自己的时候，才更有意义，而这种能感动他人和自己的道德才能逐渐成为学生具备的美德。

善其实就是美，正是从这个角度上讲：没有人类的情感，就没有也不可能拥有对真理的追求。审美的融入和渗透是一种非常高明的教育手法，将审美这种融入和渗透进教育过程，甚至是教学过程，不仅仅加强了学生的情感感知能力、想象能力，也可以丰富学生的情感，引导了学生价值观念的形成，完善学生的情感体验。

四、关于审美融入中的思考

审美渗透和融入可以作为完善生活、强化人格、提高学生综合素质的重要途径，也是使人特别是未成年人成熟进步的具体途径，在教育教学等诸多方面起到作用。

新时期的德育与美育务必做到紧密结合，共同育人。理性地灌输固然是一种传统的教育手段，但是在价值观多元化的今天，越来越显得力不从心。审美在德育中的引入，如何才能使理性灌输变为一种生动形象的体验？

教育要依靠人与人之间道德情感的培养，学生如果只是知道行为规范、法律条文的话，不一定能做到行为上的遵守，但是当这种道德规范被转化成学生自己的道德情感时，他的所作所为才会产生内在的动机，此时的条文规定才不是文字上的，才可能被学生真正的认同，我想这就是共情的一种体现。

在教育过程中德育与审美应该追求相辅相成、两者促进的关系。从正向说：审美观的建立和发展肯定要依靠于道德教育的引导，才能使美丑观具备思想性和规范性。而反过来看：德育同样要靠审美的融入渗透来丰富其内涵，从而变得有血有肉，起到锤炼品格、陶冶性情的作用。

因此，我们在看待新时期德育的时候，应该首先认识到是做人的工作、是完善人格的工作、是丰富情感体验的工作。不仅仅应该认为它是思想上的、逻辑上的、规则上的，既要讲道理，说理使人信服，又要把说理融于感情，使人动情。

读史使人明智——生存的智慧

钱　怡

摘要：本文通过对《崤之战》《鸿门宴》两篇传统篇目的分析，旨在提出核心思考问题——弱者的生存之道是什么。强大的秦国因为穆公的利令智昏全军覆没，主帅被擒；弱小的刘邦通过了鸿门宴的考验，保存实力，最终战胜项羽，建立强大的西汉王朝，等待强者的不一定就是成功，等待弱者的也并非一定是失败。本文就是要通过读史，帮助学生明了真正的生存智慧。

关键词：审时度势；忍辱负重；能屈能伸；团结一心

老子的老师常摐（chuāng；也有人说是商荣），他病重将死，老子前来探望，并讨遗教。常枞"张其口而示老子曰：'吾舌存乎？'老子曰：'然！''吾齿存乎？'老子曰：'亡！'常枞曰：'子知之乎？'老子曰：'夫舌之存也，岂非以其柔耶？齿之亡也，岂非以其刚耶？'常枞曰：'噫，是已！天下之事尽矣，何以复语子哉！'"常枞以刚齿比柔舌先亡的事实，启发老子概括出柔弱胜刚强的结论。

你觉得"柔弱可以战胜刚强"吗？

北京版高中语文教材必修三、必修四、选修一中，选取了大量史传文学，如《烛之武退秦师》《崤之战》《鸿门宴》等，如何吸引学生，高效地完成教学任务呢？在新课改，任务群学习的启发下，我尝试去把一些篇章进行归类整理，以"生存的智慧"这一主题串联几篇文章，以下就是我此次备课的一些心得体会。

一、教材分析

（一）《崤之战》

1. 背　景

公元前630年，秦晋围郑，郑国于重重包围中派烛之武夜缒而出，成功说服秦王，秦穆公与郑人结盟。让杞子、逢孙、杨孙戍守郑国就回国了。

两年后，晋、郑两国国君新丧，"杞子自郑使告于秦，曰郑人使我掌其北门之管，若潜师以来，国可得也"，穆公经不住诱惑，决定要越过晋境偷袭郑国。

2. 经　过

孟明视率军路遇郑国商人弦高，弦高设计欺骗秦军，同时向郑国通风报信，郑国赶走了秦国三将，秦军见偷袭不成，只好"灭滑而还"。

3. 结　果

晋襄公率军在晋国崤山隘道伏击并全歼了秦军，俘虏了秦国三帅。在文嬴的帮助下，三帅得以回归秦国。秦穆公宽宏大量并没有处罚三帅，也为后来秦晋两国的两次战争埋下伏笔。

（二）《鸿门宴》

1. 背 景

秦末农民战争风起云涌，项羽抗击秦军主力，巨鹿之战以弱胜强，不过也耽误了他前进的步伐。刘邦率军首先进入关中地区，按照与楚怀王的约定，先入关中，他就应该在关中称王，不过刘邦"籍吏民，封府库"，与关中百姓"约法三章"，深得民心。

打败秦军的项羽，感受到了来自刘邦的威胁，准备第二天消灭沛公军队。

2. 经 过

项羽的季父项伯为了报答张良的救命之人，半夜跑去刘邦阵营通风报信，刘邦在张良的帮助下取信于项伯，约定第二天一早去向项羽请罪。

3. 结 果

虽然范增一心想要置刘邦于死地，但是由于项羽的犹豫不决，最终刘邦团队全身而退。

众所周知，最后楚汉战争以项羽的失败而告终，可以说，鸿门宴是消灭刘邦最好的机会，机不可失，时不再来。

二、对比探究

综合以上两篇文章，不难发现一个悖论，那就是强者不胜，弱者不输。秦郑相比，秦强郑弱，但秦国出兵袭郑，结果却是郑国毫发无损，秦军全军覆没；楚汉之争，楚霸王的实力远远超过沛公，但垓下之围，项羽被迫自刎乌江。歌咏着"骓不逝兮可奈何！虞兮虞兮奈若何！"的他又是多么的悲壮而无奈呀！

为什么会强弱异变，功业相反呢？这是一个值得思考的问题。

（一）崤之战秦国失败原因分析

1. 天 时

周襄王 24 年，郑文公、晋文公先后谢世。戍郑的秦大夫杞子等向穆公密报，说他们掌握着郑国都城的城防，建议穆公派兵偷袭郑国，由他们做内应，则郑国可灭。这一点看似有利于秦穆公争霸，但是因为以大局为重的晋文公去世，由烛之武挑唆起来的秦晋之间的矛盾这个时候就很容易再次露头，晋国新君主也需要稳固自己的位置，打击秦国无异于给了他一次绝佳的机会。

2. 地 利

秦国的失败，蹇叔似乎早已料到，送子从军，向师而哭。那么我们就先来看一下当时的地形图。

很明显，秦国地处西方，想要袭郑首先要千里跋涉，军队很容易疲惫，而且路线是沿着晋国的边境在走，这无异于是与虎谋皮。其实这样的长途跋涉还非常容易走漏风声，所以想要趁人不备，展开偷袭是根本不可能做到的。

3. 人　和

孟子说："天时不如地利，地利不如人和"，那么就让我们来看一看秦、晋、郑三国的内部情况。

郑国国君虽然后知后觉，但是好在他有很多忠心爱国、机智勇敢的子民，这在烛之武以一己之力，凭三寸不烂之舌化解秦晋围郑的危机时就初见端倪。这次走上历史舞台的是个地位卑微的商人弦高。他撞破秦人的诡计，一方面大张旗鼓地劳师，宣称这都是郑国国君安排，给秦人以震慑，另一方面他又赶快派人去通风报信，这才赶走了秦国三将。秦帅孟明见内应已逃，郑国有了准备，不得已放弃原先的计划，只得灭滑而还。

晋国中军帅先轸以"秦违蹇叔，而以贪勤民，天奉我也。奉不可失，敌不可纵。纵敌患生；违天不祥。必伐秦师！""秦不哀吾丧而伐吾同姓，秦则无礼，何施之为？""吾闻之：'一日纵敌，数世之患也'。谋及子孙，可谓死君乎！"三个理由成功说服襄公。晋襄公穿着丧服亲自督军，设下埋伏，全歼秦军，生擒孟明视、西乞术、白乙丙等三帅。

反观秦国，穆公利令智昏，对待蹇叔一而再，再而三的劝阻，他只是回复了一句"尔何知！中寿，尔墓之木拱矣！"，就是骂蹇叔是个老不死的，不就是说了几句不合心意的话吗，作为一国之君，这气量也未免小了点。再看秦国的士兵，经过周都城北门的时候，蹿上跳下，轻狂少礼，究其原因，首先是主帅对他们管理松懈，其次是他们对此次战斗盲目自信。嬉皮笑脸、满载战利品的秦军对上早有准备、等君入瓮的晋军，结果不言自明。

回到最初的问题上，柔弱可以战胜刚强吗？在郑国的身上我们看到了希望，

（二）楚霸王兵败乌江原因分析

在"楚虽三户，亡秦必楚"的社会舆论下，"力拔山兮气盖世"的项羽横空出世，成为一时无双的英雄豪杰，反观他的对手，名不见经传的市井混混刘季，也许在项羽心里根本不认为刘季有资格与他争夺天下吧，可结果却让所有人跌破眼镜，

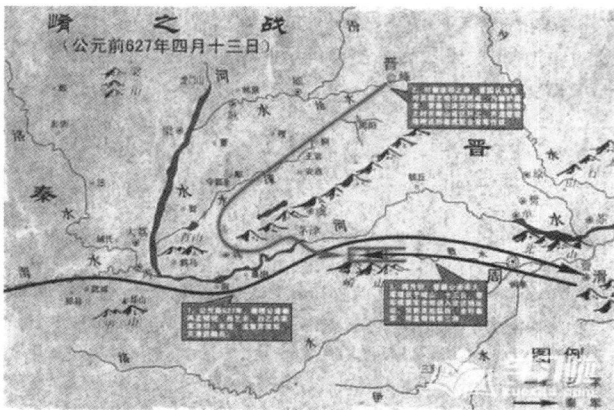

究其原因，我认为有以下几点。

1. 在关中

各路诸侯战前与怀王的约定是"先入关中者，亡之"，由于种种阴差阳错，刘邦率先带兵进入关中，放过了素车白马来投降的秦王子婴；并与关中百姓约法三章，"杀人者死，伤人及盗抵罪"，悉数废去了强秦暴政，让官吏百姓安居乐业；又婉拒了百姓的酒肉犒劳，使关中百姓唯恐沛公不为秦王。反观项羽，"引兵西屠咸阳，杀秦降王子婴，烧秦宫室，火三月不灭，收其货宝妇女而东。"——屠城、杀降帝、烧宫室、掠人货，并搬出了他那套有名的"富贵不归故乡，如衣绣夜行，谁知之者"的言论，可以说项羽在当时帝都的表现更像是一个下山劫掠的山大王，而少了一种帝王应有的眼界与胸襟。

2. 鸿门宴

鸿门宴是楚汉争霸的转折点，正是鸿门宴前后刘邦、项羽两人的表现为以后来的汉兴楚亡埋下了伏笔。

刘邦曾与众将分析项羽失败原因有两点，一是"项羽妒贤嫉能，有功者害之，贤者疑之，战胜而不予人功，得地而不予人利，此所以失天下也"，二是"项羽有一范增而不能用"。这两点在鸿门宴上都得到了充分的体现。

刘邦先入关中，本应王之。然而别人几句煽风点火，项羽就要第二日"击破沛公军"，此其一。虽然范增一再力荐，必须及早铲除刘邦这个后患，可架不住刘邦态度好，主动请罪，谦恭有礼，一下子就把项羽的怒火熄灭了。即使后来范增又是"举所佩玉玦以示之者三"，又是找来项庄，打算寻找机会击杀刘邦，项羽却都向旁观者一样不置可否的作壁上观，还主动把向自己通风报信的曹无伤卖了出去，此其二。

项羽的表现，鲁莽而刚愎自用，总是听风就是雨，缺少自己的判断；对强敌刘邦没有基本的提防，总是以为"老子天下第一"，把杀不杀刘邦根本没有放在心上，以致放虎归山，失去了最好的机会。

而刘邦呢，团结一切可以团结的人，跟张良称兄道弟，与项伯攀上姻亲，能够正视自己的弱小，愿意放低姿态，带着百余骑去给项羽认错，像这样的忍辱负重，能屈能伸才是成大事的表现。当然刘邦可以全身而退，还离不开张良献策，樊哙闯帐，招揽人才，知人善用，这恰恰是项羽的短板。

三、阶段总结

崤之战中，秦国是强国，却全军覆没，主帅被俘；鸿门宴上刘邦是弱势，却可以保全自己，建立大汉王朝，可见一时的强弱并不能决定最后的胜负，生存需要智慧：

①不能高估自己，看轻敌人；

②不能只顾眼前利益，利令智昏，要学会延迟满足；

③有坚定的信念，百折不回的决心；

④要能忍，懂得放低姿态，多听取他人的意见；

⑤作为领导者，更要懂得建立和谐团结的团体，发挥每一个人的优势。

四、扩展延伸

为了让学生可以更加深切地体会"生存的智慧"，我还设计了拓展延伸部分的内容，主要涉及篇目有《烛之武退秦师》《赤壁之战》《勾践灭吴》，学生的表现可圈可点，他们可以在逐篇分析的同时，对曹操、夫差、郑国、孙刘、勾践做归纳整理，谈出自己独到的见解，明白"风物长宜放眼量"的襟怀。

此外，为了培养学生辩证看待问题的意识，我还抛出了《四世同堂》中的一段文字。

①中秋。剃头的孙七，吃了两杯闷酒，白眼珠上横着好几条血丝，在院中搭了话："马老太太，咱们是得另打主意呀！这样，简直混不下去，我看明白啦，要打算好好地活着，非把日本鬼子赶出去不可！"

"小点声呀！孙师傅！教他们听见还了得！"马寡妇开着点门缝，低声地说。

孙七哈哈地笑起来。马寡妇赶紧把门关好，像耳语似的对长顺说："不要听孙七的，咱们还是老老实实地过日子，别惹事！反正天下总会有太平了的时候！日本人厉害呀，架不住咱们能忍啊！"老太太深信她的哲理是天下最好的，因为"忍"字教她守住贞节，渡过患难，得到像一个钢针那么无趣而永远发着点光的生命。

②听到他们两个的话，马老太太后悔了。假若今天不是中秋节，她决不会出来多事。这并不是她的心眼不慈善，而是严守着她"多一事不如少一事"的寡妇教条。"别这么说呀！"她低声而恳切地说："咱们北平人不应当说这样的话呀！凡事都得忍，忍住了气，老天爷才会保佑咱们，不是吗？"她还有许多话要说，可是唯恐怕教日本人听了去，所以搭讪着走进屋中，心里很不高兴。

让学生思考柔弱是不是就一定可以战胜刚强？

答案不言自明，能够战胜刚强的柔弱不是忍气吞声，不是逆来顺受，更不是无原则的妥协。

五、总　结

面对强大的生活，我们每一个人都曾经是一名弱者，但是请记住，强与弱并不是一成不变的。

想要战胜强者，首先需要有"水利万物而不争"的良好心态。

其次，身处劣势，要有百折不挠的决心。

第三，面对强大的敌人，切忌蛮干，"四两拨千斤""不战而屈人之兵"方为上策。

第四，海纳百川，有容乃大，团结一心，其利断金。

"以铜为鉴，可以正衣冠；以古为鉴，可以知兴替；以人为鉴，可以明得失"，——读史使人明智！

参考文献

[1] 左丘明.《左传》[M]. 北京：中华书局，2016.

[2] 司马迁.《史记》[M]. 北京：中华书局，2011.

[3] 易中天.《易中天中华史——百家争鸣》[M]. 杭州：浙江文艺出版社，2016.

审美渗透数学教学

薛　中

摘要：数学从外在形式就富含审美元素。在教学中教师要善于通过生动的语言、美观的板书、多媒体技术等教学手段，为学生营造轻松欢快的审美氛围，让学生能够更加积极地思考和探索。如在教学《图形的变换》时，笔者让学生收集古今中外关于平移、对称、旋转的经典图案，并让学生发挥想象，运用多种变换方式进行创作，培养学生的审美意识。数学本质的美，当学生在数学学习中发现学习内容之间的联系和规律时，感受到的是数学知识的结构美、数学模型的抽象美、数学想象的奇异美，这些美是和真理、正确联系在一起的。

关键词：结构美；抽象美；奇异美；审美意识

英国哲学家、数学家罗素认为："数学，如果正确地看它，不但拥有真理，而且具有至高的美。"数学中的美无处不在，然而高度的抽象性和严密的逻辑性给数学披上了一层神秘的面纱，致使多数学生的数学学习被异化为解题学习，过度地关注考试分数的高低。形式的表达和成绩的追求压倒了学生对数学美的领会和欣赏。从美育的角度看，教师在教学中要努力凸显数学形式背后的生动思想，力求让学生的数学学习过程成为循序渐进地探索美的过程。笔者在日常教学实践中将带领学生探索数学美的过程概括为以下三个层次：数学外在的美图形结构的巧妙、公式符号的简洁、黄金分割的神秘，对称美带来的愉悦，旋转带来的灵动。在教学中教师要对教材进行挖掘整理，创设有意义的数学活动，引导学生从中体验事物表面的美观和数学本质的美好。太极图里有很多圆的因素，学生在画图前，主动关注大、中、小圆的圆心位置、半径长短及它们之间的关系，进一步理解圆的基本特征。在绘制的过程中，学生体会到太极图外在的美观源于大、中、小三种圆形的圆心和半径的位置关系和半径的倍比关系。这样透过现象、怀着好奇与欣赏的心理去探寻图形构造的本质，是让学生理解数学、感受数学之美的一条蹊径。数学情感的美每一个新的数学学习任务，都是在与旧知的沟通中从开始的陌生到熟悉，再到原理的逐渐明晰。学生在这个过程中可能会有"手到擒来"的快感，也可能会有"山重水复疑无路"的迷茫，还可能会有"柳暗花明又一村"的惊喜……这样的感觉就是学生体验数学美的最高层次——美妙。教师要善于创造条件让学生经历独立思考、批判、发现的过程，让他们享受到妙不可言的探究的喜悦。数学的美蕴含着深刻和厚度。如果你善待它，它就会在不经意间绽放出思想、折射出文化。数学教师要构建美育课堂，让学生透过多种数学元素表面的美观，去自主探索数学本质的美好，进而享受数学情感的美妙，使学生真切地感受到"原来数学可以这么美"！

《普通高中数学课程标准（2017年版）》指出，学会审美不仅可以陶冶情操，而且有助于改善思维品质。数学课堂教学，要促使学生对美的感受从感性走向理性，不断提升审美情趣和审美能力。

一、聚焦课堂教学，构建审美课堂

数学有其独特的审美价值和魅力。"哪里有数，哪里就有美"，数学之美可谓无处不在，数学家能在数学中领略到数学美的神韵。但受限于数学知识、审美情趣和审美能力，学生眼中的数学却往往是枯燥乏味的。正如罗素所言"数学是一种至高的美，一种冷而严肃的美"，数学美不同于自然美和艺术美，需要在教师引领下借助数学思维方能品味。践行数学美育要警惕几种倾向。其一，停留于"什么是数学美""体现何种数学美"的理念层次，这种做法纠缠于美学概念，浮于简单化和表面化，违背了数学美育的初衷。其二，停留于感性层次的数学审美，如呈现美妙的画面、唯美的公式、对称的定理，这是必要的，但又远远不够，还需引导上升到理性层面的数学审美。其三，超越学生的审美认知，展示学生所不能领略的美，以致适得其反，数学美育应当循序渐进，从感性走向理性，从欣赏走向创造。鉴于上述认识，笔者以为，数学美育应该聚焦课堂，让数学之美自然蕴含于课堂教学，实现数学知识、方法、思维、文化、审美的和谐统一，让学生在潜移默化中欣赏、深化、创造、拓展数学之美。

二、践行数学美育的教学路径

创设美观情境，欣赏数学之美爱美之心，人皆有之，数学美育要抓住这种与生俱来的心向，挖掘课程的内隐性资源，创设美观的学习情境，引导学生欣赏数学之美。高中数学的很多定理、公式、问题都极具美学特征，值得挖掘揭示。如三角中的正弦定理

$$a/\sin A = b/\sin B = c/\sin C$$

体现简洁、对称之美；解析几何、立体几何中各种距离可以归结为点与点距离，体现统一之美；狄利克雷函数

$D(x) = 1$，x 为有理数；

$D(x) = 0$，x 为无理数。

是周期函数，却不存在最小正周期，体现奇异美。值得注意的是，欣赏数学之美，往往先是从数学的形式、结构之美开始。以函数图象表示方法的教学为例。

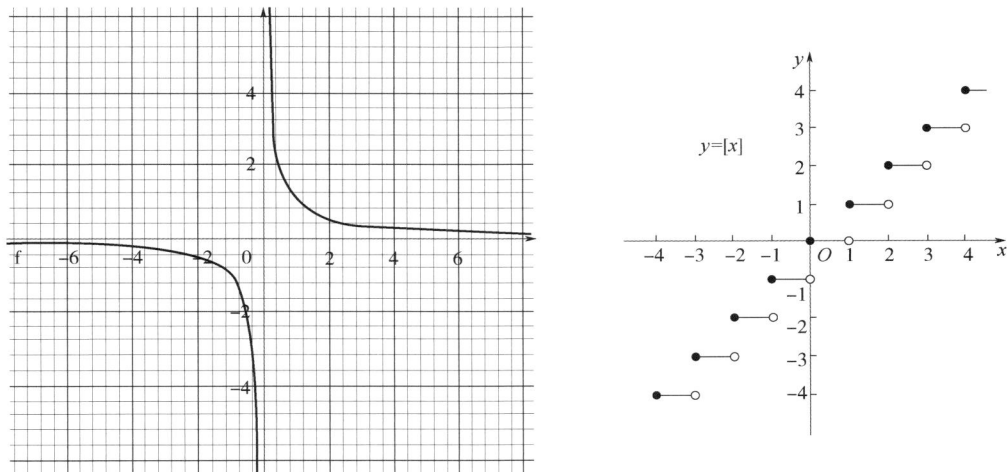

在学生画出双曲函数 $y = 1/x$、取整函数 $y = [x]$ 的图象后，笔者以多媒体展示优美的函数图象，并辅以诗句"两岸青山相对出，孤帆一片日边来""欲穷千里目，更上一层楼"。学生倍感有趣，接着，将

$$y = [x]$$

变形为

$$y = -|[x]|,$$

部分学生画出图象后，也不禁吟道"会当凌绝顶，一览众山小。"这样的课堂，充满生气，学生能同时领略到数学与诗词的审美意境。把握美好本质，深化数学之美，美在内涵，唯有以数学思维为体，审美思维为翼，方能把握数学的美好本质，深化对数学之美的认识。数学的本质在于追求内在的理性之美，外在形式的美观固然重要，但却并不一定真实准确，还需以数学的理性和严谨进行审视。

例如，

$$\cos\ (A-B) = \cos A - \cos B,$$

$$\log_a\ (M\cdot N) = (\log_a M)\ \cdot\ (\log_a N)$$

这些式子看似对称、美观，却只是一些美丽的错误。我们需要珍视学生的审美意向，更要鼓励学生审视数学之美，修正错误，追求真理。其实，

$$\log_a\ (M\cdot N) = \log_a M + \log_a N.,$$

$$\cos\alpha\cos\beta = 1/2\ (\cos\ (\alpha+\beta)\ +\cos\ (\alpha-\beta))$$

的结构具有本质关联，两者都通过非代数式的积化和差，达到了降级的奇效，有利于简化运算。苏格兰数学家 J. Napier 正是由此引入了对数，这种化乘除为加减的思想，即使在今天仍然生机勃勃，教学时要注重引导学生体悟这种数学思想与数学美的结合。有助于学生系统把握方法本质。

总之，只凭美感与直觉并不足以深刻体悟数学之美，还需以理性思维追根溯源，如此方能把握数学本质，体悟到数学的至真至善至美。

"自然"二字等问题。阅读汇报课教学环节如下。

环节一：汇报"e 的起源与应用"。学生畅所欲言，e 的定义是 $n\rightarrow+\infty$ 时 $a_n = (1+1/n)^n$ 的极限，在银行利息计算中常常需要借助这个公式；函数 $y = e^x$ 作为一种重要的数学模型，在自然科学和实际生活中大有用武之地。

环节二：欣赏"e 中的美"。函数 $y = 1/x(1\leq x\leq e)$ 的图象与 x 轴所夹面积正好是 1；"最完美的数学公式" $e^{i\pi} = -1$，涉及几个最重要的数字 e、i、π、1、0 ……学生的精彩发言超乎了笔者的预期。

总之，新时代呼吁绚丽多姿的审美课堂，广大数学教师要多角度、全方位的挖掘数学之美，寓美于教，以美启智，培养学生的审美思维和理性思维，提升学生的数学素养。当然，要实施具有较高品位的数学美育并不容易，需要教师不断提高自身的数学素养，做到多研读、多思考、多实践。

参考文献

[1] 陆延峰. 高中数学教学中创造性思维的培养策略 [J]. 求知导刊，2021（04）.

[2] 许敏. 高中数学教学方法创新体会 [J]. 高中数理化，2013（22）.

[3] 奚碧銎. 核心素养理念下的高中数学教学策略 [J]. 科技资讯，2020（33）.

高中英语教学中学生审美能力培养路径初探

范志红

摘要：审美是指在欣赏和创造美的过程中，人感受、体验、欣赏、评价、创造

美的活动。在高中英语的教学中，培养学生的审美能力，感受英语语言的魅力，不但会增强学生学习英语的兴趣和动力，还会提升学生学习英语的信心。本文探讨了高中英语教学中培养学生审美能力的三种途径：利用英语教材，引导学生体验英语语言之美；鼓励学生模仿原汁原味英语发音，体验英语声音之美；指导学生练习英语书写，体验英语书写之美。

关键词：审美；培养；路径

审美是指在欣赏和创造美的过程中，人感受、体验、欣赏、评价创造美的活动。通俗来讲，审美就是对美好事物的感受和欣赏。康德说过"这是一种不凭借人和利害计较，只追求精神性快感的活动，是非物质功利的，也就是说人们欣赏蓝天白云并不是要得到什么好处，再美的音乐绘画也不能当饭吃，它只是在精神上带给人愉悦的享受。"在高中英语的学习中，培养学生的审美，让学生感受英语语言的魅力，声音的美丽和书写的韵味，不但会增强学生学习英语的兴趣和动力，而且会提升学生学英语的信心，相信美丽的语言、动听的声音、潇洒的字迹，一定会让学生感受到学英语是一种感受美的过程，下面从三个方面谈谈如何在高中英语教学中培养学生审美能力。

一、利用英语教材，引导学生体验英语语言之美

语言是有生命力的，每一个单词，每一个句子蕴含着美的因素，如果学生能在学语言的同时领略到语言的美妙，那将激发学生巨大的兴趣，充满学习的动力，英语也将不再是晦涩难懂的语言。学习语言之美不一定非得去读那些名著，只要懂得方法，读任何好的材料都可以。高中学生学习强度较大，没有更多时间读课外英语读物，现在使用的教材中有很多非常好的文学素材，在授课的同时就可以引导学生体验文学作品中的语言之美，让学生爱上英语。例如，高中英语教材北师大版必修四，unit10，lesson3，Anne of green gables 小说节选中，有这样一段对安妮的描写"But when her eyes fell on the odd little figure in the stiff ugly dress, with the long red hair and the eager, bright eyes, she froze in amazement"，（当她的目光落在那个古怪的小人身上时，她惊讶的呆住了。她穿着僵硬丑陋的衣服，留着一头长长红发，还有一双急切又炯炯有神的大眼睛），这段描写中使用了很多形容词，比如：odd、little、stiff、ugly、long、red、eager、bright，非常生动地刻画了安妮这位小孤儿的形象，安妮的外貌跃然纸上，这样细腻的描写怎能让人忘却！还有这样一段 Anne 感到孤独和害怕的描写"A … The whole room felt cold and unwelcoming, which sent a shiver through Anne's bones. With a sob she quickly undressed, put on her nightclothes and jumped into bed where she pressed her face down into the pillow and pulled the clothes over her head."（整个房间都感到了寒冷和不友好，这使得安妮打了一个寒战，她呜咽了一声迅速脱下衣服，穿上睡衣，跳到床上，把脸埋在枕头里，把衣服盖在脸上。）在这个描写中，几个动词 undressed、put on、jump into、press、pull 的连续使用，非常生动地把 Anne 在陌生环境中极度紧张害怕的心情表现得淋漓尽致，给人留下深刻印象，难以忘怀。类似这样的语言，在课堂上和学生一起分析，体会小说中的细腻的描写，体会语言中的美，学生就会逐渐爱上小说，爱上阅读，爱上英语。有了学语言的兴趣，学生就有了学习动力，从审美的角度去学习英语一定是一件美好的事情。

二、鼓励学生模仿原汁原味英语发音，体验英语声音之美

心理学认为，声音比文字对人的情绪产生影响更直接！语言伴随着我们生活的方方面面，我们用语言和这个世界交流，但我们留给别人的记忆往往不是说话的内容，而是音容笑貌。地道的英语发音是很有磁力的，也有魔力，听着流利清晰地发音会让人感到声音如此美妙，禁不住去模仿，如果能说一口流利地道的英语，自信会油然而生。但现实是很多学生单词读不准，句子不流利，甚至不敢读出声来。为了鼓励学生读英语，我会提供给学生一些英语素材，有来自学生所学课本的单词和课文音频，有的来自课外的电影片段。鼓励学生模仿发音，大声地读出英语素材，然后利用录音功能每周让学生录几段英语发音，要求慢读，读准，声音要大，然后再给学生反复纠正，很多孩子的发音提高了很多，学英语的自信心也有了，学生也会主动地去读很多文章。同时在课堂上我也给学生展示的机会让学生在讲台前大声读课文，有的学生发音非常好，得到同学们的赞赏，非常开心。为了进一步增强学生学英语兴趣，在班上开展趣配音和电影角色配音的活动，极大激发学生学英语、读英语的兴趣。以小组为单位，每组选自己喜欢的一部电影片段分角色配音，学生们选择了《海底两万里》《疯狂动物城》《少年时代》《爱丽丝漫游记》等电影，利用趣配音，学生们模仿其中人物的发音，惟妙惟肖，有模有样。在展示课上每个学生都表现得非常好，期间学生们不断发出笑声和掌声，这些活动的开展增加了学生学习英语的动力和信心，使他们在说英语时敢于表达，敢于发声。

三、指导学生练习英语书写，体验英语书写之美

一笔好字就像人的第二张名片，不但写的人很顺畅，看的人也很赏心悦目，在英语学习中把 26 个字母写好，把英文写好，一定会使你的英文水平加分。特别是高中生在高考中由于英文书写内容增多，如果能写得一笔好字，会让人眼前一亮，加分不少，所以良好的英文书写非常重要。但现实情况是很多学生英文书写字迹潦草，难以辨认，连最基本的整齐工整还做不到，虽然在教学中我做了很多工作，经常鼓

励和帮助学生纠正书写问题，但效果不佳。我在思考其实每个学生内心都想写一笔好字，但部分学生在小学初中就没有良好的书写训练，到了高中书写习惯难以改正。于是我想办法在英文的各种字体中找到最简单，最容易模仿的衡水体，印发给学生，让学生临摹，起初要求比较低，只要工整清楚就行，但是每天要写半页并上交，我坚持每天给学生写评语，然后在课上表扬书写规范有进步的同学，逐渐我发现学生越写越好了。我经常拿着学生过去写的字和现在写的字作对比，能看出学生对自己的进步也很惊喜。班里有部分学生原来字体就很好，我会找来更好的字体让他们进行模仿练习，同样定期展示表扬。逐渐地英语书写上不同程度的学生都有所进步，甚至有的学生对英文字体开始感兴趣了，在考试和作业中能看到学生在书写中使用各种字体，比如 Times New Roman、Cambria、Cabibri 等几种字体。学生之间开始讨论哪种字体好看，好在哪里，学生的审美能力得到了提升，其实每一个学生内心是有审美的，当自己的认知提升后，审美能力也会提升。为了进一步提升学生的书写水平和审美能力年级还组织了两次英语书写大赛，全员参与，奖项设有一等奖、二等奖、三等奖还有进步奖，获奖学生很多，优秀作品还张贴到年级表彰墙上，同学们课间在获奖作品前驻足观看，欣赏品鉴，不时发出佩服赞叹声。经过一系列的活动，学生们的书写水平大幅提高，审美水平也不断提升。年级整体英语书写水平提高到一个新的高度，学生学习英语的热情也空前高涨。

正如我校校训"美的教育，美好人生。"在教学中渗透审美教育，提高学生审美能力是对教师的基本要求，老师自身要不断提高审美能力，要有一双发现"美"的眼睛，并具有丰富学科素养和对学科本质的深刻理解。在教学中，知识和美如水乳交融无法分开，深刻把握了"真"，也就自然领悟了"美"，寻找到恰当美的路径，就容易逼近事物本质—真。在教学中老师不应该仅仅满足于知识传递，还应该努力挖掘蕴含在学科内容中的美，真正做到以美学洞悉教育本质，让教育尽显成人之美。

参考文献

［1］朱珂苇. 美学其实既好看又好用［M］. 北京：中国华侨出版社，2017.

［2］杨斌. 教育美学十讲［M］. 上海：华东师范大学出版社，2015.

基于核心素养的高中英语阅读教学的审美渗透

甘小念

摘要： 在高中英语阅读教学中进行审美渗透，既能让英语阅读课堂高效，又符合英语学科核心素养的培养要求。本文旨在探究基于高中英语课程标准下的核心素养要求，在高中英语阅读教学中积极渗透审美教育，培养学生的核心素养，最终实现英语具有工具性和人文性融合统一的特点。

关键词： 核心素养；高中英语；阅读教学；审美渗透

引　言

英语作为当今世界国际交流与合作的重要沟通工具，是思想和文化的重要载体。英语作为一门基础学科，具有工具性和人文性融合统一的特点。本质上蕴含着丰富的文化内涵和审美教育的资源。高中英语课程承担着在义务教育的基础上，帮助学生进一步学习和运用英语基础知识和基本技能，强调对学生语言能力、文化意识、思维品质和学习能力的综合培养。而英语阅读是英语语言能力中的重要技能，也是基础技能，在英语教学研究中一直备受重视。但英语阅读又不仅仅只是一种技能，一种工具，它在促进人的发展过程中发挥着很大的作用，即不仅为学生提供将来适应社会的必备技能，还能促进他们情感的丰盈，精神的富足。所以，英语阅读教学的价值追求应由功利层面走向审美渗透。

一、审美意识与高中英语阅读课堂教学

英语阅读是指学生从文本中获取信息，对词语、句子、段落甚至整个文本的理解过程。它属于语言技能中的看，是理解性技能。学生不仅要对文本事实性信息进行浅层次获取，也要对文本信息进行应用，同时，更要对文本信息进行深层次理解，即学生不仅要能够对作品人物、事件等表达自己的看法和意见，对故事采取评判性的立场，还要理解故事背后的意义。而审美意识的渗透则是属于深层次的理解，它是学生在与文本的互动中不断充实精神生活、完善自我人格、提升人生境界，并逐步加深对自己、社会、自然的思考和认识的过程。《普通高中英语课程标准（2017版)》指出："普通高中英语课程应帮助学生树立人类命运共同体意识和多元文化意识，形成开放包容的态度，发展健康的审美情趣和良好的鉴赏能力，加强对祖国文化的理解，增强爱国情怀，鉴定文化自信，树立正确的世界观，人生观和价值观。"由此可以看出，高中英语教学中的审美渗透是每一名英语教师的教学必备。教师必须根据单元主题语境、语篇类型以及相关的文化知识，根据学生审美心理活动的规律组织课堂教学，让学生在学习语言的过程中发现、感悟、创造美，进而培养学生的审美鉴赏能力，最终提升学生的英语学科核心素养。

因此，在高中英语阅读教学过程中，我们要高度重视审美渗透，善于挖掘语篇素材，有意识地引导学生感受英语学习的美，体验不同文化的美。

二、审美意识在高中英语阅读教材中的体现

北师大版的高中英语教材中的文本承载着深厚的文化内涵，蕴含着丰富多彩的美育素材。各个单元的话题涉及不同角度的美。教师通过挖掘教材，创设相关情景，不仅能让学生感受美，还能提高语言能力，进而培养学生的核心素养。如三个必修模块中分别涉及了人与自我，人与社会，人与自然三大主题语境。而每一个主题语境下又涵盖了很多子主题。例如，必修 Book1 中 "Unit1 Life Choices" 的学习，学生刚结束初中阶段的学习生活，进入一个全新的生活和学习环境。在陌生的环境中探讨高中新生活的感受，分享与以往的不同，思考并计划选择怎样的方式度过高中生活。面对高中阶段的学习任务，学生渴望分享自己在学习和生活中的压力，探究解决各种压力的方法，从而思考自己选择什么样的生活方式来实现个人价值。这是本单元的主题意义所在，学生通过学习、分享和反思，明确高中阶段的学习目标和方法，从而体会到人生选择的美。而 "Unit 3 Celebrations" 围绕 "Celebrations" 话题展开，以多种形式的语篇，如记叙文、说明文、对话、访谈等呈现了中西方的节日及特殊时刻、场合的庆祝方式，节日包括两个重要的中国节日——中秋节和春节，以及西方的圣诞节，中秋节和春节分别描述了节日的活动以及其乐融融的景象，而圣诞节则从另一个角度，描写庆祝活动的同时，融入更多的个人情感；特殊时刻包括生日派对、毕业典礼等。通过这些阅读文本及听力材料的学习，引导学生思考不同节日所承载的文化元素及情感价值，在语言学习活动中理解文化内涵，汲取文化精华，从而体会不同文化的美。

面对这么丰富多彩的教材，我们必须在英语教学中善于挖掘，积极地进行审美渗透，而要让学生在阅读中做到深层阅读，渗透审美意识，就不能拘泥于浅层次的文本解读，要跳出文本，多元解读，深入思考作者的写作意图，领会其蕴含的情感、态度、思想；与文本互动，进行质疑、评价，提出自己的观点，实现与作者的心灵对话，从语言、修辞、文化等角度赏析文章。

三、审美意识在高中英语阅读教学中的实践

在高中英语阅读教学中利用单元主题语境实施审美意识的渗透，可以培养学生的审美能力，唤起学生学习英语的兴趣。因为学生的学习感知过程就是体验美的过程，在无形中有效增强学生的学习动力，培养学生的语言应用能力，从而也能达到审美渗透的最终目的。

笔者通过课堂实例，解析如何在高中英语阅读教学中渗透审美意识，让学生在享受语言学习，获取知识的同时还能享受英语语言的美，人物品格的美。

（一）教学内容分析

本节课要教授的教学内容是必修 Book 2 中的 Unit 6 The Admirable。本单元的话

题是值得钦佩的人，主要涉及谈论值得敬佩的人们和他们的品质，本课主要学习屠呦呦的生平事迹及她在研究领域所取得的成绩，让学生全方位了解一位献身科学研究的科学家。引导学生学习科学工作者投入、勇敢、创新的品质，激发学生的民族自豪感。

（二）单元教学目标

通过文本概括分析值得敬佩的人以及他们的品质；阐释"admirable"这一词内涵，并扩展它的外延。如人们积极面对挫折并战胜挫折的勇气；表达自己对"the admirable"的理解，并用所学品质激励提升自己（我要成为什么样的人?）。

（三）课堂实施

教法和学法：结合新课标下的教学观，本节课采用任务型教学和启发式教学法，鼓励学生采用自主学习和合作学习等方法。教学设备包括投影仪，多媒体课件，黑板等。

（四）教学过程

Step 1：Activate and Share

Q：What facts do you know about Malaria?

设计目的：帮助学生了解与疟疾相关的基本知识。

Q：What is a pioneer?

设计目的：帮助学生明确先驱者的含义，然后用三个不同领域的先驱者让学生进一步体会。

Q：What you know about TuYouyou?

设计目的：了解学生所了解的屠呦呦，为后面的阅读做铺垫。

Step 2：Reading for understanding

Task 1：Fastreading：What's the main idea of the passage?

设计目的：帮助学生从整体上感知文本，总结文章大意。形成整体阅读的习惯。

Task 2：Analyze the structure of the passage.（Divide it into 4 parts and sum up the main idea of each part）

设计目的：帮助学生进一步把握文章结构，感受新闻报道语篇结构清晰的美。

Task 3：Careful reading：get the key information about Tu's basic information, scientific work and her attitudes. Then draw their own mind map.

设计目的：获取文本细节信息，为后面语言输出奠定基础。

Step 3：Reading for evaluating and reflecting

Task 1：Read the passage for the lasttime. Use three words or phrases to summarize TuYouyou's personal quality. Give your reasons and find evidence from the text.

设计目的：在理解文本信息的基础上进行归纳总结，并学会用文中的证据去支撑自己的观点，体会屠呦呦优秀的品质。

Task 2：group work

Why is TuYouyou considered a medical pioneer?

设计目的：结合文章标题，再次回归文本核心内容，让学生运用语言表达观点，在小组讨论的过程中互相补充学习。

What typical writing features can you identify in the news article about TuYouyou?

设计目的：帮助学生总结新闻报道文本的语言特点和写作特征，感受语言本身的美。

Step 4：Reading for presentation

Task：According to your own mind map, introduce TuYouyou to your partner.

设计目的：让学生结合所获取的文本信息和自己对人物品格的理解进行语言输出，既巩固了语言的运用，又再次体会文中人物积极面对挫折并战胜挫折的勇气。从而激励提升自己（我要成为什么样的人？）

结 语

本节课通过对文本的阅读，分析和总结归纳，让学生学习了屠呦呦的勇敢、创新、坚韧、奉献等优秀品质，引导学生成为一个具有如此优秀品质和高尚人格的人。这是对学生品格美的渗透，让他们在收获英语知识，感受英语语言美的同时，更重要的是引导学生形成正确积极的人生观和价值观。因此，教学中的美无处不在，除了教师个人的气质美，思想美之外，在我们的英语阅读课堂同样也能够渗透审美意识，这不仅有利于英语语言的学习，更能培养学生的学科核心素养，最终促进全面发展。

参考文献

［1］中华人民共和国教育部．普通高中英语课程标准［M］．北京：人民教育出版社，2017.

［2］姜林菊．基于核心素养的高中英语教学中的美育渗透［J］．校园英语，2021-14-558.

［3］邵永平．高中英语审美性阅读教学探究［J］．英语教师，2020，20.

高中英语学科之美育教育

李 娜

摘要：美育教育是素质教育中的重要部分，新课程标准也要求英语教学能够让学生有着不同的文化体验和美的感受。本文主要就在学科教学中渗透"美育"的意义和如何做这两个问题展开论述，从而使学生在学习英语知识的同时，提高审美能力，最终实现综合素质的提升。

关键词： 高中英语；学科教学美育

美育，是一种对于美的感受的教育。狭义的美育，专指艺术教育。广义的美育，则是将美学原则渗透于各科教学后形成的教育。中国近代教育家蔡元培在其"五育并举"教育方针中也提到了美育教育的理念。1999 年 6 月全国教育工作会议正式将美育列入国家教育方针。

一、为什么要在学科教学中渗透"美育"

首先，这由教育的根本目的决定。教育的根本目的在于培养人、塑造人。培养学生求真、向善、爱美，促进其人格的全面发展，这就是教育的全部意义所在。21世纪，现代文明的发展进程使得教育越来越需要关心人的心灵和人格，美育的责任也就越来越重。教育学不能没有美育，开展美育也离不开学科美学，如同没有美育的教育是不完整的教育一样，离开学科美学的美育也是不完整的美育。其次，学科教学本身就蕴藏着极为丰富的美育元素。不抓住这些美育元素实施美育，既是美育资源的极大浪费，也不利于学生心智的全面发展与成熟。美育教育是素质教育中的重要部分，《普通高中英语课程标准》中更强调了美育教育的要求，明确教师在开展教学活动中，应当注意"促进英语学科和其他学科间的相互渗透和联系，使学生的思维和想象力、审美情趣和艺术感受、协作和创新精神等综合素质得到发展"。另外，纵观近几年的高考题，不难看出高考英语试题也承载着立德树人的根本任务和强化育人的功能。在 2020 年高考，英语试卷（北京卷）中就渗透了美育教育思想。完形填空一文讲述了作者一家将背包落在喷泉边五六个小时仍然失而复得的故事，体现了社会和谐、友善的美德。阅读 B 篇讲述了英国一对父子和他们养的宠物狗 Baggy 共同为环保做贡献的故事，引导学生关注如何更好地保护环境。阅读 C 篇介绍了工匠精神的意义和价值，促进并帮助考生意识到新时代工匠精神的重要性。阅读 D 篇探讨了人工智能的发展，引导考生关注新兴科技，关注发展创新。阅读还原一文辩证地介绍了积极思考的益处和重要性，帮助考生认识到，在遇到困难和挫折时，应当多一些积极的思考。情景作文以自律为切入口传达了一个简单而朴素的道理，即自律是自由的前提，唯有自律才能渡过难关，获得进步，取得胜利，走向自由。这些语篇对于启发与培养学生良好思维品质有积极的引导作用（引于《2020年教育部高考英语试题评析》）。所以，在英语教学中，教师要有意识、有目的、有计划地进行美育教育，引导学生去发现美和感受美，活跃学生的思维，以美促智，在紧张的学习中培养学生积极向上的性格和对美的体验和感悟能力。

二、如何将学科教学与美育相结合?

(一)在教材中引导学生感知美

英语这门语言自身就带有形式美、音乐美和文化美。在课堂教学中,教师应利用好教材中所展示的内容,挖掘其中的美感,让学生感悟英文书写的流畅之美,语法的逻辑之美,语音语调的节奏之美,讲英语国家的文化之美,利用英语传播我国传统文化之美。比如选修六 Unit1 Art 介绍西方绘画发展之路,Unit2 Poem 介绍中外诗歌,老师们可以利用这些本身就与艺术和美相关的文本作为载体,带领学生一起学会欣赏艺术、感受艺术,从而培养自己的审美情趣。另外,教师也要帮助学生挖掘教材中的思想美和品质美。比如人教版必修一 Unit1 Frienship 引入安妮日记的故事,Unit5 Mandela 讲述黑人领袖曼德拉的故事,让学生感悟和平的美好,战争的丑恶,珍惜当下。必修四 Unit1 Women of Achievement,Unit2 Working the Land,必修五 Unit1 Great scientist,学生通过读这些名人的故事,感悟品德之美,并从中学习优秀的意志品质。总之教师要引导学生对所学的英语教材和语言产生兴趣以及美的感受,这样也为进一步深入课堂教学鉴定了良好的心理基础。

(二)在课堂中带领学生体验美

传统的教学方法往往将单词和语法作为英语教学的主要内容,然而这种教学方式却常常让学生感到单调和枯燥。在高中英语教学中,英语老师除了挖掘英语教材中所传达的美之外,还需要利用多种教学手段、艺术化的教学方法,将美育教育观念渗透到高中英语教学当中。英语教学往往反映的是英语国家的风俗文化,教师可以合理利用多媒体设备,设计外观漂亮,内容经典实用的课件,将图片、视频、电影等各种各样形式的教学手段运用到高中英语教学中,比如人教版高中英语必修二 Unit2 Festivals around the world 一课中,老师可以利用多媒体工具给学生播放一些外国的节日画面,使学生能够身临其境地感受世界各地的节日氛围。学生不仅拓宽了视野,还在听觉视觉上得到了享受,从而有利于培养美的情操。其次,教师可以设计相关活动,如课文朗读比赛、角色扮演等,让学生能在具体的情境中体会英语之美。比如人教版必修三 Unit4 Million Pound Bank Note 百万英镑的剧本节选,老师可以设计一些话剧表演,让同学们在真实的情境中运用语言,体会英语的语言之美。另外,教师要注意自己的板书设计、教姿教态、语音语调等,采用多鼓励、多引导、少批评的方式,提问讲究艺术,让学生在听课过程中,获得美的体验,也从侧面强化了教学效果。

(三)在课外活动中指导学生实践美

开展丰富多彩的英语课外活动是有效培养学生兴趣的方法之一,它不仅能帮助学生加深、巩固、理解课内所学知识,还能拓宽视野,给他们提供一个生动有趣,形式多样的语言环境，让学生们充分享受英语学习的乐趣，达到学以致用的目的。因此，教师可以依照学生兴趣、特长成立相关社团，如英语歌唱比赛、英语角、英语戏剧社、英语影视视听说课等，不仅可以调动学生的积极性，也让学生进一步接触美的语言，展现美的表演。另外，还可以组办校园英语广播站，比如，学生们可以朗读英语诗歌，或者中文古诗的英译版，在中英文互译中体会其中的意境，学生们对这种新鲜的形式非常感兴趣，纷纷摘抄传诵，这样既促进了学科间的互相渗透，也加深了文化的互相融合，在无形间也让学生感受到了语言之美。通过丰富多彩的课外活动，学生们进一步接触美、展现美，培养自身英语语言能力、思维品质、文化意识和实践美的能力。

三、结 语

英语学科属语言类课程，然而语言不仅仅是文本表达的载体，通过语言、文本作者也在传递着一些信息，表达着一些情感。不难发现，英语学科与文学、美学相互关联，具有工具性与人文性的双重性质。就工具性而言，英语教学承担着传授语言知识的任务，使学生具备听、说、读、写、译等基本语言技能；就人文性而言，英语教学要借助语言学习，关注学生的情感，提高学生的人文素养。毫无疑问，美学素养也是人文素养的一部分，教师如果在教学中只关注学生的语言技能，把学生培养成机械的语言学习者，不能使其通过语言学习认识语言之美、欣赏艺术之美和感受生活之美，不具备美的品格和美的素养，英语学科的素质教育也无从谈起。美是无处不在的，英语课堂也应该像音乐课、美术课一样充满美感，如何挖掘其中的美，教师和学生都是需要去进一步思考的。总之，作为英语教师，我们要利用教学活动，弘扬美好的事物，将教书育人同美育教育结合，为实现培养全面发展的人的教育目标而努力奋斗。

参考文献

［1］中华人民共和国教育部．普通高中英语课程标准［M］．北京：人民教育出版社，2017.
［2］杨斌．教育美学十讲［M］．上海：华东师范大学出版社，2015.

审美渗透高中物理教学

秦建智

摘要：高中物理学科不仅需要灵活运用知识，而且与实际生活联系十分紧密，这注定了物理是一门掌握起来较困难的学科。因此，教师在高中物理教学设计中，加入审美化教学，从而提高学生的学习兴趣，学习效率以及审美情操是不可或缺的。本文从当前物理教学现状进行分析，然后就如何在教学中加入审美渗透进行讨论。

关键词：高中物理；审美渗透；教学方式

引 言

高中物理是高中阶段学习中需要学习并掌握的一门重要学科。由于物理知识一方面与实际生活联系紧密，理论知识需灵活应用到生活中，使得物理的学习难度大大提升；另一方面，大部分教师只关注它的科学性以及实验性，却忽略了它的趣味性和审美性，而这种枯燥的授课方式也使得学生对物理望而却步。因此，教师在高中物理教学中，加入审美教学，让学生感知到物理的美，这不仅能提高学生学习的积极性和主动性，同时也使学生得到了全面发展。

一、物理教学现状分析

高考作为人生的重要转折点，使得家长、教师和学生的关注点大部分都集中在学习成绩上。提高成绩的迫切性使得教师的教学方式往往是讲授式和填鸭式，学生的学习方法也成了死记硬背[1]。因此，学生往往会觉得学习物理很困难且枯燥，同时学生的审美意识和情趣也会明显不足。

（一）家长忽视孩子的全面发展。

相较于全面发展，大部分家长更注重孩子的考试成绩，这使得家长只关注孩子的文化知识学习，让孩子花费大量时间在补习物理知识、做物理试卷上，以此来提高孩子的物理成绩。这使得家长对孩子几乎没有审美教育，同时也导致了学生学习兴趣的降低[1]。

（二）时代的变化与教学的矛盾

由于高考的重要性，一方面学校迫于升学压力，给予老师可控的时间并不多，这导致大部分老师更倾向于把时间放在学生的文化知识学习上，放弃了对学生的素质教育；另一方面，家长一味地找老师要成绩，这也使得老师无法有效地给予学生审美教育。同时，新时代的高中生，有着自己的想法与兴趣，需要从文化与素质教育双出发，这也使得老师们不能只以传统的讲授法来教学，然而部分老师的教学方式已经定型，不愿再花费精力去增加审美教育，这也使得孩子们的全面发展受限。

二、在高中物理教学中渗透审美教育的方式

（一）教学结构审美化

传统的讲授法虽然在输出知识上更加直观，但同时也会使知识变得抽象难懂，

课堂不够活跃，课程吸引力不足。因此需要在知识的教学方式上做到重视内容和结构的审美化。

第一，新课的导入。一堂好课最需要的便是一上来就抓住学生的眼球，激发学生的求知欲望。新课的导入需要做到有吸引力，而且能够紧扣主题，让学生想要探究这节课的知识。因此可以选择一些生活中常见的现象与知识点相结合，来让学生感受物理与生活的碰撞，即自然之美[2]。例如，在讲摩擦力这节课时，可以让一瘦一胖两位同学做拔河游戏，而后再让较胖的同学坐在滑椅上再次拔河，发现两次拔河的胜利者截然不同，为什么呢？学完这节课你便会知道了。那这节课自然而然也就展开了。

第二，抓住物理的协调之美[3]。物理学的理论知识并不是枯燥乏味的，相反，例如，曲线运动的轨迹、波的振动特点及简谐振动等都有着美妙的曲线，老师在讲到这些知识时，可以利用实验、高速摄像机捕捉及画图等方式来让同学们在学习理论知识的同时，共同欣赏它们美丽的曲线；同样，大到宇宙中的天体运动、小到微观结构中晶体的排布、原子核与荷外电子的分步，都展现着物理学不可描述的美妙，老师们可以利用模型、视频等辅助工具来让同学们欣赏与讨论。

（二）教师人格魅力的示范美

审美教育不能仅仅体现在教学内容上，教师的人格魅力同样格外重要。

第一，着装与表达。作为一名教师，首先在外观上要给同学们正确的审美引导，着装要干净整洁、美观得体，注重自身的行为举止、仪容仪表，给学生树立良好的榜样。其次，教师最需要掌握的便是语言的魅力，不仅要注意对于知识讲解的表达能力，还要注意内容输出的优美性以及语音语调的把控。表达不仅有语言上的，还有文字的——板书，板书作为微缩的教案[4]，有着整节课的重要内容，因此板书的美感设计尤为重要。例如，知识点的前后顺序、结构位置以及不同知识点采用不同的颜色，都可以为理性的内容增添感性的色彩。

第二，内在美感的展现。教师在教学中的重要性与特殊性，使其不仅需要具备专业的知识储备，更要具备高尚、爱心、进取等素养。作为物理老师，首先要具备专门的学科知识和教学技能，将理论知识的传授与审美教学相结合，提高学生的综合素质。其次，教师要掌握一定的美学、美育知识。在物理教学中，引导启发学生感受和欣赏美，进而提升学生对于美的正确认识及追求美的兴趣，使物理教学达到最好的效果。

（三）心灵关照艺术

高中阶段，正处在家长更年期，自身青春期，以及学习成绩等多重压力下，这使得他们的情感是多变的，可能一件看似平常的事情就引发了一些意想不到的事情。因此，教师在传授物理知识的同时，还应关注班级里每一位同学的精神状态，能够及时洞察学生的心理，及时排解他们可能存在的障碍与问题。同时，在授课时，应在知识结构上引申到立德树人等正确的价值观、世界观。如在讲解理论知识时，加入物理科学史，讲述前辈们的不畏困难，讲述我们国家的日益强大，等等。

（四）多媒体的有效应用

以前，一支粉笔，一块黑板就是一堂课。但这样无法更好地提高学生的审美感知力。因此，教师可以运用多媒体教学，将单一的文字转化为可视的图片与视频，来让学生更好地感知物理之美。例如，在学习惯性这节课中，老师可以播放在我国高铁上原地起跳的视频，这不仅提升了学生的爱国情怀，而且也让同学们更加直观地感受到了大自然的奇妙。

三、结　语

综上所述，在高中物理教学中，加强审美教育具有十分重要的意义。高中物理教师要积极把握学生身心发展的特点，采取多样的教学教育手段，使学生理论知识与审美能力双提升，促使学生不仅对物理知识的学习更有兴趣，并且在审美感受力、鉴赏力和创造力上都得到有力的提升，促使学生树立正确的审美观，为学生的综合发展奠定了基础。

参考文献

［1］叶梅．试论高中语文教学中审美教育的渗透［J］．语文教学通讯，2015，7（7）

［2］张瑞琪，冯庆．高中物理课堂教学审美化研究［J］．教育现代化，2018，5（49）

［3］刘煜，陈宏祖．审美化教学初探［J］．湖南师范大学教育科学学报，2007，6（1）．

［4］杜玉庭，李红辉．英语教学中审美意识的培养［J］．当代教育理论与实践，2009，1（3）．

审美教育融入高中思想政治理论课的路径探析

吴　敏

摘要： 高中思想政治学科知识大多数属于揭露事物的内在本质联系和普遍规律，其语言较为抽象，概括性较初中思想品德课内容相比更强。如果教师针对学科理论知识进行强制性的问题提出探索和解决，就会出现学生对于课本中展现知识与观点进行死记硬背的局面。而教师将审美教育理念融入学科理论课教学，可以促使学生用多维度的角度去审视自己，观察事物形成正确的人生观和价值观。

关键词： 审美教育；高中思想政治理论；理论教学；教学路径探析

基于传统教学理念的高中思想政治教学过程中，教师仅考虑如何以最高效率达成教学目标，授毕教学内容，体现出来教师过于注重对于知识理解及记忆的技巧传授，却轻忽教师对学生智慧的开发审美能力培育的特点。实质上，教师将审美教育理念抛除于课堂之外，不能体现高中思想政治教学的人性化特点。因此，和谐的高中思想课堂建设需要教师将教学理念的理解进行审美化改造，由传统的技巧传授型教学模式的应用，转向智慧激发型，审美引导型教学模式的应用。本文结合笔者教育实践及对教学理念的认知，对审美教育融入高中思想政治课的路径展开深入探究。

一、转变课堂审美理念，尊重学生精神自由

在课堂教学中贯彻落实审美化教学模式，需要教师实际尊重学生个人想象自由、思考自由、表达自由和精神自由。教师在课堂教学中不应将所有问题的本质进行彻底分析，还需要给予学生全方面解读问题的机会和自由，让学生运用自身智慧处理学科知识与学生认知基础产生的矛盾，同时对学生的不同意见迟于排斥，急于肯定和引导，唤醒学生的智慧发展潜能，让学生在个体自由得到尊重的情况下实现全面发展。

例如，教师在教学"坚持新发展理念"内容过程中，就特别注重尊重学生的表达需求，并给予学生表达机会和讨论时间。教师结合理论知识展开教学，特别尊重学生个体差异，让学生自由表达不同的思维成果，让学生有机会在课堂上提出不同看法。教师着眼于唤醒学生潜能提升，学生主动寻找素材去论证自身论点的意识和能力。因此，学生不仅对教师提出的两个知识理解目标进行了高效的讨论，更通过和而不同的方式深刻理解了五大发展理念的关系，同时对正确关系进行了高效理解记忆。

二、摈弃知识传授模式，应用民主教学模式

高中思想政治课程教学活动开展的本质是德育，因此教师需要让学生通过积极主动参与教学活动，实现和谐氛围中的思想碰撞，情感交流认知形成，最终实现教师最根本性的德育内化教学目标。教师需要有技巧的传授者，通过和谐的课堂构建，让学生之间动态的信息交流实现民主教学模式的形成，促进学生审美意识发展。

例如，教师在结合"唯物辩证法的实质与核心"内容展开教学期间，就以小组合作模式应用的方式，引导学生在举例论证为主的讨论过程中，理解了矛盾同一性和斗争性的辩证关系及其重要意义，理解了矛盾普遍性和特殊性的辩证关系及其重要意义。此外学生更为感兴趣的是，对于主要矛盾和次要矛盾的主要方面和次要方

面的辩证关系讨论。教师在课堂中以走动的方式聆听学生表达的意见，并给予学生眼神的肯定和鼓励，让学生看到教师的赞许。课堂上师生之间，生生之间的强效交流，使学生在课堂讨论环节始终充盈于教学民主氛围中。

三、展现教师审美观念，潜移默化引导学生

高中思想政治课程教学活动开展的过程，也是教师在潜移默化中影响学生审美观念，引导学生感受美、创造美的过程。在课堂教学过程中，教师个人的主观体验表达观点及情感认知，能够对学生结合思想政治课程知识理解事物过程中感受美的程度有明显影响。具体而言，教师需要在高中思想政治课堂教学中表现出来的美，应该有以下三种。

例如，教师在教学《伟大的改革开放》过程中，就通过为学生展示校园历史发展变化，以及为学生介绍校园面貌的变化，渗透了亲和力的表现，并让学生在教师对校园正向全面积极变化，在介绍过程中向学生展现了感染力之美，调动了学生对于校外事物变化的审美求知积极性。同时学生在对改革开放引发人们生活变化，工作形势变化的内容探索讨论过程中，体验审美愉悦，领悟诗意美感，获得艺术享受。教师不仅注重仪容仪表，更从谈吐、气质、风度的综合方面，以朴素大方的形象，为学生展示改革开放，改变国家命运和前途的具体内容，让学生改革开放的重要意义及党的十一届三中全会作出的重要历史抉择，产生了深刻记忆。

综上所述，对于审美教育融入高中思想政治理论课的路径探析，是高中思想政治教师在展开教学过程中，积极转变自身对于现代教育理念的理解方式，并在教法应用过程中体现出审美化特点。教师应通过教学环境的改善，学生学习方式的转变，带动学生感受美创造美，让学生在主观经验和良好的情感体验过程中，有个人思想表达的自由。同时学生能够结合教师展示的良好精神风貌，树立一个昂扬向上的学习者的形象，真正实现通过高中思想政治理论课程知识的教学活动开展，促进学生审美能力提升目标。

参考文献

［1］于漫．思想政治课的审美教育探究［J］．科教导刊（中旬刊），2017（05）：90-91.

［2］赵思童．提高艺术修养是大学生思想政治教育的重要任务［J］．思想教育研究，2014（04）：61-64.

纸梦霓裳，与美同行

——细说我校通用技术教学实践中的审美渗透

王效莲

摘要： 美育是素质教育的一项重要内容。每个学科中都蕴含着不同程度的美育资源，通用技术作为一门高度综合与实践性的学科，通过不断地挖掘和学以致用，就会发现其中所蕴含的美内涵极其丰富、层次多样化明显，比如各种技术与设计美、结构美、流程美、系统美、控制美、文化寓意美、作品美等，都给我们提供了欣赏的视角，这不仅需要我们去做生活中的有心人，感受技术魅力，领略艺术风采，同时去理解美、鉴赏美，进一步去创造美。

本文通过我校通用技术教师精心挖掘、提炼与拓展开发的"锦绣中华，纸梦霓裳"项目教学《巧剪裁、妙折叠——传统源流淌，纸艺美四方》（通用技术选择性必修"技术与生活"系列的《服装及其设计》模块），介绍项目的基本思路、设计过程与展示评价，来进一步诠释如何在通用技术学科中渗透美育，如何启发学生更好地感受美、设计美、创造美、传递美。让我们与美同行，把中国传统文化穿在身上。

关键词： 通用技术；服装及其设计；创新设计；美育；实践

生活到处皆有美，技术设计世界里的美亦是如此。通用技术作为一门立足实践、注重创造、立足实践、高度综合、科学与人文融合的课程，其学科中的美需要去挖掘，只有不断地发现问题、发现教学美，才能更好地使学生学以致用。

通用技术教师平时应注意去发现美，激发学生的求知欲，并在学科教学中发挥与运用，以此让学生的美感不断迸发。具体来说，首先教师自身应先以美学为基础，综合运用理学，文理兼修，及时学习与更新，从而更好地融合运用，实现技术与美的灵活渗透。然后教师在教学中可充分利用该学科的技术试验课或设计实践与制作课开展美育教学，注意分析教学内容，以现有或挖掘潜在的素材结合教材，发挥学科实践教学的魅力，提升技术试验或实践技能，力求技术试验的清晰与可靠，保证实践操作的准确与熟练；就学生而言，不论个人或小组，设计或制作，在各类项目活动中实际感受，让学生充分感受到其中的美，勇于尝试创造美，师生共同创造出美的享受。

比如以"锦绣中华，纸梦霓裳"主题、高中阶段的学生作品来做分析，总结归纳学生的特点和接受能力，然后策划一组可行的活动方案《巧剪裁、妙折叠——传统源流淌，纸艺美四方》（通用技术选择性必修"技术与生活"系列的《服装及其设计》模块），最后争取以动态服装秀来展示成果，形成专题化的教学模式：

①灵感源的寻找，帮助学生发现细微之处的美妙，城市建筑等都可以让设计师产生设计的灵感；

②款式设计，教授学生一些基本的服装款式类型，拓展轮廓的造型线，比如节庆灯笼造型、鱼灯造型、百合花瓣造型等；

③亲历设计，体验设计师的感觉，统筹兼顾，提高鉴赏和动手操作能力；

④市场反馈，让学生们形成一个选购团体，得票最多的就是最具有市场性的服饰，其初步设想，可以调整和改变。项目组结合专业特点，将高中新课程美术课与通用技术服装及其设计模块教学相结合，不仅尝试了学科整合的研究，同时将各学科之间的优势突出并形成互补。

下面以我校《巧剪裁、妙折叠 ——传统源流淌，纸艺美四方》的项目呈现，进行具体说明。

一、主题与意图

（一）设计灵感

以中国重要标志性符号为中心，围绕中华文化博大精深、源远流长等特点，结合并充分运用具有浓郁文化色彩的传统剪纸与折纸两种艺术形式，将自然与传统巧妙融合，通过别出心裁的设计与物化，把中国传统文化穿在身上！

龙腾鱼跃、灯明花洁、源远流长：龙腾，愿中国文化能蓬勃发展亮彩于世界；鱼跃，愿中国文化永远生机勃勃，有更多的新鲜血液涌进；灯明花洁祈愿中华文化永远辉煌璀璨；源远流长预示中华文化传承的悠远长存！

（二）色彩与造型

该设计以各色宣纸为材料，结合中国重要标志性符号，充分运用具有浓郁中国文化色彩的非遗剪纸、折纸等技艺，围绕中华文化博大精深、源远流长等特点，将自然与传统巧妙融合，将中国传统文化与现代创新元素相互渗透而成。

组合 1：龙与灯

龙腾（蓝底白龙白哈达）

灯明（上身白底红灯，下身红灯笼）

组合 2：鱼与花

鱼跃（墨绿底，上身白色鲤鱼跳龙门，下身白色海水浪花，白色腰带，白色打底长坎儿）

花洁（女装：粉红色抹胸 + 粉红色百合花瓣裙 + 粉腰带）

组合3：点睛之作——源源长（通身白色打底，传统连珠带心红色剪纸的绶带，一气呵成，用红腰带组合完成。）

右图为北京市基教研中心主办的第六届普通高中通用技术纸服装设计与现场展示现场，我校王效莲老师指导的作品荣获北京市团体一等奖、设计一等奖、优秀模特奖。

二、作品介绍

（一）龙腾：愿中国文化能蓬勃发展亮彩于世界

1. 设计灵感——我们是龙的传人

中华大地上，到处可看见"龙"，从划龙舟、舞龙灯，到龙的绘画、龙的雕刻、龙的旗帜等。龙，深深扎根于中国人的心中，成为中华民族的象征。

方案构思：龙腾，男装，蓝底长袍，特色领子，正面上、下，背面上分别镶嵌一白色龙腾图样剪纸，背面腰部及以下系一白色哈达衣身采用传统剪纸元素。

2. 设计效果图（见下图一二）

3. 上身效果图（见下图三四）

4. 制作过程

第一步：在传统手工宣纸上绘制好龙的图案

第二步：领部采用折纸工艺完成，身上用剪纸工艺，剪出图形，然后裁剪出服装造型，

第三步：穿好后，在腰间系上白色的哈达。

5. 设计亮点

（1）领子采用现代建筑风（如下图一），体现男性的阳刚与力量。

（2）蓝底白色龙腾图样剪纸（见下图二三四）。

（二）灯明：祈愿中华文化永远辉煌璀璨

1. 设计灵感

传统节庆大红灯笼，红灯笼象征着阖家团圆、事业兴旺、红红火火，象征着幸福、光明、活力、圆满与富贵。红灯笼里，点亮的是内心的美好。红灯笼里，挂出了有态度的人生。

方案构思：灯明，女装，上身白底红色花篮灯图样剪纸，下身红色折纸呈现红灯笼外形。

2. 设计效果图（见下图一）

3. 上身效果照片（见下图二）

4. 制作过程

• 第一步：采用的是传统手工宣纸，用剪纸工艺剪出花篮灯图案，然后装裱好后，剪裁成上衣；

• 第二步：利用传统折纸工艺，折出大红灯笼裙造型；

● 第三步：组合完成。

5. 设计亮点：花篮灯剪纸（见上图三）

（三）鱼跃：愿中国文化永远生机勃勃，有更多的新鲜血液涌进

1. 设计灵感（见下图一）

传说鲤鱼跳龙门，就会变化成龙。古代比喻中举、升官等飞黄腾达之事，现当代比喻青年学子逆流前进、奋发向上谱写美丽的青春之歌。

方案构思：鱼跃，男装，全身墨绿底，上身鲤鱼跳龙门图样白色剪纸，下身海水浪花剪纸，长坎＋白色腰带＋白色打底长坎儿。

2. 设计效果图（见上图二）

3. 实物照片（见上图三四）

4. 制作过程

● 第一步：在传统手工宣纸上绘制好鲤鱼、海浪图案；

● 第二步：把图案用剪纸工艺，剪出图形，然后裁剪出服装造型；

● 第三步：里面配有一套衬衣，最后组合完成。

5. 设计亮点：鲤鱼跳龙门剪纸（见下图一），海水浪花剪纸（见下图二）

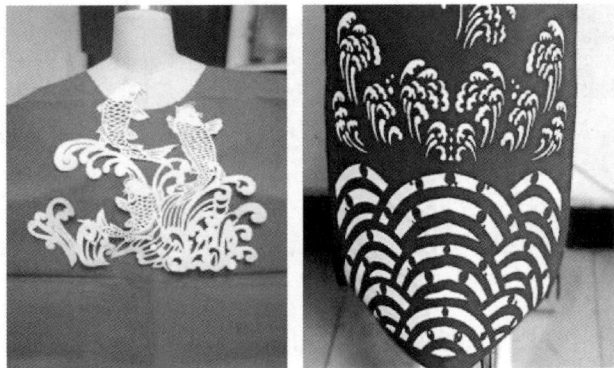

（四）花洁：望中国优秀传统文化将如蝶恋花般会得到越来越多人士的热爱、不断传承发展

1. 设计灵感：百合与蝶恋花（见下图一）

百合花素有"云裳仙子"之称。外表纯洁，气质高雅的百合花，一直以来都深受世界各国的人民喜爱，在很多场合我们都能够看到百合花的身影，而粉色百合花瓣象征学生的纯洁高雅，与头饰的蝴蝶一起用传统折纸艺术来表现与制作，动感十足，且富有节奏，让学生的气质与衣服相容契合，柔美活泼。

方案构思：花洁，女装，粉红色抹胸 + 粉红色百合花瓣裙 + 粉腰带。

2. 设计效果图（见上图二三）

3. 实物照片（见上图四）

4. 制作过程

第一步：皱纹纸制作上衣抹胸。

第二步：下裙采用传统折纸工艺，折出百合花的花瓣造型裙子。

第三步：腰间配有同色系腰带。

5. 设计亮点：折纸和晕染来呈现的百合花瓣，有没有很神似呢（见下图）？

（五）源长：既表达中国文化传承的一衣带水、上下贯通、延绵不绝、回环贯通，又象征内涵丰富的中华文化的博大精深、源远流长

1. 设计灵感：军功章的绶带（用于连挂勋章、奖章和略表的带子，见下图）

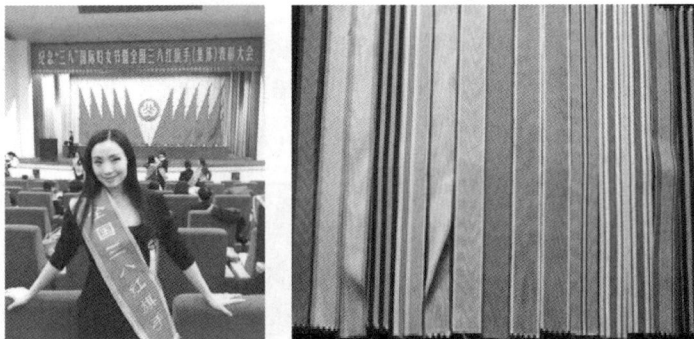

设计采用传统连珠带心图案红色剪纸做成镂空红白相间的绶带组合相连，通身一体的剪纸衣服，穿在身上，行动飘逸，走路生风，既表达我们文化传承的一衣带水、上下贯通、延绵不绝、回环贯通，又象征内涵丰富的中华文化的博大精深、源远流长。

方案构思：源长。女装，采用传统连珠带心图案红色剪纸做成镂空红白相间的绶带组合相连，通身一体的剪纸衣服，一气呵成，穿在身上，行动飘逸，走路生风。

2. 设计效果图（见下图一二）

3. 实物照片（见下图三四五）

4. 制作过程

第一步：在传统手工宣纸上绘制好图案；

第二步：用剪纸工艺把图案剪好后再进行装裱；

第三步：最后组装完成成衣。

5. 设计亮点：传统连珠带心图案红色剪纸的绶带局部特写（见上图六）

"巧剪裁——传统源流淌，妙折叠——纸艺美四方"。通过别出心裁的设计与物

化，我校师生把中国传统文化穿在了身上，充分展现出新时代下高中生对我国珍贵非物质文化遗产的认知、理解与感悟，同时表达了学校和师生对于中国传统文化的喜爱和塑造文化强国的美好愿景。

像这样通过教师的不断挖掘与积极引导，可以让学生从多角度认识到通用技术学科的美，学生的学习就会变得更加主动、愉快、美好，体会技术的价值，不断建立自信心与民族自豪感，提升个人的责任意识，并将学习方法迁移到其他学科，用技术的角度看待问题，用技术的方法解决问题，把理论提升到实践的高度。

教育篇

岗位责任制

——我的班级管理新模式

何莹莹

摘要： 在班级管理中学生是主体，班主任就应充分体现以学生的存在为前提，以学生的主体性发展为条件和最终目的来实现这一教育目标，所需要的一切措施、条件都是为了学生的全面发展和个性张扬而选择设计的。因此，作为 21 世纪的青少年学生——未来社会建设的主人，更应培养竞争意识，具备开拓进取精神，以便挖掘潜能，发展特长。

关键词： 岗位；责任

一、模式的理论基础

《基础教育课程改革纲要（试行）》在谈到学生培养目标时重点指出：要使学生"逐步形成正确的世界观、人生观、价值观；具有社会责任感，努力为人民服务"。

新课标强调了学生是学习的主人，在班级管理中学生是主体，班主任就应充分体现以学生的存在为前提，以学生的主体性发展为条件和最终目的来实现这一教育目标，所需要的一切措施、条件都是为了学生的全面发展和个性张扬而选择设计。

布鲁纳在他的发现学习理论中强调，学习的最好动机是对所学材料的兴趣，是奖励、竞争之类的外在刺激。生物界存在"物竞天择，适者生存"的规律。同样，正是日趋激烈的竞争和人类的不断创造才推动着社会向前发展。因此，作为 21 世纪的青少年学生——未来社会建设的主人，更应培养竞争意识，具备开拓进取精神，以便挖掘潜能，发展特长。

（一）概念的诠释

（1）在班级中实行岗位责任制就是让每个学生自主选择适合自己的岗位，自行提出该岗位的责任目标，并朝着这个目标展开工作。"岗位责任制"为每个学生提供锻炼能力的平台，使他们在实践中体验成功的快乐。

（2）全面落实"人人有事做，事事有人做。事事有时做，时时有事做"。建立"岗位竞聘制"是一个不错的方法。这套管理办法的实施不单使班级出现了"事事有人管，人人有事做"的局面，更重要的是在相互管理的过程中，所有学生都得到了锻炼，增强了自信心；学会了平等互助、相互尊重；学会了自律、自主管理和公平、公正地处理问题。

（3）班级管理应采取民主竞争的方式。如果一套班委会长期从事班级管理工作，必然会出现这样那样的问题，甚至有损于班级的良好形象。因此，要打破"班干部固定不变"的常规作法，必须通过适当的竞争才能"上岗"，严格依据标准从全体学生中选拔。

（二）背 景

由于我国的国情和现代家庭的特殊性，现在学生基本是独生子女，父母对自己的子女疼爱有加，而勇于担当精神及责任心的培养严重缺失。让每一名学生具备责任意识，有较强的责任感，长大成人后具备一定的责任执行力，这是当代教育的重要任务，也是时代发展对教育事业的基本诉求和重要旨归。

班级管理制度是班级责任文化建设的基础，建立一个充满活力、凝聚力的班集体是一个长期的过程，这个过程也必须依靠长期坚持和健全的制度来维护，因此班级各项制度的建立、完善与创新是建构和谐班级、凝聚班级人心的根本保证。基于此我们班建立突出班级特色、能在班级中主动承担责任的"岗位竞聘制"。

传统的班级管理模式通常有三种，即班主任一手包办的"保姆式"管理、危害学生身心健康的"警察式"管理以及两眼死盯着学生是否犯规的"裁判式"管理。长期在这几种被动、封闭的管理模式下，学生失去了表现其个性优势的机会，挫伤了自信心，阻碍了其素质的全面发展。而且这几种模式中实行班队干部终身制，小学1~6年级，只有少数学生得到锻炼，而大部分的学生只能对那小部分同学投以羡慕的目光。受岗位责任制的启发，我们在班级管理中引进了"岗位责任制"。

二、概念界定

著名教育家苏霍姆林斯基说："只有能够激发学生去进行自我教育的教育，才是真正的教育"在班级工作中，班主任应坚持"说服为主，灌输为辅"的原则，变"一言堂"的说教为"群言堂"的辨析，让学生自悟。根据学生心理特点，建立一种新型的班级管理模式，采用竞聘上岗方法来管理班级，能更好地发挥班主任的引导作用。我深深地感到教育工作不能简单粗暴，要因势利导，同时还要给学生自我管理和自我教育的自由空间，这样才能引导学生改正缺点，良好的班风在这之中得到巩固。

通过创设岗位，激发参与班级管理的积极性；竞聘上岗，立足本班实际；激励提升学生自我管理能力这一研究，摸索、总结出科学的班级管理方法，把班主任工作落实到实处、细处。在班级岗位竞聘管理模式中，利用岗位竞聘，开展兵管兵、兵教兵的活动。班主任只起到旁观点评的作用。这样班主任把管理权利真正下放到学生手中，让他们充分履行自身的职责，从而营造"自我管理"模式的良好局面。

三、实施的渠道

（一）创设岗位，明确职责

结合《小学生日常行为规范》以及班级制定的《班规》《班训》等规章制度，我把班级管理中的主要事务直接落实到个人，明确了班干部的职责和每一位同学应该担负的责任，并进行细化。从"课上看责任""课下看责任""写字看责任""两操看责任""卫生看责任""集会看责任"这几方面入手，将"责任教育"贯穿于学校教育教学的全过程和学生日常生活的各个方面，并创设以下责任岗位。

1. "岗位责任制"

"岗位责任制"就是人人是班级的管理者，每个学生都在集体中负一定的责任，既是干部，又是群众；既是管理者，又是被管理者，使不同的学生感受不同岗位的不同职责及做好本职工作的重要性，班级的荣辱与集体成员息息相关，学生的主人翁责任感、集体荣誉感得到普遍增强。

2. 班长责任制

"班长责任制"，就是人人按学号轮流要当一天班长。值日班长的主要职责是维持当天考勤、课堂纪律、卫生及两操情况，统计作业完成情况，督促各岗位上的有关人员做好本职工作，处理偶发事件，填好《班级日志》，负责当天教室门窗、电源的开关。

3. 组长责任制

首先建立综合性4人小组，把全班同学按兴趣相近，自愿组合，二男二女，综合实力相近，可在同一起点上展开竞争的原则，组成10个小组。这些小组既是学习小组，又是娱乐小组、劳动卫生小组，同时还担负起"每周综述"的责任——每周四班、团会时，值周小组依据班级日志分析班级上一周情况，了解国内外一周大事，主持好"每周综述"：①班内一周情况总结；②一周国内外要闻；③本周班级工作安排。

这样，丰富了班内评价，把评价的权利还给每个学生，让每个学生开始觉得自己在班内有事做，自己的事只能自己决定、必须尽力做好，进而渐渐将"班级共同行为准则"内化为自觉的要求，并形成习惯，凝练成一种素质，不仅唤起了他们的"参与意识""独立自主意识"，而且逐步形成了自我约束、自我教育、自我管理的机制。正因如此，我所带的班班风较正，学风较浓，班干部敢管善管，学生个人工作能力较强，班级的集体凝聚力强。

（二）竞聘上岗，两周一次

1. 班长竞聘制

凡愿意竞选班长的学生，都要拟定目标、发表竞选演说，经全班投票，取最高票数的学生当选，竞选出的班长任期不超过两周。这样竞聘的班长不但要具备拟定计划的能力，而且要有演说、交际等方面的才能。对学生们来说，每轮班长的选举，并不亚于一场"美国总统"竞选。

2. 班委多样化

除了班长的选举，我还在开学一两周后，在班上宣布了"人人有事干，事事有人管"的管理原则，有好多"官"等着大家来做。学生们听了都欢呼雀跃，还没等我宣布实施细则，便自荐产生了"出操长""检查长""换位长""图书长"等10多个"长"。"长"一旦产生，都持证上岗，并将官职张榜公布，让他们能各尽其责，相互监督。一时间，班里气氛活跃，人人干劲十足，在约束别人的过程中约束了自己，在管理别人的过程中学习别人的管理方法。

3. 所有班委成员接受全班学生的监督与考核

在每周的班队会上，由执政的班委会主持队会内容，历数上周班级各项工作的开展情况，班主任只起到旁观点评的作用。这样班主任把管理权力真正下放到学生手中，让他们充分履行自身的职责，从而营造了"自我管理"模式的良好局面。经过大约两周的实践锻炼，执政的班委会组织"二次竞聘"，新竞聘上岗的班委会成员必须先要实习管理。

从岗位竞聘制度实施以来，班干部的责任心普遍有了提高，他们为了给老师和学生心目中留下良好的印象，为了获得大家的好评，能够从自身做起，从点滴小事做起，切实起到了模范带头作用。

（三）激励学生，提升能力

作为班主任，我们在承认每个学生存在价值的前提下，应当通过尊重、关心、激励，唤醒学生"心中的巨人"，恰如其分地运用好"激励"艺术，不断鞭策学生前进。激励学生，多些鼓励性评语。必要地"宽容"，适度地"激励"，有如春日的一缕阳光，能温暖人心。

第一轮班长、组长在班主任老师指导下开展工作，等一切步入正轨而且摸索出较为成熟的工作思路，这个时候，竞选新一任，并让他们与"老干部"一起参与班级管理，在工作中观察学习，现场取经。这样"老干部"在实践中充当了下一轮"干部"的培训"老师"，为新干部正常开展工作做好充分的准备。这样做，主要是考虑到有些学生以前从未担任过班干部，一旦上岗，会出现手足无措的情况，易挫败其自信心，同时也会影响整个班级的工作成效。

四、取得的效果

经过近一年的实践，我们欣喜地看到了取得的显著效果。

（一）全面参与，共同发展

每个学生都参与到班级管理中来。不管学习成绩的好坏，让每个学生轮流当卫生督导员，这样把管理班级的"大权"放给更多的同学后，不但使整个班级更具凝聚力，而且大大增强了每个同学的责任意识，做集体的主人。学生们都很愿意为班级出力。学生们在履行义务的同时也加强了责任心的培养。

（二）管理有序，人人有责

在班级中我坚持"普通学生能做的事情，绝不要组长来做；组长能做到事情，绝不要班委做；班委能做的事情，绝不要班长做；班长能做的事，班主任绝不越俎代庖"的分层管理形式。形成了在班内有人管卫生，有人管做操，有人管字词的听写，有人负责植物、花草的照顾等，使班级管理责任分解到每个学生身上，班级管理意识内化到所有学生心中，变"我被管理"为"我来管理"，让"这是他的事"成为"这是我的事"，使"这是他的责任"成为"这是我的责任"，形成"事事均有人管理，处处皆有人负责"的班级管理文化。

（三）以点带面，初具成效

学生的潜力真是不可小觑。由于发挥了集体的智慧，我的班主任工作做得比以往任何时候都轻松、都舒心。因为许多工作都由学生自主开展，所以我轻松；因为在自主管理的模式下，全班同学人人自觉，个个争星，都想被评为"阳光少年"，班里不出乱子，所以我舒心。我充分体验到了管理改革初见成效的甘甜。如今，我班学生在"知责、负责、尽责"的氛围中濡染了责任情感，不仅如此，在社会实践活动中还培养了学生实践能力和服务社区的意识，培养了学生对社会高度负责的精神，还达到了"一个学生带动一个家庭，一所学校推动一个社区"的家庭、学校、社会三位一体的协同教育目的，增强学生的公民责任意识。

育人要育心，教育的灵魂在于唤醒与激励。在责任教育的推动，将责任教育细化到班级文化建设的过程中，融入班级日常的教育教学和学习活动中，使班级成员的人生就因为"责任"两个字有了质的变化。

五、反　思

（1）班级管理是理性的，日常生活却是感性的。怎样达到理性与感性的和谐统一，还需不断的探寻。管理工作，是一门科学，科学的本质是实事求是，它又是一门艺术，艺术的追求是永无止境的。

（2）魏书生老师说："事物在发展，方法在更新，我们目前运用的方法绝不是最好的方法。"班级管理的模式多种多样，班级管理的方式和惩罚学生的手段也是多种多样的，今后的责任教育之路还很漫长，但我会以执着、坚定的信念继续披荆斩棘，用心去思考，用心去创新，用心去总结，打造向上、活跃、个性的班级文化，找到真正属于自己的桃花源。

陶行知先生说："真教育是心心相印的活动，唯独从心里发出来，才能打动心灵的深处。"

责任教育是一项长期的、艰巨的工作，应该说只有开始，没有结束，需要我们每一位教育工作者为之付出不懈地努力，需要我们坚持、需要我们守住、需要我们创新。

参考文献

［1］苏霍姆林斯基. 给教师的建议［M］. 北京：教育科学出版社，1984.

［2］魏书生. 班主任工作漫谈［M］. 桂林：漓江出版社，2017.

［3］王宝祥. 小学班主任培训必读［M］. 北京：地质出版社，1992.

所有的爱皆有回报

裴晶晶

摘要："教书育人"是每位教师的天职，在教师这个岗位上每天的努力也收获了一些感想和方法。

关键词：教书育人；以人为本；科学管理；立德树人

在实践中我深刻体会到只要全心全意爱每一名学生，就会感受幸福。下面的 4 个方面是我的点滴做法。

一、爱的温暖，改变不善言辞，学习被动的"他"

教师要以爱作为桥梁，与学生心灵沟通，作为班主任更要用阳光般的温暖去爱每一位学生，这样才能走进学生的心中，得到学生信任，助力他们健康成长。

小王同学的动手能力很强，用小软件做成一个展示自己的小相册。这让我很意外，同时也让我看到了这个平常不善言辞，学习较被动的小男孩的另一面。我鼓励他把更多的作品发到班群里，很多学生和家长都给他点赞，这件事对他起到巨大的鼓励作用，从那以后，他学习变主动了，也爱看书了，家长对他的进步很高兴。

通过这件事我想作为老师，不仅要解决学生们学习上的"惑"，还要帮助他们解开其他方面的困惑。作为教师，要针对孩子的特点，以爱为出发点，从兴趣入手，激发潜在的学习动力，让其变得越来越好！

二、以人为本，成就每个孩子的健康童年

小学高段的学生正处在成长发育的关键期，她们渴望得到老师的关心和呵护。

不管什么样的学生都有独立人格。民主的师生关系体现在师生在教育过程中的相互尊重、平等对话、相互理解、相互接纳。

接班以来，随着和孩子们彼此的深入了解，我发现班里的孩子们学习态度端正，努力认真，尊敬师长，互助互爱。很感谢小关校区的王军霞老师、刘丽老师和同事们送给我这么好的学生。我也发现了原来班主任王老师跟我交接时提到的夏同学，平常行为和别的学生不一样，了解孩子的情况后我多次找他谈心，面对面沟通，慢慢的孩子变得活泼了、习惯变好了。在学习上，我按他的水平给他留作业，使他能顺利完成，增强自信心。除了正常的教学时间，我还找其他时间给他补课。

疫情期间我更加关心他的情况，给他设计了有指导性的任务，虽然在过程中加重了我的工作量，但作为一名教师，看到孩子的进步，我的付出是值得的！

三、科学管理，注重学生综合能力提升

班级管理不是班主任一个人的工作，而是要为学生创造一个更安全、更自由、更和谐、更富创造性的发展空间，让每个学生都能以健康的心态去面对学习和生活。

对每一名学生为班级服务我都予以工作方法的指导与帮助，使他们充分发挥各自的优势，做班级的小主人。按照校区的要求，我们班实行劳动志愿岗，班干部心中有同学、有集体，增强了班集体的凝聚力。"安苑校区只有我们，没有我。"实行了"人人有岗位，人人要负责"的活动。关门窗、关电灯、检查桌椅摆放、放学站队组织，都有同学负责。李欣雨同学，每天坚持给学生们早中两次量体温，交晨午检表到医务室，得到同学们的喜爱，在期末被评为"卫生工作尽职美之尚美少年"。另外还有9名同学获得不同名称的"尚美少年"。

我们班后黑板有评比栏，侧面墙有学生作品展示栏，让孩子们见证彼此的成长。我们班就是孩子们温馨、有爱的另一个家，在这里每个孩子都在发挥自己的作用，相互帮助，共同成长，能力不断提升。

四、立德树人，培养全面发展的建设者和接班人

习近平总书记在"十九大"报告中提出，要全面贯彻党的教育方针，落实立德树人根本任务，培养德智体美全面发展的社会主义建设者和接班人。立德树人就是坚持德育为先，通过正面教育来引导人、感化人，培养孩子健全的人格和美好的心灵。

我每周利用班队会的时间对全班进行爱国教育、每到节日，比如新年会、妇女节，孩子们给父母做小礼物、做美食；学雷锋纪念日我们每人做一件好事；清明节引导孩子们进行网上拜祭。我们会进行相关的主题班队会。

孩子们的身心健康是未来拥有美好人生的关键，我在关注他们学习的同时也关注他们的身体，积极让他们参加各种体育活动，我们班在本学期的篮球比赛中获得年级女子组年级第一名，男子组年级第二名的好成绩；每次的足球，曲棍球等社团训练也让学生们去参加。孩子们的心理健康也是很重要的，我们校区从四年级开始就开展心理课程，因此我定时给孩子们上心理课程，在疫情期间利用腾讯会议和微信群进行心理小讲座，互动心理游戏来缓解他们的焦虑和不安。

良好的师生关系，多彩的校园生活为我的教学科研提供了丰富的素材，我积极参加心理课程的研究课题，在学区做心理研究课《愿望清单》获得朝阳区中小学第16届"朝阳杯"心理健康就评优活动课二等奖，受到了好评；我所撰写的征文《凡是过去，皆为序曲》获得朝阳区中小学班主任教育故事征文一等奖；2020年12月被评为朝阳区第十三届"孙敬修"杯学生故事比赛优秀辅导二等奖。

作为一名班主任，每天看到孩子们快乐地学习知识，健康地成长就会感觉很满足，这就是我，一名为师者最大的幸福！我坚信所有的爱皆有回报！

参考文献

［1］许丹红. 小学班主任的 78 个临场应变技巧 ［M］. 北京：中国轻工业出版社，2011.

［2］史志敏. 长怀一颗感恩的心 ［M］. 呼和浩特：内蒙古人民出版社，2009.

［3］史志敏. 让春光洒满人生之路 ［M］. 呼和浩特：内蒙古人民出版社，2009.

［4］潘玉峰，赵蕴华. 好班规成就好班级 ［M］. 合肥：安徽人民出版社，2012.

［5］（美）简·尼尔森. 正面管教 ［M］. 北京：北京联合出版公司，2018.

关注学生心理，促学生健康成长

李文营

班主任的工作不仅要关注学生的学习情况，更需要关注学生心理健康的发展，很多父母由于工作忙碌，压力大，导致很多孩子都是老人带大的，很多老人都溺爱孩子，现在的孩子大多都是独生子女，引导学生如何与人和谐相处是班主任非常重要的工作。作为班主任，既要上好课，又要管理好学生。在和学生的相处过程中，关注学生的心理健康，也是尤为重要的。

2017 年 9 月，我担任了一个初二年级的班级班主任工作，班里的学生不多，学生们都踏实认真，有一个学生赵明（化名），家是低保户，生活条件不是很好，他的父母离异，与父亲和奶奶一起生活，他和父亲沟通不多，父亲来学校的次数也不多，家长会一般都不来。

我观察到赵明的一些行为习惯和其他同学不太一样，在学校同学们的行为习惯都需要有一定的规范，而赵明在男同学不情愿的情况下去搂同学，有时也和女生靠得很近，还有时揪女生头发，我找他谈心问明原因得知实际上他是为了吸引同学的注意，感觉自己缺少母爱，想离女生近一点儿。那次的谈话持续了很长时间，看得出孩子很想找老师沟通，他也意识到自己和其他同学的不同。通过与老师交谈，他明白了规范与不规范的行为区别，并表示不再去做那些不该做的事情。

初中生正处于青春期，内心脆弱，容易叛逆、急躁，情绪变化大。作为班主任，正需要对学生进行正确的思想引领，培养他们辨别是非的能力，发现学生点滴变化，这些事情不是一蹴而就的，所以需要教师不断观察，走进学生的心理去引领他们具有乐观开朗，积极向上的阳光心态，关注他们在平时的细小变化，及时发现问题，避免不良情况的发生。

作为一名年轻的班主任，我尝试做到了以下几点。

一、挖掘孩子们身上的闪光点，让孩子们的优点有的放矢

和任课教师配合好，看到孩子们身上的优点或者进步都要及时表扬，即使有时他们做得不够好，孩子们也从中收获着成长着。赵明是个爱表现的孩子，语文老师鼓励他参加演讲比赛，运动会、科技节、朗诵比赛……很多活动上都能看到赵明的身影，他也取得了一定的好成绩。作为老师我知道有的时候学生们只是不知道如何表现自己，所以我们要处处留心，要看到他们身上的闪光点，还要想办法挖掘它、放大它，因为我坚信好的孩子都是表扬出来的。

每个学生身上都有他的闪光点，别人口中的坏孩子，在我看来，其实是某些方面他做的不太好，但是有的别人做的不如他。我们班有一个同学，特别爱打游戏，学习习惯不好，但是个热心肠，班上的事情很上心，随后经过我仔细思考，让他当了电教委员，如何使用计算机，电脑坏了如何修，都是这位同学完成的，无论是同学还是老师都肯定了他的能力，能看出他的脸上的笑容多了，自信多了。上课也能提出自己的想法。学习习惯也开始有了变化，之后在我教的物理学科取得了优秀成绩。

我相信，"星星之火可以燎原"，曾经那个胆怯的我，也是因为高中物理老师说："好的东西，总是慢慢长大。"他们说的话，我现在仍然记忆犹新，最后我选择成为一名物理老师。我相信冥冥之中，我也要成为向他们一样的人，成为别人的引路人。

二、帮助学生学会换位思考，拥有感恩之心

同学之间难免会发生矛盾，我们在处理问题时要用到换位思考，问题出现我一般不会大庭广众激化矛盾而是在私下去关心，我会将批评的语句，变成给孩子们提

建议，提醒学生多为别人着想。用"如果你这么说话，这样的事情就不会发生了，老师就更喜欢你了……"我一直告诉我的学生们，每个人都会犯错，我们遇到问题要站在别人的角度去想，去做一个更好的人、做一个学会包容的人。

一次赵明迟到了，我问他原因他却说全是父亲和奶奶的问题，感觉到这个孩子身上的负能量很多，两天后，班长给赵明讲题，我问他对此有什么感受，他只是"呵呵"了一声，我接着说："同学之间需要帮助，你看你旁边的同学是不是都帮助过你？老师希望你是一个感恩的孩子，你是不是应该跟同学说什么呢？"他马上回答："谢谢！"我告诉他其实一句"谢谢"真的很简单，分量似乎也没那么重，但却是对帮助过你的人的尊重和感恩，别人也会很舒服，觉得这个孩子很好，懂得感恩，明事理。他听了连连点头。

作为班主任老师，需要关注孩子细微的变化和一些不起眼的小事，换一种口气，不要命令孩子、批评他，而要多关心他，试着走近他，语气缓和一点，让他意识到老师为他们好，而在私下也可以跟朋友似的沟通。

三、家校合作，促进学生健康发展

一次赵明和同学有一点儿小摩擦，我请赵明的父亲过来，先跟家长说了一下事情的经过，孩子的父亲也知道是自己孩子的不对，接着我问孩子跟家长的沟通情况，上学期赵明跟我说过，跟父亲的沟通不多。赵明的父亲跟我说："孩子的奶奶在世的时候，不让我们说孩子，过度溺爱孩子，所以我也就不批评他了，前段时间跟赵明聊了，他也慢慢意识到自己身上的不足。"我跟家长说："还是要多跟孩子沟通，孩子在学校经常犯困，还是要尽量让他早点儿休息，适当控制玩儿手机的时间。关注孩子的作业完成情况。"赵明的父亲也表示会配合老师。我还嘱咐家长，孩子做得好的咱们一定要表扬孩子。

老师和家长沟通多采用微信，发文字比较多，但是适当的面对面沟通或者电话沟通也是很好建立家校合作的纽带。我们班有一个同学叫周军（化名），经常不完成作业，为自己找借口，有一次语文英语老师都想见见周军的家长，跟周军的母亲沟通，妈妈说，"孩子跟我说，在学校表现很好，对于微信上说他没写完作业也说是老师统计失误。"几个老师反复沟通，反应情况后，把孩子叫过来，问孩子情况，孩子说，以为老师和家长不会见面沟通，想钻空子。最后跟周军的母亲达成一致意见，及时反映孩子的情况，孩子的问题及时处理。

班主任的工作就是随时需要处理一些小事，比如同学打闹，一个同学受伤，家长带孩子看病后，孩子的医药费谁出。比如同学玩儿篮球，球把孩子的眼睛砸坏了，修理眼镜的钱，谁出，都需要班主任及时沟通、及时教育。

苏霍姆林斯基指出："教育的效果取决于学校和家庭的教育影响的一致性。"要教育好一个学生，不能单单靠班主任个人，个人的力量是渺小的，调动一切可以调动的力量，形成教育合力。在学校领导、任课老师、同学的帮助下，形成一种"多维"的教育环境，学生家长的力量是最为重要的，家庭和学校是教育孩子的两个重要阵地。因此，探索有效的家校合作方式，逐步实现家校之间"一致性"，为学生的健康成长搭建起一个精彩的舞台。

四、利用学科特点促进孩子进步

物理课实验很多，孩子们动手的机会比较多，赵明和一个关系比较好的孩子一组，放开了做实验，通过实验操作培养学生学习兴趣。物理课有时学生相互讲题，有的时候赵明也会给同学们讲题，并给予肯定和期待。赵明也通过讲题、做实验等提高了学习兴趣，取得了成就感，从中收获着学习的快乐。

非常高兴看到赵明的变化，他从一个看待问题比较偏激，行为习惯和别人不太一样的孩子，到现在主动和老师沟通，融入班集体的孩子，他的学习成绩也在不断进步，作为他的班主任老师，我感到非常骄傲。

班主任的工作是一个慢工细活，不能急于求成，可能成效也不一定很明显，但是一定能看到孩子的细微变化，"星星之火可以燎原"，陪伴他们成长的过程自己也在成长和进步。帮助学生树立正确的人生观和价值观，充分运用学校教育资源，通过激励教育，使学生在学习、生活和交往中能以积极的心态、满腔的热忱做好自己该做的每一件事情，从而有效地培养学生的主体意识。所以培养中小学生健康的成功心理不仅是我们每个教育工作者应尽的责任，更是当务之急的工作。

浇灌每一粒种子，关爱每一个心灵

王亚非

从小学升至初中，学生具有强烈的求知欲和探索精神，他们兴趣广泛、思想活跃，喜欢进行丰富的、奇特的幻想，喜欢别出心裁和标新立异，他们在许多方面都表现出强烈的创造欲望。通过《初中生心理学》理论学习终于让我找到抓手：创设各种平台，开展各种活动，满足学生的创作与探索，培养学些兴趣。

1. 提高个人能力：培养阅读、上网查找资料的习惯，提高资源整合、页面布局、图文排版能力——制作"弘扬中华优秀传统文化"系列手抄报

中国传统文化博大精深，优秀传统文化是中华民族的精神命脉，学习和掌握其中的各种思想精华，对树立正确的世界观、人生观、价值观很有益处。我利用学生手中的《中华传统文化》一书，组织学生阅读并制作手抄报。因为以往的要求都是

写读后感，所以学生对这种读书形式比较感兴趣。一个学期的时间所有同学阅读完大部分内容，制作出《汉字的演变》《中国传统礼仪》《梨园雅趣》《中国传统节日》《百家姓》《美轮美奂的中国古典建筑》等。每两周班内都会做一次手抄报展示。通过这种高效学习，学生开阔了眼界、增长了见识，也更为自己是华夏子孙而自豪。当学校组织去故宫参观时，他们可以很自豪地与讲解员交流，体会到了知识带给他们的快乐。这项持续了一学期的活动培养了学生阅读、上网查找资料的习惯，提高资源整合、页面布局、图文排版综合的能力。从此学生也更爱"创作"了。

2. 培养感恩意识和人人为我、我为人人的社会责任感——"一封信活动"

新年前，按照以往的惯例是课代表、班委给任课老师写一张贺卡，但由于以往的班级活动都搞得丰富多彩，他们都觉得在这么重大的一个节日只写一张卡片没什么新意。"老师确实是要感谢的，其他人呢？在学校每天为你们无私付出的还有谁？"我启发着，"为我们创造整洁环境的保洁师傅""每天给我们做出可口饭菜的食堂阿姨""校门口的保安大哥哥""还有吗？"我继续问道，"还有校医王大夫！我上体育课磕破腿是她给我包扎的。"有同学激动地说。"还有打印室印卷子的梁爷爷，我们做的卷子都是他印的""还有你们最亲近的人……""爸爸妈妈！""对，这些人都是我们要感谢的，新年到来之际，我们来写感谢信吧，感谢父母的养育，老师的培养，校内各岗位职工的付出。其实社会上还有很多不认识的人在为我们默默付出，我们要懂得感恩，也要树立为别人服务的意识。"学生们纷纷点头。课下我发动了家长给青春期开始"不好管"的孩子们写信沟通感情取得相互的理解，家长也非常支持。新年联欢会那天，一封封大红纸的感谢信送到了学校教职员工的手中，在大家的一片赞扬声中我班的学生有点害羞更多的是自豪。联欢会上我班的4位家长表演了诗朗诵《孩子，我想对你说》，家长们动情地讲述了孩子们从小到大的变化和对他们将来的期许，学生们在台下听得热泪盈眶，4位同学上台深情地拥抱了自己的父母。这次活动深深地教育了学生要懂得感恩并树立强烈的社会责任感，培养人人为我、我为人人的意识。

3. 增强爱祖国、爱家乡的热情，树立建设祖国的远大志向——《家乡美，我来说》主题班会

我班中有3/4的非京籍学生，但由于年龄、阅历等因素对家乡还有许多未知，鉴于此，我设计了本次主题班会。目的是给学生提供一个交流、学习的平台，让学生"走近家乡"，更加了解自己家乡的山山水水、家乡的风土人情、家乡的仁人志士，从而更加热爱自己的家乡，树立努力学习身体力行为家乡做贡献的意识。同时让同学们之间加深彼此的了解，增强班级的凝聚力。

为了达到预期的目的，班会的前期工作需要细致准备。从班会组织的前期构想、召开目的，到班委会分配任务、班会展示素材的准备，对每个环节都做缜密的考虑。

整个班会的前期准备过程中同学们都积极参与其中，每一位同学都是这次班会的主人。学生通过上网、进图书馆等方式查阅资料，了解自己家乡的历史、变化等全貌。

班会是以 PPT 展示形式进行的，展示内容运用了课内学习的语文、历史、地理、政治等学科知识；展示过程锻炼了多媒体技术运用能力；培养了学生语言文字的积累能力和口头表达能力。通过这次班会活动增加学生对自己家乡的了解，激发对家乡的自豪之情，增强同学们爱祖国、爱家乡的热情，激发学生勤奋学习，为家乡建设贡献力量的情感，提高同学们为家乡的明天而努力学习的自觉性，培养学生强烈的社会责任感，以及身体力行为家乡做贡献的意识。

班级搞的活动很多，如"种下一个希望，收获一片绿色"的植树节活动、霍金逝世后的《宇宙星球》纪录片展映活动等。这些活动看似与课内学习无关，但实际牢牢抓住了学生的心，教会了他们如何做一个正直而有用的人。各种活动满足了这个年龄孩子的创造欲望，激发了他们的兴趣与求知欲，进而热情地迎接书本，成绩也就自然上去了。在各次考试中我班的成绩都在年级前列，校内外的各项活动学生们都踊跃参加并取得了骄人的成绩。通过各项班级活动的开展，学生个人的习惯养成和班集体的成长建设都如我期望的那样走上了良性发展。

教育情怀总是诗

侯　洁

摘要：教育的本质正是用生命影响生命，用灵魂唤醒灵魂。在教育过程中，一个高尚的灵魂、一颗饱含师爱的心，是促进学生成长的关键。师者，就是要将自己的爱心和耐心，化作无声的春雨，用精神的甘露去洗涤学生精神上的尘埃，用爱的甘泉滋润他们幼小的心田。春风化雨，点滴入心，相信师者如诗般的情怀能哺育每棵幼苗长成栋梁之才！

关键词：尊重；欣赏；关心；身教

从教 20 年来，我最大的感受——教育，是用生命影响生命，是心灵对心灵的呼唤。

高中的学生介于孩子和成人之间，很多道理都明白，却又不能约束自己；自尊心强烈，却又极其脆弱。长篇大论让他们心生反感，直言不讳让他们难以承受。于是造成的结果就可能是思想上的叛逆，行为上的对抗。

因此，在教育的过程中，我们要用"心"面对学生：细心观察学生，耐心了解学生，潜心分析学生，诚心帮助学生。而这一切都源于一名教师对孩子的爱。是伟大、纯洁、像春雨一般点滴入心的师爱，促使我们以生为本，付出自己的满腔热忱；也是这润心无声的师爱，潜移默化地影响和教育学生，促进他们的成长。

一、尊重、理解、宽容

尊重是实施有效教育的基础和前提。人在内心深处，都有一种渴望别人尊重的愿望。中学生天真、单纯、容易受到伤害，因此保护和尊重学生的人格与自尊心是教师在教育过程中特别要注意的问题。作为教师，要对学生进行有效的教育，就必须尊重学生，倾听学生的心声，对此我有深刻的体会。

小洋给我的感觉是一个比较高傲、冷漠的女生，而且不服从老师的管理。有一次，她在课上睡觉，经我提醒后，她没有任何反应。再次提醒，她扭过头继续睡。第三次提醒，她就有了明显的烦躁和抵触的情绪，态度非常不好。当时全班同学都在看着我怎么处理，尽管我很生气，可还是控制住自己的情绪，没有影响整堂课的教学。下课后，我找小洋谈话，她一言不发，一副目中无人、无所谓的态度，师生双方根本无法交流。

带着这种对抗的情绪，此后小洋在课上没有任何好的转变，表现懒散颓废。几天后，我经过事先准备，再次找她进行谈话。她来到办公室时，我给她准备好了椅子，让她坐在我身边，并且给她倒了一杯水，这让来到办公室准备挨批的她放松了不少。在谈话时，我站在她的立场来替她考虑问题，理解她的心情，并且开诚布公地谈了我对她的看法。开始她还是一言不发，但是慢慢的我发现，她有所触动，眼圈也红了。我发现这个时候的她已不再是我印象中那个高傲、冷漠的小洋了，在我面前的她其实是一个感情很丰富、很细腻，内心很敏感的女孩子，思想上还有一些消极。于是我慢慢引导她，让她一点点地说出自己的看法。开始时她只是只言片语，在我的鼓励下，她也慢慢地讲出了自己内心的一些想法。虽然在一些问题上我们的看法还是不一致，但是我们已经能够平等交流，彼此尊重，求同存异。这次的谈话让我们增进了了解，也加强了理解，重要的是我让她知道，老师愿意做一个倾听者，愿意做一个设身处地为她着想的朋友。

这一次交流的效果很好。从这次谈话以后，她经常主动把自己写的文章拿给我看，并征求我的意见，同时在语文的学习上也有了动力。

从这件事中，我深深地体会到：作为一名教师，每天和这些十几岁的孩子打交道，遇事一定要控制自己的情绪，保持冷静；对话比对抗有效，而当对抗发生时，教师应宽容忍让。教师尊重学生，就能唤起他们的自尊心、自强心，激励他们发奋学习，战胜困难，产生强大的内在动力，人格得到充分发展。相反，如果一个教师不尊重学生，尤其在公共场合，哪怕是无意识地用羞辱的语言刺激学生，后果都是严重的。

教师的一言一行、一举一动都会通过学生的眼睛在他们的心灵底片上留下影像，潜移默化地影响他们的精神世界，就好比一丝春雨，"随风潜入夜，润物细无声"。因此，教师必须随时提醒自己要尊重学生的独立人格，并善于进行"心理换位"，设身处地为他们着想，体察他们的心理和处境，呵护他们的自尊心，以实现心理上的沟通和相容。

二、欣赏、赞扬、激励

欣赏是有效实施教育的态度，是有效教育的重要途径之一。学生的转变与成长，要求教师善于发现他们身上的闪光点，因势利导，来激发他们的积极性。

小旭平时学习很被动，成绩比较差，上课经常走神。但是我发现他对中国古代小说，尤其是《三国演义》《水浒传》都非常熟悉。于是在讲授《中国古代小说的发展及其规律》这一课时，我就让他做主讲人。课下他积极查找资料，主动找我一起研究讲课的思路，以前他可从来没有如此积极主动地学习过。到了上课那天，他自信地站在讲台上，引导着其他同学解决了一个个问题。清晰的思路、丰富的课外知识，使大家对他都有了新的认识。下课时，大家对他精彩的讲授报以热烈的掌声。当他满脸通红地站在讲台上时，喜悦、兴奋代替了平时迟钝、冷漠的表情。

从这以后，他在学习上比以前主动了，在课堂上也能积极思考问题了，迈出了可贵的一步。

一次简单的肯定竟在孩子心里产生了巨大的激励作用。可见，欣赏、赞扬与激励，可以成为学生们转变成长的契机。因为这种来自内心深处的欣赏与赞扬，也是对人的尊重，它能唤起学生对老师教育的认同。在学生的成长过程中，他们正是在一点一滴的小事中接受教育。我们教师就要像春雨一般，润物无声，慢慢滋润他们幼小的心灵。

三、关心、重视、帮助

在教育过程中，教师一定要避免给学生贴上"好""中""差"的标签，对于班里一些学习成绩一般的学生，不能忽视；对于学习成绩或纪律较差的学生，更要特别注意自己的态度，不能漠视。老师不能一见到这些学生就板起脸来，这些学生一样渴望得到老师的关心，看到老师的笑脸，得到老师的喜爱，他们甚至比好学生更需要得到重视。

二班的小佳是一个成绩中等偏下的女生，学习上比较被动，性格比较内向，不太引人注意。有一次，我在楼道碰到她，她肚子疼得厉害，要自己一个人骑车回家。我担心她路上出危险，就把她送到学校门口，帮她打了一辆出租车。

就是这样一件小事，使小佳发生了变化。此后她在学习方面比以前更加积极主动了。

可见，教育无时不在，无处不在，对于学生的教育不只是在课堂上完成，更多的是在平时、在课下，老师的一言一行对学生有很大的影响。一个简单的举动，一声问候，一个微笑，就能让学生记在心里，因为学生从这里感受到老师的爱与关怀。因此，作为教师，一定要让每个学生都感受到你对他的关心和重视。

身为教师，我们要关注的不仅是成绩，而且更是学生本人；授予学生的不仅是知识，而且更应有深沉的爱。一次次面批辅导，一回回口传心授，一遍遍反复演练，就是在这过程中，我们传授知识，撒播关爱，凝聚人心！

四、身教重于言传

作为教师，不仅要言传，更要身教，教师的一言一行都被学生看在眼里，记在心上，因此教师要时时刻刻注意做到为人师表，以身作则，不断完善自我，用自己美好的形象去感化学生逐渐养成良好习惯；用自己的模范行动为学生树起前进的旗帜，潜移默化地感染和教育学生。对于这一点，我自己深有体会。

记得有一次，我进班时发现一个女生正在抄同学的作业，我非常生气。在上课的时候，我用非常严厉的语言批评了她和那个把作业借给她抄的同学。站在讲台上，我注意到她的眼圈红了，嘴巴紧紧地抿着，之后在课上她一直无心听讲。下课后，她来找我，说我根本就不了解情况，她有一节课没来，不知道老师留的作业题是什么，她当时借来别的同学的本是在记老师留的作业。我听了以后，感到自己的做法深深地伤害了她们。第二节课，我一上课就当着全班同学的面向她们道歉，同时跟学生讲了抄袭作业会给他们带来恶果。我的这一举动不仅使她们两人，而且使全班都很吃惊，她们都没想到老师会向学生道歉。这时我告诉学生，每一个人都会有犯错的时候，一个人不怕犯错，就怕知错不改，犯了错就要勇于承认，即时改正。下课后，她又跑来找我，跟我说没想到我会当着全班同学的面向她们道歉，并说她知道该怎么做，请我放心，她以后都不会抄作业。此后，我通过和其他学生交流了解到，很多同学都被这件事深深地触动了，都对自己以前错误的行为进行了反思，并主动提出要改正自己的错误。

从这件事中，我看到了身教的巨大力量。老师亲身做好一件事，给学生做出表率，可能要比说上一百句都有效，正所谓："身教重于言传。"

德育工作内化于心，外显于行。苏霍姆林斯基曾说过："理想、原则、信念、兴趣、好恶、伦理、道德等方面的准则在教师的言行上取得和谐一致，这就是吸引青少年心灵的火花。"可见，如果老师能够在学生面前树立一个美好的形象，学生就会以老师为榜样，自然而然地养成良好的习惯。同时，教师为人师表也会形成一种巨大的人格力量，这是一种无声的教育。

德国哲学家雅斯贝尔斯说过的一句话：教育意味着，一棵树摇动另一棵树，一朵云推动另一朵云，一个灵魂唤醒另一个灵魂。他提出：教育情怀就是对教育充满激情、仁爱与执着，这种炙热的情怀是最首要的。我们为人师者，正是怀着如诗般美好的情怀，用自己的热情、慈爱、真诚，去陪伴、帮助、鼓励孩子们迈过这成人路上的坎坷艰辛。

20 年的教师生涯，我深深地认识到，教育的本质正是用生命影响生命，用灵魂唤醒灵魂。在教育过程中，一个高尚的灵魂、一颗饱含师爱的心，是促进学生成长的关键。师者，就是要将自己的爱心和耐心，化作无声的春雨，用精神的甘露去洗涤学生精神上的尘埃，用爱的甘泉滋润他们幼小的心田。春风化雨，点滴入心，相信师者如诗般的情怀能哺育每棵幼苗长成栋梁之才！

眼见不一定为实，只有用心才能"看见"

陈昱旻

摘要：拒绝沟通的孩子，可能内心并不像他的外表看上去一样冷漠。他们和其他孩子一样，渴望交流、渴望理解，渴望有人愿意走进他的内心，愿意花时间去懂他。做老师的，有些时候需要看到这些孩子冷酷的外表下掩盖的真实内心。而做到这些所需要的，除了一双发现的眼睛，还要有一颗肯包容的爱心和耐心。

关键词：学生；沟通；误解；哭；治愈

新的学年，我被告知接手一个"特别"的班级。"特别"之处在于，班上问题学生特别多：上课说话特别多，上课睡觉特别多，不写作业特别多，成绩差的特别多，单亲家庭的孩子特别多。其中，一个叫小龙的男孩，很快就引起了我的注意。

这个男孩瘦瘦高高的，平时上课也不见他说话，下课也不见他像其他男孩一样打球或打闹，总是面无表情地做自己的事情。这天上课，我见他趴在桌子上睡觉，想把他叫醒，就提问了他一个问题，他一站起来，原本愉快的课堂气氛仿佛突然凝固了。他就站在那里，低着头，依旧面无表情。我见他不说话，就换了种方式提问他。然而，他仍然一声不吭地站着。我用英文问他是否明白我的意思，他还是不说话。我又用中文问他："你听明白我的问题了吗？"这次，他抬头了，直勾勾地盯着我，但依旧一言不发。他的个子本来就高，站起来比我高一大截，所以基本上就是用下眼角在瞄我。这种眼神，似乎在说"我就是不说话，你能把我怎样？"这让站在讲台上的我，觉得仿佛受到了挑衅。我大声地问他："你会说话吗？会说话就请你明确地告诉老师，这个问题你能回答还是不能回答！"他绷了一会儿，终于还是开口了，说了两个字"不能"。这两个字，似乎让我的师道尊严得以挽回，我让他坐下了。但他那不屑一顾的眼神，还是让我一直耿耿于怀，也让我很好奇，这到底是一个什么样的孩子。

下课后，我把他叫到我的办公室，想跟他聊聊上课的小状况，谈谈尊重老师的问题。谁知他到了办公室，依旧是那副姿态，无论我摆事实、讲道理，动之以情、晓之以理，他就一副样子：一言不发，爱答不理。教了这么多年学生，我还从没碰过这种完全拒绝交流的孩子。第一次尝试沟通，就这样以失败告终。我很窝火，也很懊恼，但同时也在思考，他到底怎么想的？是我的沟通真的无效，还是他把自己包裹得太严了？他的心理有什么问题吗？

我没有放弃，继续观察这个孩子。我发现在这个孩子身上有很多问题，比如上课睡觉，从不写作业，上课从不回答任何问题。有的老师因为这些，跟他的关系还闹得很僵。但我也注意到，貌似不太合群的他，和同学之间的关系，并没有我想象的差。我相信，在他的身上，一定有着我未曾发觉的闪光点。

有一次，我需要找几个同学帮我搬书，特意叫上了他。出乎我意料的是，他竟然欣然应允，痛痛快快地答应了。在那一瞬间，我突然意识到，可能以前是我错怪了他，错把他的眼神看出了自以为是的"挑衅"意味。有了这一次的短暂"沟通"，我突然发现了打开这个孩子心门的钥匙，于是，我开始慢慢"找机会"跟他"交流"起来。但我们的交流，很少用语言，都是我让他帮我一些小忙，比如擦个黑板，往高处贴个东西，电脑出故障了，让他帮我看看，等等。渐渐地，他对我的态度变得没有开始那么"戒备"了，同时，也因为我的心态发生了小小的变化，即使有的时候看到了他那种"拽拽"的眼神，也不会为此跟他较劲，忽略不计便罢。就这样，一次下课后，他竟然跑到讲台前，像个小孩子一样，主动要求帮我拿电脑。表面上按兵不动的我，内心其实早已在偷着乐了，我想，我已经在慢慢地走进他的内心了。

一次，听说数学老师因为他的学习态度问题，和他发生了冲突。我把他叫过来了解情况。开始，他依旧很不忿的样子，一言不发。我了解他的脾气，没跟他的态度计较，只是就事论事地问他事情的起因、经过。因为了解他的性格和脾气，我没要求他长篇大论地回答我。我来提问，他只需回答"是"或者"不是"。问着问着，我突然问他：你从小到大，有没有被老师或者同学误解过？被误解了，心里难不难受？因为被误解而进一步拒绝沟通，能给你更多的安全感吗？还是更多的伤害？你有没有体会过被人懂得的感觉？……开始，他默不作声。后来突然，他开始哭了起来。那样一个大男生，就在我的办公室里，哇哇地哭得像个孩子。一边哭，一边抹着鼻涕跟我说，"小学 6 年，初中 3 年，9 年了，几乎所有我遇到的老师都会因为我的态度误会我。没有人懂我，所有老师都骂我，骂完之后就会放弃管我，让我坐在角落里，自生自灭。我不是不想跟人沟通，而是不知道该如何沟通，慢慢的也就越来越不会沟通。反正说错了也要挨骂，不如干脆不说。解释有什么用，反正别人也不会听，所以干脆就不解释，误会就误会吧，慢慢就习惯了。"

我就坐在那儿，静静地听着他跟我说话。我在想，这个 15 岁的孩子，身上到底背负了多大的压力，才能让他像溺水的人终于找到了一根救命的木头一样，对我说了这么多积压在心头的话。我走过去，给了他一个大大的拥抱。然后轻轻地告诉他，"你不是不怕被人误解，你其实比任何人都怕被人误解。因为害怕，所以才让自己绷紧了这根儿神经。其实，如果你试着让自己放松这根儿神经，你会发现，其实让别人懂你没那么难，只要你肯打开你的心，让别人走进去。"

后来，他真的主动去找数学老师承认了错误。因为休产假的原因，一年后我没有再继续教他们班。听后来教他的老师说，他比从前更开朗了。虽然在他的身上，依然能看到种种的不足，但我相信，他已经向治愈自己的"心魔"迈出了最重要的第一步。我不确定我是不是给他这种力量的人，但我相信，他曾经有过一个肯用心去"看"他，而非用眼睛去看他的老师。

教师工作因细节而美丽

赛 音

摘要：教育是什么？抽象的，具体的，众说纷纭。对一名教师来说，教育应以一种具象且日常的行为方式来进行阐述，也就是教育方式。它无法用优劣或对错来衡量，因为它不是一个量化指标。如何选择一种恰当的教育方式，对于每个教师而言都不是简单的事情，需要结合实际情况去不断地摸索。而当你真正找到一种合适的教育方式，会发现不仅仅可以更好地保证教学质量，完成教学目标，更加能够拉近与学生之间那种看似天然的距离，帮助他们树立起具有积极性的人生观和价值观。这也正是本文想要论述的核心思想。

关键词：教育方式；沟通；引导；细节

德国哲学家雅思贝尔斯说："教育就是一棵树摇动另一棵树，一朵云推动另一朵云，一个灵魂唤醒另一个灵魂。"回忆自己为期 13 年的教师生涯，我理解的教育就是帮助孩子寻求自己的幸福，助力者就是他自己。老师应该以一种淡定从容的心态，时刻以优雅的姿态出现在学生面前，用一颗真诚的心，来与学生打交道。一滴水能折射太阳的光辉。一个细节能决定事业的成败。班主任工作平凡而复杂，正如汪中求先生在《细节决定成败》中所说："大量的工作，都是一些琐碎的、繁杂的、细小的事务的重复。"

我认为温和友善，胜于强力风暴。班主任恰到好处的一个灿烂微笑，一个赏识的眼神，一句热情的话语都能缩短师生间的距离。去化解孩子们身上一个又一个的教育难题。下面我通过一个案例来谈谈我这方面的做法和体会。

2016 年，高二分完文理班，一名叫小万的男孩分到我班，他的学习成绩不是太好，我找到之前教他的老师们了解情况。老师们认为，他特别聪明，上个学期在班级里成绩比较好，他也不是调皮捣乱的孩子，相反是文静、善良，富有同情心。开学后的一个月内，我发现他这个孩子上英语课，直勾勾地盯着老师，眼睛大而无神，没有一点思考的模样。在课间，总是心事重重、忧心忡忡、沉默寡言，据班里的学习委员向我汇报，说小万和自己要好的同学说，他觉得生活太没有意思了，如果不上学了，可以自己去闯荡世界，寻找自己想要的生活。

在一次参加完社团活动后的周二下午，我故意在走廊里等着回教室拿书包的小万，"真巧啊，小孩儿，帮我个忙呗，把我们班的阅读书抱到办公室吧。""嗯"。尾随我，进了教室，我试图找寻话题来开启我们之间的对话，然而，碰到的都是这个16 岁男孩躲闪的目光，他的回答仅限于"哦""行"。我明白了，这么生硬的方式来打开试图了解这个孩子的做法是行不通的。

想走近这个"忧郁王子"，我必须寻找好时机打开他的心扉。10 月中旬的秋游，全班孩子特别高兴地出发去香山，中午大家都是以小组为单位一起吃午饭，孩子们都拿出自己带来的食物和大家分享，大多是妈妈精心准备的三明治、小点心、寿司。我看到小万，非常羞涩地拿出一袋超市买来的切片面包吃起来。坐在大家中间，言语不多，只是偶尔默默地跟着大家笑笑。看着这一切，我感到有点心疼。

在接下来的一周，开家长会，小万的爸爸妈妈没有来，也没有请假。我也等到走近这个孩子的机会。第二天，早读我站在班里，再一次触碰到了那个躲闪的眼睛。课间，我把小万叫到了会议室，"我们两个一起吃早饭吧。"我打开一盒热气腾腾的包子，"快吃，快吃，别凉了，尝尝我妈妈的手艺。""老师，我……""快吃啊"，我塞到他手里。"平时早饭在家吃吗?"瘦弱的孩子没有回答，他默默地哭了出来。告诉了我他心中的秘密。

原来，他的妈妈在小学五年级的时候生病去世了，今年他爸爸又给他找了个后妈。后妈带来了一个哥哥，比他大一岁，在市重点中学上学。这个后妈经常拿他们两个做比较，说他应该向他哥哥学习。总说他不够机灵，学习成绩不突出，长得也不帅。在后妈不断地负面评价中，他也觉得自己天资不如人，什么也做不好，慢慢地就变得自卑和内向了，而且他很不喜欢在家里待着，时间一长，也不愿意和爸爸说话，他认为人和人之间都是虚伪的。

我明白了一个少年，要适应妈妈去世、爸爸再婚等一连串的生活变化，要学会在一个全新组合的家庭中找到自己的位置，这是需要多么大的勇气？在生活的变故中，他会有自我评价机制失衡的时候，开始怀疑自己的价值，产生过多的自我否定，情绪低落，悲观失望，心理负担越来越重，自卑心理由此产生，丧失学习兴趣和生活的热情。因此他也无法体验成功的喜悦，从而陷入失败的恶性循环之中。

当天，我把小万的爸爸请到学校见面，和他交换了改善孩子情绪状态的想法。他的爸爸很通情达理，表示一定提醒妻子改变对孩子的说话方式，让孩子不能感到被冷落的感觉。从关心孩子的衣食住行等细节做起，改善家庭气氛。在紧接着的周一的国旗下讲话，我安排了小万来写稿并代表我们班上台演讲。因为这一周的主题是科技。这正好也是他平时参加科技社团的内容，是他喜欢和擅长的内容。我指派班里作文写得好的同学帮他润色稿子。之前我发现班里每次调座位，他都要求往后坐。我有意识把他调到最前面，调动他的积极性。我明确告诉他，要敢于在众目睽睽下做你以前不敢做而正确的事，从现在开始主动发言，让教师与同学看到你的进步。我还建议他在走路时要轻快敏捷，要在课堂上注视教师的眼睛，不畏、不惧、不悲，要多寻找自己的优点，寻找自己的良好品质，增强自我价值观。我们科任教师有意识地加强对他提问力度和学法指导。在潜移默化中帮助化解孩子心中的自卑，一点点转为自信，小万慢慢地愿意举手了，他愿意在全班同学面前讲话了。

经过不断的鼓励，小万的心情越来越好，自我感觉越来越好，学习热情越来越高涨，人变得更加开朗。每一次的测验，成绩都有进步。高考时，他以优异的成绩顺利考入北京某重点大学。一年后，我收到了小万寄给我的一封信，他写到"老师，谢谢你没有让我丢掉自己……"

这件事让我思考了很多，教师要教会学生合理评价自己，让学生能正确分析自己的优缺点，并不断挖掘优点，增强自信。不良的评价和不断的打击会剥夺一个人的自信心和自尊心。每个学生都有自我发展的能力和巨大的发展潜力，教师发自内心的、真诚的鼓励，让学生更加肯定自己，进而超越自卑、强大自我，老师也会收到意想不到的教育效果。叶圣陶先生说："真教育是心心相印的活动，唯独从心里发出来，才能打到心灵深处。"所以，做一个成功的班主任，老师的出发点是要培养出能独立生活、抵御挫折、自信向上、人格健全的学生。因此，我一直重视学生心理健康的教育，努力做到走进学生的内心世界，用真诚打开孩子们的心扉。

班主任工作中一些细节上的功夫，决定着教育的质量。教育无小事，简单不等于容易，只有花大力气做好小事情，我们的工作才能收到事半功倍的效果。只有想方设法把小事做细，班主任工作才能变得生动起来、美丽起来！我努力在细节中展示老师的人格魅力，关注学生和班级的日常小事，关怀后进学生，体现无言关爱。在忙碌的高中教育教学中，在细节中维护学生自尊，在细节中体现师生平等。涓涓细流能汇成滔滔不绝的江河。丝丝春雨能滋润万物，换来万紫千红的春天。让我们在琐碎而平凡的工作中保持一份美丽的心境，让班主任工作因细节变得生动起来吧！

幸福，在路上

吴跃辉

摘要：高三对于学生来说是最为关键的一年，但在拼搏的路上，学生也容易迷失方向和缺乏动力。作为班主任，如何帮学生找到最好的学习状态，激发潜能？我不断的思索，进行了多种方式的尝试。通过班会主题教育，帮学生树立目标，调整好心态；通过智慧引导，激发学生的内驱力，自信前行；通过与家长良性沟通形成合力，助力高考。在这个过程中，我付出了很多的辛苦，但也收获了幸福。

关键词：目标；自信；动力；助力

2017 年 6 月，我担任我校高三文科班主任，经过最后一年的辛勤付出，孩子们都在高考中取得了优异的成绩，在最后的毕业典礼上，我引用当时网上流传的一句话："你的一生，我只送一程，我原路返回，你远走高飞。"就这样满怀着不舍与祝福送走了我的 2017 届学子们，当我原路返回后，学校又让我继续留任高三，担任一个文科班主任。我又开始了一个新的高三班主任征程。

一、高三，我们一起出发

我们班的孩子，基础知识要薄弱很多，学习习惯和学习能力欠缺，学习的意志力薄弱，对即将开始的高三生活既恐惧又迷茫。因此，在第一次班会上，我引用一位学者的一段话："孩子，我要求你读书用功，不是因为我要你跟别人比成绩，而是因为，我希望你将来会拥有选择的权利，选择有意义、有时间的工作，而不是被迫谋生。当你的工作在你心中有意义，你就有成就感。当你的工作给你时间，不剥夺你的生活，你就有尊严。成就感和尊严，给你快乐。"由此希望同学们这一年能够奋力拼搏"坚守目标，掌握未来。"班会上学生们一起畅所欲言，谈高三是什么？有的同学说高三是幸福和希望，也有的说是拼搏和泪水。我在总结中，用几个关键词强调我们的高三应如何度过？①目标。人的潜能是无限的，你有多大目标，就会有多大收获！用目标堆砌成功！②行动。有了目标还要落实在具体的行动上。行动是成功的关键！每天上一个台阶，成功就在前面。③心态。积极的心态收获成功，消极的心态排斥成功。④习惯。具体包括勤奋、踏实的习惯；勤于思考的习惯；坚忍不拔的习惯；良好的学习习惯；良好的生活习惯。⑤互助。优秀的集体成就优秀的个人，集体具有个人所不具备的力量，所以希望同学们能够互帮互助，共同进步。

同学们还集思广益，一起制定了班级公约。我们也确定了班级的主题是"拼搏四班"。通过第一次班会，学生对高三也就没那么紧张和焦虑了，都满怀斗志要奋力一搏。高三，我们一起出发！

二、自信，前行的动力

高三的学习生活紧张忙碌甚至枯燥。几届高三的经验使我深知，这种高强度的学习经常会让学生容易焦虑烦躁，他们内心脆弱，情绪波动大，甚至丧失前行的动力。而这个时候，很多学生对家长要么采取屏蔽态度，要么把家长作为发泄的对象。因此，家长对孩子的这种情况也束手无策，只能干着急。这个时期班主任的正确疏导是非常关键的。但因为这个班我是从高三接手的，起初学生跟我还是有距离的。我知道教育不是简单的老师说，学生听的单向过程，而是要逾越心与心的障碍，不存在隔阂，走进彼此的心。所以我在课下的时候经常和同学们聊天，分享我的读书心得，分享我坚持长跑的益处。同学们慢慢地喜欢亲近我，喜欢和我分享他们的学习生活。我发现这种分享有时候比你正式的说教还有说服力和教育的效果，而且还拉近了我和孩子们之间的距离，孩子们也开始信服我。高三的第一次统考，孩子们考得不是很理想，士气很是低落。我就给他们讲述励志故事，邀请往届毕业的学生跟他们交流高三的心路历程和好的学习经验，又引导大家寻找身边榜样的力量。就这样大家又开始自信的前行，都下定决心拼它个日出日落。

德国的教育家雅斯贝尔斯曾说："教育是人们灵魂的教育，而非理智知识和认识的堆积"，教育的本质意味着："一棵树摇动另一棵树，一朵云推动另一朵云，一个灵魂唤醒另一个灵魂。"我们班女孩子居多，她们敏感焦虑，心态易消极。所以要给予更多的关注，并唤醒她们的自信。我们班的小全，就是一个敏感而又多愁善感的女孩子，她和家人的关系不是很融洽，所以她通过"逼"自己学习，而逃避家庭的烦恼，更想通过高考来主宰自己的命运。因此，她是我们班最勤奋的孩子，每次去班级都看到她独自在那学习，很少和同学们谈笑。午休的时候，她也把时间都用来学习。两次统考后，她的成绩都没有达到本科线。她非常难过，认为自己那么勤奋，可成绩却如此的糟糕，觉得自己考本科根本就没有希望，她把自己否定的一无是处，甚至想放弃高考。我抱着她，让她大哭发泄。等她的情绪渐渐平稳了，我指出了她身上很多的闪光点，告诉她这都是助她卓越的优秀品质，只要她自己不放弃，就没有人能打败她，就一定会在高考中取得好成绩。然后我和她一起诊断考试中暴露的问题，制定提升措施，调整学习方法。我的耐心疏导，又唤醒了她的自信。成绩一直稳中提升，最后考上了一本。

三、家长，助力高考

高三的家长会是跟家长交流的重要时机，所以我每次都充分的准备，精准确定主题，不仅让家长更好地了解班级和自己孩子的情况，还让家长明确每一阶段具体需要配合哪些。期中考试后我们班家长会的主题是"拼搏四班"。我读了台湾诗人张文亮的诗《牵一只蜗牛去散步》，建议家长对待我们的孩子要有信心和耐心，给孩子一定的空间，学会等待。通过这次家长会，家长们就没那么焦虑了，对待孩子更平和了。期末的主题是"我放假，是为了更好的归来"重点地跟家长强调如何督促孩子更充实地过好寒假，让孩子做到"弯道超车"。在家长在配合下，孩子们的寒假都过得很好。第一次模拟考试后，学生的成绩不是很理想，孩子和家长都有些慌乱，我把这次的主题定为"用汗水诠释青春，用拼搏创造奇迹！"，我和家长共同给孩子们鼓舞士气。第二次模拟考试后距离高考就一个月的时间了，这是我们的最后一个家长会，主题是"稳扎稳打，冲刺高考！"，告诉家长这阶段一定要稳，不能折腾，不能迷信外面的补习机构。孩子们要相信老师，跟紧老师，回归基础，查漏补缺。家长们主要做好后勤保障就行了。最后，在所有高三老师和家长的共同努力在，孩子们在高考中取得了优异的成绩。

当 2018 年的高考落下帷幕，孩子们捷报频传，都取得了喜人的成绩。"你若盛开，蝴蝶自来；你若精彩，天自安排"，这是我给予他们的赞许和鼓励。"凡是到达的地方，都属于昨天。哪怕那山再青，那水再秀，那风再温柔。"金秋 9 月，当我的 2018 届学子们用青春与激情开启他们的大学生活时，我也将再次出发。我喜欢出发，因为我相信，在前方会遇见更美的风景，遇见更好的自己，会遇见更可爱的孩子们！幸福，在路上！